Naturschutz hat Geschichte
Veröffentlichungen der Stiftung Naturschutzgeschichte – Band 4

Klartext

Veröffentlichungen der Stiftung Naturschutzgeschichte
Bd. 4

Stiftung Naturschutzgeschichte (Hg.)

Naturschutz hat Geschichte

**Grußworte und Festrede des Bundespräsidenten
anlässlich der Eröffnung des
Museums zur Geschichte des Naturschutzes
am 12. März 2002**

**Beiträge der Fachtagung
Naturschutz hat Geschichte
vom 13. März 2002**

Diese Publikation wurde durch die freundliche Unterstützung der Hülskens-Stiftung für Natur- und Landschaftspflege ermöglicht (siehe auch Seite 256).

Bibliografische Information der Deutschen Bibliothek

Die Deutsche Bibliothek verzeichnet diese Publikation in der Deutschen Nationalbibliografie; detaillierte bibliografische Daten sind im Internet über <http://dnb.ddb.de> abrufbar.

Die Verantwortung für die Artikel insbesondere in Bezug auf Urheber- und Persönlichkeitsrechte liegt bei den jeweiligen Autoren. Ein Anschriftenverzeichnis der Autoren befindet sich am Schluss dieses Bandes.

Redaktion: Bernd Kreuter
Lektorat: Bernd Kreuter, Fabian Schamoni

Titelbild (vorne): Hans-Werner Frohn
        (hinten): Hans-Werner Frohn (oben und Mitte)
                  Christian Kieß (unten)

1. Auflage Mai 2003
Satz und Gestaltung: Klartext Verlag
Druck: Druckerei Uwe Nolte, Iserlohn
© Klartext Verlag, Essen 2003
ISBN 3-89861-193-0

Inhalt

Vorwort

Am 12. März 2002 eröffnete Bundespräsident Johannes Rau auf der Vorburg von Schloss Drachenburg in Königswinter die Dauerausstellung zur Geschichte des Naturschutzes in Deutschland. Damit gelangte ein Projekt zum Abschluss, dessen Anfänge bis in das Jahr 1989 zurückreichen. Auf Einladung von Thomas Neiss und dem leider allzu früh verstorbenen Wolfgang Erz – einem der geistigen Väter der Stiftung Naturschutzgeschichte – kamen seinerzeit Naturschützer zusammen und entwickelten die Idee zur Errichtung eines Museums zur Geschichte des Naturschutzes.[1] Es ist mir eine besondere Freude, dass wir am 12. März im Kreis vieler Weggefährten von damals sowie im Laufe der Jahre hinzugekommener Freunde und Förderer die Verwirklichung dieser Idee gemeinsam erleben und feiern konnten.

Mit der Eröffnung der Dauerausstellung wurde zugleich die Trias der Stiftung Naturschutzgeschichte, Archiv – Forum – Museum, vervollständigt.

Der vorliegende vierte Band der Schriftenreihe *Veröffentlichungen der Stiftung Naturschutzgeschichte* dokumentiert in seinem ersten Teil die Reden des Festaktes. Im Mittelpunkt steht hierbei die Festrede von Bundespräsident Johannes Rau.

Die Eröffnung der Dauerausstellung war zugleich willkommener Anlass, eine Bilanz der wissenschaftlichen Arbeit der Stiftung zu ziehen und eine Art Statusbericht ihrer Tätigkeit vorzulegen. Die am Tag nach der Eröffnung abgehaltene Fachtagung „Naturschutz hat Geschichte", deren Beiträge den zweiten Teil dieses Bandes ausmachen, wurde deshalb wesentlich von denjenigen gestaltet, die bislang im Vorstand tätig waren oder in Kooperationsprojekten mit der Stiftung Naturschutzgeschichte zusammengearbeitet haben. Gleichzeitig wollten wir Dritten, deren Zusammenarbeit wir weiter brauchen und suchen, das Signal geben: Es ist anregend und macht Freude sich in den Kreis derer einzubringen, die bisher an der inhaltlichen Arbeit der Stiftung Naturschutzgeschichte mitgewirkt haben.

Die aus den Redebeiträgen der Fachtagung entstandenen Aufsätze befassen sich zunächst mit der Geschichte der Stiftung selbst, dem besonderen Ort Schloss Drachenburg und den Anfängen des Naturschutzes im Siebengebirge. Im Weiteren werden die Beiträge von den folgenden grundsätzlichen Fragen geleitet:
- Welchen Kenntnisstand haben wir zur Zeit zu den einzelnen Abschnitten der Geschichte des Naturschutzes?

---

1 Zur Geschichte der Stiftung Naturschutzgeschichte s. den Beitrag von Thomas Neiss in diesem Band. Besonders hinweisen möchte ich an dieser Stelle auch auf den Aufsatz von Günter W. Zwanzig zu Wolfgang Erz und dessen Arbeit für die Deutschen Naturschutztage, ebenfalls in diesem Band.

– Was wissen wir über Persönlichkeiten, die einzelne Zeitabschnitte wesentlich mit-
  gestaltet haben?
– In welcher Beziehung steht der Naturschutz zu der gesamtgesellschaftlichen historischen Entwicklung?
– Wo gibt es Wissenslücken, die durch gezielte Kooperation mit Partnern aus Wissenschaft und Forschung abzuarbeiten und zu schließen sind?

Verglichen mit anderen Bereichen der Geschichte steht die Erforschung der Naturschutzgeschichte noch immer am Anfang. Ich bin zuversichtlich, dass der vorliegende „Zwischenbericht" zu weiterer Beschäftigung und Diskussion animieren wird.

Mein herzlicher Dank gilt den Rednern des Eröffnungstages und den Autoren der
Fachbeiträge. Weiterhin möchte ich der Hülskens-Stiftung für Natur- und Land-
schaftspflege danken, die diese Publikation finanziell ermöglicht hat, sowie Herrn
Bernd Kreuter, der die Redaktion der Manuskripte besorgt hat.

Prof. Albert Schmidt
Vorstandsvorsitzender der Stiftung Naturschutzgeschichte

Teil 1

Eröffnung des Museums zur Geschichte
des Naturschutzes in Deutschland
auf der Vorburg von Schloss Drachenburg
in Königswinter am 12. März 2002

Jochen Flasbarth
Vorsitzender des Kuratoriums der Stiftung Naturschutzgeschichte

Verehrter Herr Bundespräsident,
Frau Ministerin,
verehrte Festgesellschaft,

ich begrüße Sie alle sehr herzlich zur heutigen Eröffnung des Museums für Naturschutzgeschichte hier in der Vorburg zu Schloss Drachenburg!

Gestatten Sie mir, dass ich es bei diesem zusammenfassenden Willkommensgruß belasse. Eine Aufzählung aller Persönlichkeiten, die heute zu diesem Festakt gekommen sind, würde gewiss den Rahmen meiner Begrüßung sprengen.

Mein Dank als Kuratoriumsvorsitzender der Stiftung Naturschutzgeschichte gilt all denen, die an der Verwirklichung dieses außergewöhnlichen Projektes mitgewirkt haben: den kreativen Geistern, die die Idee geboren und bis zur heutigen Ausgestaltung weiterentwickelt haben, den Geldgebern, denjenigen, die administrativ tätig waren, und den vielen Unterstützern, die das Projekt über die zahlreichen Klippen und Hindernisse gehoben haben. Ich möchte unter den vielen Mitstreitern einen herausheben, dem das sicher nicht Recht ist – und ich weiß nicht einmal, ob es protokollgemäß ist: Mein besonderer Dank geht an Thomas Neiss – Abteilungsleiter im nordrhein-westfälischen Umweltministerium – ohne dessen Begeisterung und Engagement wir heute sicherlich diese Einweihung nicht vornehmen könnten. Mein Dank gilt außerdem den Architekten Pfeifer und Ellermann sowie den Gestaltern Michael Hoffer und Lutz Kasang. Von deren Einfühlungsvermögen in die Materie der deutschen Naturschutzgeschichte werden Sie sich nachher auf den Rundgängen überzeugen können.

Meine Damen und Herren, kaum ein Ort könnte für ein Archiv, Forum und Museum zur Naturschutzgeschichte geeigneter sein, als ein historisches Gebäude am Fuß des Siebengebirges. Hier entstand das erste deutsche Naturschutzgebiet, hier gibt es mit dem Naturpark noch heute einen wichtigen Naturschutzstandort. Zugleich zieht das Siebengebirge insgesamt und die Drachenburg im Besonderen bis heute eine große Zahl an Besuchern an. Damit besteht die große Chance, mit der Vorburg zu Schloss Drachenburg nicht nur die Insider zu erreichen, diejenigen, die haupt- oder ehrenamtlich Naturschutz betreiben, sondern auch all diejenigen, die ins Siebengebirge kommen, um die Natur zu erleben!

Es wäre meiner kurzen Begrüßung sicher nicht angemessen, wollte ich versuchen, einen Abriss der deutschen Naturschutzgeschichte zu geben. Deshalb möchte ich mich darauf beschränken, drei Wünsche zu formulieren:

Zum einen erhoffe ich mir, dass diese Einrichtung – die ja nicht nur ein Ausstellungsort ist, sondern auch ein Forum, in dem der Dialog über die Naturschutzgeschichte geführt wird – den heute im Naturschutz Aktiven Anregungen, Inspiration und Motivation für ihre Arbeit gibt. Die Befassung mit der eigenen Geschichte, ich habe das vor drei Jahren besonders erlebt, als der NABU 100 Jahre alt wurde, kann auch helfen, Orientierung für die eigene Arbeit zu geben.

Zum anderen wünsche ich mir sehr, dass die Befassung mit der deutschen Naturschutzgeschichte auch einen Beitrag dazu leistet, den in den Läufen der Geschichte für die Naturschutzbewegung verlorenen Heimatbegriff wieder zu finden, ihn vom Blut-und-Boden-Geruch zu befreien und mit neuem Verständnis zu beleben. Ein Heimatbegriff, der nicht ausgrenzend-chauvinistisch verstanden wird, sondern über Geborgenheit und Verwurzelung auch ein wichtiges Motiv für die Bewahrung von Natur und Landschaft darstellt.

Und schließlich wünsche ich mir, dass dieses Archiv, Forum und Museum auch ein Ort der gemeinsamen deutschen Naturschutzgeschichte wird. Und diese gemeinsame Geschichte fängt nicht erst im Herbst 1989 und mit dem überaus erfolgreichen Nationalparkprogramm der Übergangszeit in der DDR an, sondern hat ihre Wurzeln auch in den Entwicklungslinien des geteilten Nachkriegsdeutschlands.

Verehrter Herr Bundespräsident, es ist für uns eine ganz besondere Ehre, dass Sie heute nach Königswinter gekommen sind, um diesen Ausstellungsort für die deutsche Naturschutzgeschichte zu eröffnen. Wir freuen uns auf Ihren Festvortrag, und ich wünsche Ihnen, liebe Festgäste, einen schönen, erlebnis- und erkenntnisreichen Tag.

Bärbel Höhn
Ministerin für Umwelt und Naturschutz, Landwirtschaft
und Verbraucherschutz des Landes Nordrhein-Westfalen

Sehr geehrter Herr Bundespräsident,
sehr geehrter Herr Prof. Tietmeyer,
lieber Herr Prof. Weise,
meine Damen und Herren Abgeordnete aus den Landtagen
und dem deutschen Bundestag,
Herr Bürgermeister Wirtz,
liebe Freunde des Naturschutzes aus ganz Deutschland.

Vom gesellschaftspolitisch wichtigen Naturschutzgedanken, wie wir ihn heute kennen, sprechen wir erst seit etwas mehr als 100 Jahren. Ich möchte daher gerne zum
Einstieg auf Ernst Rudorff zurückkommen, von dem die moderne Begriffsbildung
„Naturschutz" authentisch stammt. Seine Kompositionen sind es schließlich auch,
die uns heute den ganzen Festtag über begleiten.

Ernst Rudorff veröffentlichte im Jahre 1897 seine berühmte programmatische
Schrift „Heimatschutz", die den wichtigen Anstoß für die Gründung des „Bund Heimatschutz" im Jahre 1904 gab. Rudorff beschäftigt sich in dieser Schrift naturgemäß
auch mit der Historie des Verhältnisses zwischen Mensch und Natur und bezieht sich
dabei wie selbstverständlich auf das Naturverständnis der deutschen Klassik und
Romantik.

Rudorff charakterisiert seine Auffassung unter anderem mit Hilfe eines längeren
Zitates von Friedrich von Schiller, das ich Ihnen nicht vorenthalten möchte. Es
stammt aus Schillers Aufsatz „Über naive und sentimentalische Dichtung" und lautet: „Es gibt Augenblicke in unserem Leben, wo wir der Natur in Pflanzen, Mineralien, Tieren, Landschaften [...] eine Art von Liebe und rührender Achtung widmen.
[...] Wir lieben in ihnen das stille, schaffende Leben, das ruhige Wirken aus sich
selbst, das Dasein nach eigenen Gesetzen, die innere Notwendigkeit, die ewige Einheit mit sich selbst. Sie sind, was wir waren; sie sind, was wir wieder werden sollen.
Wir waren Natur wie sie, und unsere Kultur soll uns auf dem Weg der Vernunft und
der Freiheit zur Natur zurückführen."

Damit spricht der große Dichter den möglichen Ausweg aus der Entfremdung zwischen Mensch und Natur an: auf dem Weg der Vernunft und der Freiheit zur Natur
zurückführen.

Für uns ist der Naturschutz heute zutiefst vernünftig und er bedarf unbedingt der
demokratischen Freiheit. Er ist sozusagen moderne Protestbewegung, zukunftsorien-
tiertes Korrektiv gegenüber der rein ökonomischen Fortschritts-Ideologie. Und ohne
den Naturschutzgedanken gäbe es heute wohl kaum eine breite Reflexion von Politik

und Wirtschaft auf die Bedeutung der natürlichen Lebensgrundlagen für die zukünftige Industriegesellschaft.

Archiv, Forum und Museum zur Geschichte des Naturschutzes öffnen heute mit der Dauerausstellung die Tore für das breite Publikum. Hier kann nun jeder Besucher, jede Besucherin den Weg nachvollziehen, den unsere Gesellschaft in ihrem Verhältnis zur Natur gegangen ist: von der ersten industriellen Revolution bis heute, im Scheitern wie im Gelingen.

Am Ende des Ausstellungsrundgangs etwa geht es um das bedeutende Thema der „Roten Listen". Sie stehen exemplarisch für den bis heute nicht eingelösten Naturschutzauftrag. Doch wie uns die dokumentierte Aktion der Menschen auf dem Knechtsand zum Schutz des dortigen Vogelrastgebietes aus den 50er Jahren zeigt, hat auch der Erfolg des Naturschutzprotestes eine lange Tradition.

Eine historische Ausstellung wie diese hier geht natürlich über die Dokumentation von Naturschutzaktionen hinaus. Sie ordnet den Naturschutz in die politische Geschichte unseres Landes ein, in seine Wirtschafts-, Sozial- und Kulturgeschichte der letzten 150 Jahre. Sie gewinnt damit ein gutes Stück Abstand zur täglichen Arbeit für die Erhaltung der Natur.

Ich halte diese gesellschaftspolitische, gesellschaftshistorische Reflektion für unbedingt erforderlich. In diesem Zusammenhang müssen wir uns mit den Verstrickungen des Naturschutzes in die Wahnvorstellungen des totalitären NS-Staates beschäftigen. Ich begrüße es sehr, dass sich die Stiftung Naturschutzgeschichte dieser wichtigen Bildungs- und Zukunftsaufgabe stellt.

Gleichzeitig geht es um das lebendige Gedächtnis an alle diejenigen Menschen, die oft ihr ganzes Leben für den Naturschutz gestritten haben. Sie haben einen wesentlichen Kulturauftrag unserer Gesellschaft erfüllt, nämlich den Lebensraum von Tieren und Pflanzen und die Schönheit gewachsener Kulturlandschaften zu schützen.

Wenn wir heute stolz sind auf die kompetente Arbeit der Naturschutzverwaltungen, auf das große Engagement der Naturschutzverbände, so ist das nur möglich geworden durch die historischen Leistungen der vielen Einzelkämpfer und Naturschutz-Individualisten von früher.

Im Unterschied zur Industriegeschichte führte die Naturschutzgeschichte in unserer Gesellschaft lange ein Schattendasein. Naturschützer galten vielen als hinderliche Naturapostel und romantische Besserwisser. Die lange Tradition der Auflehnung der Naturschützer gegen die großen Gefahren der ökonomisierten Gesellschaft wurde vielfach einfach verdrängt, weil man die schlechte Botschaft, die sie überbrachten, nicht wahrhaben wollte.

Diese Ausstellung hier zeigt uns das Gegenteil davon. Naturschutz war und ist eminenter Bestandteil der modernen, demokratischen Gesellschaft. Unsere Kultur soll uns auf dem Weg der Vernunft und der Freiheit zur Natur zurückführen – darum geht es eben. Und in diesem Sinne wünsche ich der Stiftung Naturschutzgeschichte viel Erfolg mit ihrer Dauerausstellung „Naturschutz in einer demokratischen Gesellschaft".

Sehr geehrter Herr Bundespräsident, ich erinnere mich gut, welche wichtige Rolle Sie im Jahre 1997 – damals bekanntlich noch in anderer Funktion – für die Entstehung dieses Projektes hier gespielt haben. Sie warben in einem Brief vom 11. September 1997 an Herrn Prof. Tietmeyer um Unterstützung; und aus diesem Brief möchte ich gerne zitieren.

Sie schrieben: „Im Zusammenwirken staatlicher Stellen mit vielen, die sich ehrenamtlich für die Belange des Naturschutzes einsetzen, ist es gelungen, die Voraussetzungen dafür zu schaffen, dass auf Schloss Drachenburg in Königswinter ein Archiv, Forum und Museum als Erinnerungs- und Diskussionsort für die Naturschutzbewegung in Deutschland entstehen und mit Ausstellungen auch das Interesse breiter Kreise der Bevölkerung erreichen soll. Schloss Drachenburg scheint mir für eine solche Einrichtung besonders geeignet, weil das Siebengebirge das erste Naturschutzgebiet in Deutschland war. Diesen ‚Genius Loci' zu nutzen, damit möglichst viele Menschen sich mit wichtigen Grundfragen und mit der Geschichte des Schutzes von Natur und Umwelt beschäftigen, scheint mir eine vielversprechende und lohnende Aufgabe".

Mit dem heutigen Tag, Herr Bundespräsident, geht Ihr Wunsch in Erfüllung.

Ich grüße alle herzlich, die an diesem Projekt über all' die Jahre mit gearbeitet haben. Viele von Ihnen sind heute unter den Gästen.

Besonders begrüßen darf ich – stellvertretend für alle – Herrn Professor Wolfram Pflug und Herrn Prof. Albert Schmidt.

Haben Sie alle meinen, unseren aufrichtigen Dank.

Hans Tietmeyer
Vorsitzender des Kuratoriums der Deutschen Bundesstiftung Umwelt,
Osnabrück

Sehr geehrter Herr Bundespräsident,
sehr geehrter Herr Staatssekretär Großmann,
sehr geehrte Frau Ministerin Höhn,
sehr geehrter Herr Bürgermeister Wirtz,
sehr geehrter Herr Weise,
sehr geehrter Herr Flasbarth,
meine sehr geehrten Damen und Herren,

es ist gut fünf Jahre her, dass der Deutschen Bundesstiftung Umwelt eine erste Projektidee vorgestellt wurde, hier in der Vorburg von Schloss Drachenburg ein Archiv, Forum und Museum zur Geschichte des Natur- und Umweltschutzes in Deutschland einzurichten. Ziel des Vorhabens war es, einen „Ort historischen Lernens und Erlebens" zu schaffen, der die Verbindung zwischen fachlichem Wissen und übergreifenden Zusammenhängen auf dem Gebiet des Umwelt- und Naturschutzes herstellen und einer breiten Zielgruppe vermitteln sollte.

Ich freue mich, heute das Ergebnis dieser Bemühungen zu sehen, und möchte Sie auch im Namen der Deutschen Bundesstiftung Umwelt herzlich zu der heutigen Festveranstaltung begrüßen.

Ohne der Projektpräsentation vorgreifen zu wollen, will ich nun kurz einige Aspekte herausstellen, die das Kuratorium der DBU damals im September 1997 zu einer Förderung dieses ambitionierten Projektes bewogen hat. Menschen sollen durch Umweltinformation und -bildung Qualifikationen erwerben, die sie zu einem umweltbewussten Verhalten befähigen und anregen. Ziel der Umweltbildung muss es dabei sein, ökologische Systeme in ihrer Vernetztheit und Komplexität besser zu verstehen und so auch den Zusammenhang zwischen Ökologie, Ökonomie, Gesellschaft und Politik zu erkennen.

Umweltbildung kann und muss daher in verschiedenen Bereichen stattfinden. Neben der mehr oder weniger „unbewussten" Umweltbildung im Alltag durch Familie und Medien haben sich gerade in den letzten Jahren verstärkt Umweltzentren und Museen, aber auch Naturschutzorganisationen, Zoologische Gärten oder Nationalparkhäuser um eine gezielte Umweltkommunikation bemüht.

Allerdings existierte in Deutschland *keine* Einrichtung, die sich explizit mit den Wechselwirkungen und vielfältigen Bedingtheiten einer Geschichte des Natur- und Umweltschutzes einerseits und den gesellschaftspolitischen und kulturellen Entwicklungen in Deutschland andererseits auseinander setzt und diese einer breiten Öffentlichkeit zugänglich macht.

Doch gerade durch die systematische Aufbereitung und öffentlich zugängliche Präsentation dieser Grundlagen und Erkenntnisse können die Wurzeln, Wege und Ziele von Umwelt- und Naturschutz im Bewusstsein der Menschen noch stärker als bisher verankert werden.

Genau hier haben die Initiatoren des Gesamtprojektes angesetzt und eine neuartige Museumskonzeption entwickelt.

Diese Museumskonzeption sieht eine Trias aus Archiv, Museum und Forum zur Präsentation des vorhandenen Wissens und gewonnener Erkenntnisse im Bereich der Natur- und Umweltschutzgeschichte vor.

Aus Sicht der DBU wurde mit der Verknüpfung dieser drei Hauptelemente ein innovativer und modellhafter Ansatz verfolgt. Die Trias Archiv, Museum und Forum schafft nämlich neuartige Synergien, die sich positiv auf Erkenntnisfortschritt, Präsentation und Vermittlung des vorhandenen Wissens auswirken können und zugleich der Öffentlichkeit ermöglichen, Fragen der Geschichte von Mensch und Umwelt besser einzuschätzen und zu bewerten. Besonders wichtig scheint mir in diesem Zusammenhang, dass die Einrichtung sich nicht als Konkurrenz für bestehende Umweltbildungsstätten und Akademien oder für Bildungsarbeit der Natur- und Umweltschutzverbände versteht.

Im Gegenteil, wichtige, auch an anderer Stelle bereits erfolgreich durchgeführte Bildungs-, Forschungs- und Vermittlungsarbeit auf dem Gebiet der Natur- und Umweltschutzgeschichte kann und soll hier in Königswinter zusammengeführt und in Kooperation mit in Frage kommenden Institutionen und Verbänden weiterentwickelt werden.

Damit besteht meines Erachtens die große Chance, diesen Standort mittelfristig zu einem Kristallisationspunkt für nationale und internationale Bildungs- und Archivierungsarbeit im Bereich der Umweltgeschichte zu entwickeln. So schwierig es auch sein mag, Umweltschutz kann auf Dauer nur erfolgreich sein, wenn die Mehrheit in der Bevölkerung ihn mitträgt. Mit dem realisierten Konzept kann an diesem Ort ein wichtiger Beitrag zu diesem Ziel geleistet werden.

Mit Dauer- und Wechselausstellungen, Vortragsreihen, Symposien, Diskussionsveranstaltungen, Exkursionen und Printmedien eröffnet das Museum allen Interessierten die Möglichkeit, sich mit

– entwicklungsgeschichtlichen Aspekten der Natur- und Kulturlandschaft,
– der ökologischen Verträglichkeit von Technologien und Industrien oder
– der Genese von Landschaftswahrnehmung und Landschaftsveränderung zu befassen – um nur einige wenige Themenfelder zu nennen.

Diese und weitere Elemente des Gesamtkonzeptes, wie die moderne didaktische Konzeption der Ausstellung, das neuartige „virtuelle" Archiv und das schlüssige, zielgruppenspezifische Umweltbildungskonzept, auf die ich an dieser Stelle nicht näher eingehen kann, haben das Kuratorium der DBU 1997 bewogen, dieses Vorhaben zu fördern, und zwar mit einem Gesamtbetrag von 1,921 Millionen Mark oder rund 980.000 Euro.

Die Geschichte des Natur- und Umweltschutzes in Deutschland ist im Vergleich zu anderen Ländern sehr vielseitig, wechselvoll und auch politisch höchst interessant. Daher ist sie es wert, umfassend aufgearbeitet, dokumentiert und auch nutzbar gemacht zu werden. Das Archiv, Forum und Museum füllt dabei aus meiner Sicht eine erhebliche Lücke im Institutionen- und Instrumentariensystem des Natur- und Umweltschutzes.

Die Besonderheit des Standortes (ein attraktives Umfeld mit Blick auf Bonn) ist dabei zugleich Chance und Herausforderung, neue, innovative Vermittlungs- und Kommunikationsformen, die ein möglichst breites Spektrum potenzieller Besucher ansprechen, zu erproben.

Ich bin der festen Überzeugung, dass mit der Sammlung, Präsentation und Vermittlung von einschlägigen Informationsmaterialien und Forschungsergebnissen an dieser Stelle ein wichtiger Beitrag für die innovative Fortschreibung dieses Wissensbereiches geleistet wird.

Mein besonderer Dank gilt den Projektverantwortlichen, die sich mit großem Engagement und großer Sachkenntnis für die Umsetzung dieses Projektes eingesetzt haben.

Ihnen wünsche ich für die weitere Entwicklung viel Erfolg!

Eberhard Weise
stellv. Präsident der Nordrhein-Westfalen-Stiftung Naturschutz,
Heimat- und Kulturpflege

Sehr geehrter Herr Bundespräsident,
meine sehr verehrten Damen und Herren,

vorab darf ich Ihnen recht herzliche Grüße von unserem Präsidenten Herbert Neseker überbringen, der heute leider nicht hier sein kann.

Die Nordrhein-Westfalen-Stiftung Naturschutz, Heimat- und Kulturpflege entschloss sich seinerzeit, das Schicksal der Drachenburg in die Hand zu nehmen, um zu verhindern, dass der gesamte Schloss-Komplex in andere Hände geriet. Die Zielsetzung seiner Nutzung, insbesondere auch die der Vorburg, wäre dadurch eine völlig andere geworden.

Sie selbst, sehr geehrter Herr Bundespräsident, sind ja ein Vater der Wiederherstellung und Neuorientierung der Drachenburg. Durch Ihre damalige Aufgabenstellung waren Sie der Vorsitzende unseres Stiftungsrates und haben uns bei diesem großen, zwar repräsentativen, aber auch risikoreichen Projekt Drachenburg immer unterstützt und, wenn nötig, den Rücken gestärkt. Hierfür sei Ihnen heute noch einmal sehr herzlich gedankt.

Die Eröffnung des Archivs, Forums und Museums zur Geschichte des Naturschutzes ist für die Nordrhein-Westfalen-Stiftung ein ganz wesentlicher Schritt, um Schloss Drachenburg, Park und Vorburg als Einheit für Besucher zugänglich zu machen. Die NRW-Stiftung beteiligte sich schon 1990 an der Gründung des „Vereins zur Geschichte des Naturschutzes" und sie beschloss 1995, ihm die Vorburg von Schloss Drachenburg zur Verfügung zu stellen. Zusammen mit den Ländern Nordrhein-Westfalen und Brandenburg gründeten wir ein Jahr später die eigenständige „Stiftung Naturschutzgeschichte", die dann die Arbeit des Vereins fortsetzte.

Viele haben geholfen: Mit Unterstützung des Bonn-Berlin-Ausgleiches, des Umweltministeriums NRW, der Bundesstiftung Umwelt und der Stadt Königswinter konnte die Vorburg restauriert und eingerichtet werden. Für diese partnerschaftliche Zusammenarbeit sagen auch wir herzlichen Dank.

Das neue Archiv, Forum und Museum kann jetzt dauerhaft daran mitwirken, die Geschichte des Naturschutzes aufzuarbeiten, der am Ende des 19. Jahrhunderts als eine gesellschaftliche Bewegung aus dem Heimatschutzgedanken hervorging – zu der Zeit übrigens, als auch Schloss Drachenburg gebaut wurde, das heute als einzigartiges Baudenkmal der Gründerzeit gilt.

War die Vorburg vom Schlossherrn ursprünglich nur als Wohnsitz für den Kastellan gedacht, so ist sie aus dem Schatten ihrer großen Schwester jetzt herausgetreten und hat eine wichtige selbstständige Aufgabe übernommen. Als Besitzer von Schloss und Vorburg hoffen wir auf ein schwesterlich/brüderliches Miteinander beider Institutionen und glauben sicher, dass die Besucher diese einmalige Möglichkeit, Naturschutz, Heimat- und Kulturpflege gleichzeitig zu erleben, sehr begrüßen werden.

Wir wünschen dem neuen Archiv, Forum und Museum viel Erfolg, eine breite Akzeptanz und vor allem viele interessierte Besucher, zu deren ersten und prominentesten Sie, meine verehrten Damen und Herren, heute schon zählen.

Bundespräsident Johannes Rau

I.

Meine Damen und Herren,

es ist schon ein merkwürdiges Gefühl, auf die Vorburg zu kommen und sich noch an das Foto zu erinnern, auf dem man vor ungefähr 68 Jahren hier auf einem Esel ritt – man selber mit dem älteren Bruder. Dann werden Gerüche und Erinnerungen wieder wach, die viele Jahre und Jahrzehnte verschüttet waren, obwohl ich mich in der Zeit, in der ich in Nordrhein-Westfalen und in der NRW-Stiftung Mitverantwortung trug, viel mit der Drachenburg und der Vorburg beschäftigt habe. Wenn ich daran denke, dann denke ich natürlich auch an den Mann, der, wenn er in den Raum kam, immer statt „Guten Tag" sagte: „Drachenburg". Ich meine Diether Deneke, der viele Jahre nichts anderes im Sinn hatte, als „Drachenburg". Selbst bei „Auf Wiedersehen" konnte er mit dem Wort „Drachenburg" gut leben. So denken wir heute auch an ihn. Er kann aus gesundheitlichen Gründen offenbar heute nicht dabei sein, aber wir wollen doch seine Verdienste um die Erhaltung von Vorburg und Drachenburg – so finde ich – nicht vergessen.

Es gibt ja viele, viele Sagen über das Siebengebirge. Für die Ortsfremden, die aus Westfalen, sage ich: Der Drachenfels war in alten Zeiten mit dem Rolandsbogen durch einen Höhenzug verbunden, so die Sage. Dahinter stand ein gewaltiger See. Das ärgerte die Bewohner, und um diese Seen zum Meer hin abzuleiten, holten sie aus dem Reich der Riesen sieben ganz besonders große Kerle, die einen Damm durch das Gebirge graben sollten. Die wühlten sich drei Monate in den Berg hinein und endlich bahnten die Fluten des Sees sich einen Weg in Richtung Rhein. Die Wasser flossen ab, es entstand eine fruchtbare Ebene zu beiden Seiten des Rheins. Die Riesen zogen mit reichem Lohn ausgestattet wieder ab, aber vorher klopften sie von ihren Spaten den Dreck ab und es entstanden sieben Berge. So entstand das Siebengebirge, habe ich gelesen.

Wann das gewesen sein soll, erfahren wir nicht – das muss vor der Sache mit dem Esel gewesen sein. Wir wissen aber, dass vor 170 Jahren in Bonn Stephan Sarter geboren wurde, und wir wissen, dass Stephan Sarter ein Vermögen an der Börse verdiente – das ging damals schon oder damals ging das noch, wie Sie wollen. Mit diesem Geld erfüllte sich Sarter vor genau 120 Jahren einen Traum: das Schloss Drachenburg. Er hat zwar nie hier gewohnt, aber schön ist es doch.

Bekannt war das Siebengebirge bis dahin hauptsächlich wegen seiner Steinbrüche, aus denen auch die Steine für den Kölner Dom kamen. Das war ja ein Jahrtausendwerk. Da wurden immer Steine gebraucht, Jahrhundert um Jahrhundert.

1836 kaufte der preußische Fiskus die Kuppe des Drachenfels, um sie vor der Zerstörung zu bewahren. Die Steinbrüche in anderen Teilen des Siebengebirges arbeiteten weiter, bis etwa 1880 der „Verein zur Rettung des Siebengebirges" die Stillegung erreichte. Das waren wohl die ersten Erfolge staatlichen Naturschutzes und einer aufkeimenden Umweltbewegung. 1923 wird das Siebengebirge zum Naturschutzgebiet erklärt, 1958 zum Naturpark.

Ich frage also: Gibt es einen besseren Platz für ein Museum zur Geschichte des Naturschutzes als im ältesten Naturschutzgebiet Deutschlands, wie wir soeben auch von Ihnen, Herr Flasbarth, gehört haben?

II.

Die Idee zu einem solchen Museum, so habe ich mir sagen lassen, ist an einem historischen Datum entstanden: am 9. November 1989 in der Landjugend-Akademie in Bonn-Röttgen. Dreizehn Jahre also von der Idee zur Wirklichkeit – ich finde, dass diese Hartnäckigkeit Respekt verdient. Wenn man dann noch sieht, was das Land Nordrhein-Westfalen, Frau Ministerin Höhn, was die NRW-Stiftung, verehrter Herr Professor Weise, was die Bundesstiftung Umwelt, Herr Professor Tietmeyer, gemeinsam hier geschafft und geschaffen haben, dann empfinde ich jedenfalls Freude und Dankbarkeit.

Hier wird ein ganz wichtiges Kulturgut gerettet, das in Zukunft helfen kann, das Verständnis für Kulturgüter insgesamt zu stärken.

Naturschutz gilt ja heute vielen als eine streng wissenschaftliche und ganz ernsthafte Angelegenheit. Beides muss auch sein, da gibt es keinen Zweifel. Natur ist aber nicht nur dazu da, dass sie gemessen, gewogen und analysiert wird. Die Natur bietet viel Schönes, das man beobachten und bewundern kann – und natürlich will sie gehegt, gepflegt und geschützt werden. Sonst vergeht ihr Reiz schnell.

Wer kennt nicht das Gefühl, sich in einer wunderschönen Landschaft eins zu fühlen mit der Natur und der Schöpfung, Zeit und Raum zu vergessen, die Bäume zu betrachten, die Vögel zu beobachten, vielleicht auch zu hören oder auch nur die Wolken vorbeiziehen zu sehen?

Bei Hölderlin heißt es:

> O Natur! an deiner Schönheit Lichte,
> Ohne Müh und Zwang entfalten
> Sich der Liebe königliche Früchte,
> Wie die Ernten in Arkadien.

Wie viele andere Dichter hat die Natur zu unvergänglichen Beschreibungen inspiriert. Denken Sie an Stifter, aber denken Sie auch an den „Heidedichter" Hermann Löns, an Annette von Droste-Hülshoff, an Fontane, an Mörike, an Albrecht von Haller, den Universalgelehrten und an den Lyriker Barthold Brockes.

Goethe lässt Lotte nur einen Namen, nur ein Wort sagen, um romantisches Naturempfinden auszudrücken: „Klopstock!" sagt Lotte. Der junge Werther ist sofort überwältigt von dem Begriff „Klopstock", den heute keiner mehr liest. Da fällt einem natürlich das Gedicht ein: „Wer wird nicht einen Klopstock loben? Doch wird ihn jeder lesen? Nein. Wir wollen weniger erhoben und fleißiger gelesen sein." Das ist von Lessing.

Von diesem Naturerleben, meine Damen und Herren, ist heute viel verloren gegangen. Unsere moderne Zeit ist geprägt von Technik und Wissenschaft. Die vielen Naturfreunde, die Wandervereine, die Tierbeobachter haben immer versucht, möglichst viel an natürlicher Vielfalt zu bewahren. Bei diesen Naturfreunden, den Wandervereinen und den Tierbeobachtern, liegen die wahren Wurzeln des Naturschutzes. Denken wir nur an die „Jugendbewegung", an Hans Blüher etwa, an die „Naturfreunde" und an die Gebirgs- und Wandervereine. Heute sind allein im Deutschen Naturschutzring 94 Mitgliedsverbände zusammengeschlossen, mit mehr als 5,2 Millionen Mitgliedern. Was die für den Naturschutz leisten, ist mit Geld nicht zu bezahlen. Das ist auch unbezahlbar.

Die Ehrenamtler leisten die Kärrnerarbeit. Ohne sie wäre es schlecht bestellt um unsere Seen, Wälder und Auen, um die Tier- und Pflanzenwelt. Viele davon gäbe es ohne den ehrenamtlichen Einsatz schon seit Jahren und Jahrzehnten nicht mehr. Ohne die Ehrenamtler gäbe es vermutlich auch die rund neunzig Naturparks nicht, für die wir alle dankbar sind und über die wir uns freuen können: hier im Siebengebirge, in der bayerischen Rhön, im Fichtelgebirge, im Erzgebirge, im Vogtland, im Harz, in der Märkischen Schweiz und in vielen anderen wunderschönen Regionen unseres Landes.

Der ehrenamtliche, freiwillige Naturschutz ist viel älter als der staatlich organisierte. Die historischen Dokumente, die wir noch haben, stammen aber doch eher aus den wohl geordneten Archiven der Bürokratien. Alles andere ist weit verstreut im ganzen Land. Darum bin ich sehr gespannt darauf, welche Quellen das neue Archiv der Naturschutzgeschichte auftun und erschließen wird.

Vermutlich wird sich wieder einmal zeigen, dass nicht nur ein paar Persönlichkeiten im Rampenlicht der Geschichte die waren, die die Natur geschützt haben, sondern viele tausend Menschen, die nie bekannt oder sogar berühmt geworden sind. Bert Brecht stellte ja schon die Frage, ob Hannibal die Alpen eigentlich allein überquert hätte.

III.

Auch die moderne Politik und die staatliche Verwaltung dürfen nicht dem Irrglauben unterliegen, sie allein könnten ein funktionierendes Staatswesen garantieren. Die Politik ist aber nicht unschuldig daran, dass manch einer diesem Irrglauben erliegt. Wer die Allmacht der Politik suggeriert, der darf sich nicht wundern, wenn ihr auch Fehlentwicklungen angelastet werden, die mit staatlichem Handeln nichts zu tun haben. Politik sollte nur das versprechen, was sie halten kann und sie sollte halten, was sie versprochen hat.

Es wäre blauäugig, wenn man behaupten wollte, die Rückbesinnung auf die Eigenverantwortlichkeit der Bürgerinnen und Bürger in vielen gesellschaftlichen Bereichen hätte nicht auch etwas mit der Finanzsituation des Staates zu tun, sondern nur mit höherer politischer Einsicht. Das glaubt in schwierigen Hauhaltsjahren kein einziger Bürger und auch kein Wähler.

Auch wenn das in konjunkturell besseren Jahren gut kaschiert werden kann, es gilt doch immer: Die Politik kann in Wirklichkeit nur den Rahmen setzen. Die konkrete Ausgestaltung ist Sache der Bürgerinnen und Bürger, der Unternehmen, der Interessenvertretungen, der Verbände und der Initiative vieler engagierter Gruppen. Dafür ist der Umweltschutz ein gutes Beispiel.

Da mögen die Bürokratien sinnvolle rote Listen aufstellen und Verbotsschilder, Grenzwerte festlegen und Richtlinien herausgeben. Aber wer kümmert sich denn jeden Tag vor Ort um gefährdete Tiere und Pflanzen? Wer bringt den Kindern die Natur wieder näher und den jungen Menschen? Das sind die Ehrenamtler im Naturschutzbund, im Tierschutzbund, im Naturschutzring, in den vielen regionalen und lokalen Initiativen, die wir mit der NRW-Stiftung lange Jahre zu fördern und zu stützen versucht haben.

Weil das so ist, darum muss der Staat das Ehrenamt auch entsprechend würdigen, er muss es anerkennen und fördern.

Wer es mit einer Gesellschaft möglichst vieler aktiver Bürgerinnen und Bürger gut meint, der muss die Mitwirkungsrechte stärken. Nach meinem Eindruck geht da die vor kurzem beschlossene Reform des Bundesnaturschutzgesetzes in die richtige Richtung, aber es müssen weitere Schritte folgen.

Meine Damen und Herren, früher wurde Naturschutz häufig gleichgesetzt mit Askese und Verzicht, mit weniger Lebensfreude, mit steigenden Kosten, mit sinkender Wettbewerbsfähigkeit und einem riesigen Verlust von Arbeitsplätzen. Nichts davon entspricht der Wirklichkeit.

Unsere Anstrengungen im Natur- und Umweltschutz haben mitgeholfen, dass die Städte lebenswerter und liebenswerter wurden, dass der Himmel über der Ruhr heute wieder blau ist, dass nicht nur Klaus Töpfer wieder im Rhein schwimmen kann, sondern auch so viele Fische wie zuletzt vor vielen Jahrzehnten. Es ist doch schon ein guter Erfolg, dass in einigen Flüssen Nordrhein-Westfalens Lachs, Meerforelle und Meerneunauge wieder heimisch geworden sind.

IV.

Ich weiß, dass viele Menschen in Regionen mit hoher Arbeitslosigkeit auch heute noch meinen, die Politik verhindere neue Arbeitsplätze durch zu hohe Umweltstandards. Es sei, so hört man manchmal, doch allemal besser, einen Arbeitsplatz in einer zerstörten Umwelt zu haben als arbeitslos in prächtiger Natur zu leben. Dann könne man es sich doch immerhin leisten, wenigstens einmal im Jahr in die Südsee zu fliegen und da dann „Natur pur" zu erleben.

Das ist ein Trugschluss. Ökologische und ökonomische Erfordernisse müssen in einem vernünftigen Verhältnis zueinander stehen. Das ist die Aufgabe. Die Zukunft liegt in der Gemeinsamkeit von Arbeit, Umwelt und Natur. Das heißt ganz konkret, dass wir unsere Welt nicht aufteilen dürfen in eine Arbeits- und in eine Freizeitwelt.

Darum sollten wir das Grün nicht nur in den herrlichen Gegenden schützen, wo die vielen schmucken Einfamilienhäuser stehen oder wo man angenehme Spaziergänge unternimmt. Unser Ziel muss sein, Grün dahin zu bringen, wo die Welt jetzt noch grau ist und wo Menschen eng zusammenleben. Auch das verstehe ich unter Umwelt- und Naturschutz.

V.

Übrigens: Ganz neu ist das alles nicht. Ich selber habe am 8. November 1985 – vor siebzehn Jahren – auf dem Bundeskongress des Touristenvereins Naturfreunde gesprochen – hoffentlich haben Sie die Rede im Archiv, sie war gut. Der Kongress hatte das Motto: „Zukunft in Frieden und gesunde Umwelt" – das war 1985! Da steckt schon all das drin, was uns auch heute noch bewegt: Der Mensch als ein Teil der Natur und die intakte Natur als überlebensnotwendige Existenzbedingung des Menschen.

Die Zerstörung und rücksichtslose Ausbeutung der Natur ist in vielen Teilen der Welt – und war es immer schon – Anlass für Kriege, für menschliches Leid, für Elend, für Vertreibung. Wer für Frieden, für Sicherheit und für eine gerechte Entwicklung auf der Welt eintritt, der sollte auch den Schutz der natürlichen Lebensgrundlagen immer im Blick behalten.

VI.

Naturschutz hat schon viele Generationen bewegt. Naturschutz hat Geschichte, das kann man hier überall sehen, aber Naturschutz ist noch lange nicht Geschichte. Er ist aktuell, und ich bin dankbar dafür, dass sich so viele Menschen aktiv für ihn einsetzen. Ich wünsche mir, dass das Museum, das wir heute eröffnen, mithilft, noch mehr Menschen für ihn zu begeistern. Was ich bisher gesehen habe, spricht sehr dafür.

Ich könnte mir übrigens vorstellen, dass auch eine Liste der Naturschätze in Deutschland viele Menschen begeistern könnte: ein aktuelles und historisch angelegtes Archiv der Naturschutzgebiete in Deutschland. Das Original des Naturschutzbuches und auch die Kopie sind ja zwischen 1943 und 1945 verloren gegangen. Vielleicht findet sich jemand, der bereit ist, das auf die eine oder andere Weise zu fördern.

Schon jetzt will ich all denen meinen herzlichen Dank sagen, die mitgeholfen haben, den architektonischen Traum von Stephan Sarter, dem am Anfang erwähnten Börsenspekulanten, zu erhalten, und die mitgeholfen haben, der Region Bonn und Königswinter einen neuen Anziehungspunkt zu schenken. Sie haben – so finde ich – gute Arbeit geleistet! Zu der sage ich Dank und Glückwunsch!

Teil 2

Fachtagung „Naturschutz hat Geschichte"
13. März 2002

Thomas Neiss

Kairos nicht chronos

Zur Geschichte der Stiftung Naturschutzgeschichte[1]

Kairos oder chronos?

Was wir in der deutschen Sprache Zeit nennen, wird im Griechischen durch zwei Wörter benannt: kairos und chronos. Chronos meint die Zeit als leeren Raum, als einen gleichmäßigen Verlauf, der von Menschen mit Vorhaben und Dingen gefüllt wird: die Zeit als Kontinuum. Kairos dagegen versteht die Antike als eine ganz andere Zeit: die geglückte Zeit, der rechte Augenblick, den es zu ergreifen gilt. Kairos, der geglückte Augenblick kommt von sich aus. Von geglückten, aber auch von verfehlten „Zu-Fällen" in der Entstehungsgeschichte der Stiftung Naturschutzgeschichte gibt diese „Chronik" Auskunft.

Die Gründung der Nordrhein-Westfalen-Stiftung Naturschutz, Heimat- und Kulturpflege

Am 10. Juni 1985 kündigt Ministerpräsident Johannes Rau in seiner Regierungserklärung an:

> *„Wir werden die Grundlage für eine Stiftung Naturschutz, Heimat- und Kulturpflege schaffen. Ähnlich dem ‚National Trust' in England, wollen wir die Eigeninitiative unserer Bürger für Natur, für Kultur und für ihre Heimat herausfordern. Denn nicht alles kann, nicht alles soll der Staat alleine machen."*

Der 50. Jahrestag der Gründung des Landes NRW ist Anlass, diese Ankündigung in die Tat umzusetzen.

Rechtzeitig zum Landesjubiläum – am 9. September 1986 – wird die Stiftung durch Kabinettsbeschluss errichtet und am 28. Oktober 1986 vom Innenminister NRW genehmigt. Mit Beschluss vom 10. März 1987 werden von der Landesregierung die Mitglieder des Stiftungsrates berufen, der sich am 6. Mai 1987 konstituiert und auf Vorschlag des satzungsgemäßen Stiftungsratsvorsitzenden, des Ministerpräsidenten, den ehemaligen Minister für Ernährung, Landwirtschaft und Forsten des Landes NRW, Staatsminister Dr. h. c. Diether Deneke, zu seinem ersten Präsidenten wählt.

---

1 Eine längere Version dieses Aufsatzes erschien als Sonderdruck anlässlich der Eröffnung des Museums zur Geschichte des Naturschutzes am 12. März 2002.

Erwerb der Vorburg von Schloss Drachenburg

Die Wahl Diether Denekes zum Präsidenten der NRW-Stiftung ist für die Stiftung Naturschutzgeschichte von besonderer Bedeutung. Diether Deneke ist Ehrenbürger seiner Heimatstadt Königswinter. Er selbst war Minister, als das Land NRW am 16.12.1971 Schloss Drachenburg an den Kunsthändler und Kunstsammler Paul Spinat verkaufte, nachdem zuvor die 1963 bekannt gewordenen Pläne des Finanzministeriums NRW, Schloss Drachenburg abzureißen und an seine Stelle einen Neubau der Landesfinanzschule zu errichten, durch einen Bürgerprotest abgewendet worden waren.

Aufgrund einer schwierigen finanziellen Situation sah sich der inzwischen in der Mitte des achten Lebensjahrzehntes stehende Paul Spinat bereits 1980 gezwungen, die Vorburg von Schloss Drachenburg zu verkaufen. Am 1.3.1989 erwirbt die NRW-Stiftung, rückwirkend zum 5.8.1988, für 430.000 DM die Vorburg.

Erwerb von Schloss Drachenburg

Die finanzielle Lage des inzwischen 84-jährigen Paul Spinats verschlechtert sich weiter. So verkauft er am 22.12.1988 das hypothekarisch hochbelastete Schloss Drachenburg für 7,5 Mio. DM an einen bekannten Immobilienhändler. Die NRW-Stiftung Naturschutz, Heimat- und Kulturpflege wendet diesen Verkauf im letzten Augenblick durch eine Absprache mit dem Land NRW, das ein notarielles Vorkaufsrecht besitzt, ab.

Am 16.2.1989 erwirbt das Land NRW, finanziert durch und für die NRW-Stiftung Naturschutz, Heimat- und Kulturpflege, Schloss Drachenburg für 7,6 Mio. DM. Die Stadt Königswinter wird gewonnen, für die NRW-Stiftung als organisatorischer und praktischer Träger der Restaurierung von Schloss Drachenburg zur Verfügung zu stehen.

In der Presseerklärung des Landespresseamtes NRW vom 22.2.1989 heißt es zu einer künftig beabsichtigten Nutzung von Schloss Drachenburg:

„Nach Abschluß der Renovierungsarbeiten soll die NRW-Stiftung Eigentümerin der Burg werden. In dem Anwesen soll dann ein Landes- und Naturkundemuseum entstehen, in dem Flora und Fauna des Siebengebirges oder das Thema Rheinromantik veranschaulicht werden können."

Die Frage der künftigen Nutzung von Schloss Drachenburg nach der Restaurierung ist also zum Zeitpunkt des Erwerbs nur vage bestimmt.

9. November 1989:
Die Idee der Stiftung Naturschutzgeschichte wird geboren

Vom 8. bis 10. November 1989 lädt die Arbeitsgemeinschaft Beruflicher Naturschutz e. V. (ABN, heute BBN) zu einer Werkstatt „Naturschutz-Geschichte" in die
Landjugendakademie in Bonn-Röttgen ein. Nach der Teilnehmerliste folgen der Einladung etwa 35 Personen aus dem Naturschutz, so u. a. Prof. Wolfram Pflug, Prof. Dr.
Wolfgang Erz, Prof. Dr. Herbert Ant, Prof. Dr. Konrad Buchwald, Henry Makowski
und als ein Vertreter der für den Naturschutz zuständigen Landesverwaltungen, der
Gruppenleiter Naturschutz im Umweltministerium NRW, Thomas Neiss. Am Abend
der Maueröffnung in Berlin (!) entsteht in diesem Kreis die Idee, der NRW-Stiftung
als Nutzungsperspektive für Schloss Drachenburg vorzuschlagen, an diesem, im
ältesten deutschen Naturschutzgebiet, dem Siebengebirge, gelegenen Ort ein Archiv
und Museum zur Geschichte des Naturschutzes einzurichten.

In einem Vermerk des Geschäftsführers der NRW-Stiftung, Lothar Klatt, vom
5.12.1989 hält dieser für Präsident Dr. Deneke fest:

„Betr.: Nutzungskonzept Drachenburg:
Neben der Nutzung der Hauptburg für ein Museum über die Rheinromantik und
die Gründerzeit (Konzept Biermann) bieten sich nach Absprache mit dem MURL
(Herr Neiss) folgende weitere Nutzungsmöglichkeiten auf dem Gelände an:
– Naturschutz-Akademie
– Geschichte des Naturschutzes.
[...] Die Ausstellung zur Geschichte des Naturschutzes würde ein entsprechendes
Archiv zur Geschichte des Naturschutzes umfassen. Im wesentlichen ist hierfür
die Vorburg vorzusehen [...]."
Auch Prof. Wolfgang Erz, damaliger Geschäftsführer der Arbeitsgemeinschaft
Beruflicher Naturschutz (ABN) wird aktiv. In einem Brief an das NRW-Umwelt-
ministerium vom 13.12.1989 heißt es:
„Lieber Herr Neiss,
die Idee eines Initiativkreises für ein Museum und ein Dokumentationszentrum für
die Geschichte der Umwelt und des Umweltschutzes lässt sich so auf die Schnelle
wohl nicht verwirklichen – jedenfalls wenn es ein wirklicher ‚Initiativ-Kreis' mit
der Funktion eines Arbeits-Kreises sein soll. Es bereitet keine Schwierigkeiten,
eine Namensliste von 7 Personen, die dazu gehören mit deren Zustimmung zusam-
menzubekommen. Schwierig wird es aber schon, wie ich aus ersten Kontakten
erfuhr, einen auf allgemeiner Zustimmung basierenden Konzept-Aufriß vorzule-
gen und dann noch Aufgaben zu verteilen.
Vergeblich habe ich mehrfach in den letzten 10 Tagen versucht, mit Herrn Dr.
Deneke Verbindung aufzunehmen: Er war niemals mit festen Telefon-Standorten
auszumachen, und bei zwei Rückrufversuchen seinerseits war ich nicht anwesend.

Insofern war die Zeit seit unserem Telefongespräch vor knapp 14 Tagen einfach
zu kurz, um etwas mit Hand und Fuß zu erreichen. Wenn die von Ihnen genannten
Möglichkeiten noch weiterhin bestehen, sollten wir einen fundierten Initiativ-
Kreis bis etwa Anfang Februar 1990 ins Auge fassen.
Mit den besten Grüßen
Ihr Wolfgang Erz"

Auch Hubert Weinzierl, Präsident des BUND, greift in die Nutzungsdebatte ein. Am
2. Januar 1990 leitet er ein von den BUND-Geschäftsführern Lorenz Graf und Lutz
Ribbe verfasstes Konzeptpapier für eine Naturschutzakademie auf Schloss Drachenburg an Präsident Deneke. Weinzierl hatte bereits im August/September 1990 nach
dem Ankauf von Schloss Drachenburg NRW-Umweltminister Matthiesen für dieses
Projekt „beworben".

Mit Datum vom 17.3.1990 formuliert ein sich rasch aus Teilnehmern der Fachtagung Werkstatt „Naturschutz-Geschichte" gebildeter „Förderkreis Naturschutzmuseum Drachenfels – Museum zur Geschichte des Naturschutzes im deutschsprachigen Raum" einen entsprechenden Förderantrag an die NRW-Stiftung Naturschutz,
Heimat- und Kulturpflege:

„Sehr geehrte Damen und Herren,
der ‚Förderkreis Naturschutzmuseum Drachenfels' beabsichtigt die Gründung
und Einrichtung eines Museums, das die vielfältigen Entwicklungen und Strö-
mungen des Naturschutzes im gesamten deutschsprachigen Raum archivarisch
aufarbeitet und der interessierten Öffentlichkeit näher bringt; es soll gleichzeitig
aber auch Wege zu einem neuen aus der kritischen Rückbesinnung abgeleiteten
Selbstverständnis für den Naturschutz aufzeigen.
Als Standort – dieser für den deutschsprachigen Raum bislang noch einmaligen
Einrichtung – scheint die bereits von der NRW-Stiftung erworbene Vorburg der
Drachenburg in Königswinter überaus geeignet, da sie einerseits über ein hohes
Besucherpotential und die erforderlichen Räumlichkeiten verfügt, andererseits
den unmittelbaren räumlichen Bezug zum ‚Drachenfels', dem ältesten deutschen
Naturschutzgebiet, bietet.
Während einer dreijährigen Anlaufphase sollen zunächst die für die Einrichtung
des Museums notwendigen Vorarbeiten geleistet werden:
– Ausarbeitung einer Gesamtkonzeption
– Sichtung und – soweit bereits möglich – Auswertung bereits vorhandener
  Quellen und Dokumente
– EDV-gestützte Katalogisierung des derzeit im deutschsprachigen Raum
  bereits archivierten Materials
– evtl. Gründung eines länderübergreifenden Arbeitskreises oder von Regional-
  stellen

> – *Kontaktaufnahme zu Forschungsstätten, Instituten, Behörden, ehrenamtlichen Initiativen etc.*"

Am 28.3.1990 klären NRW-Stiftung Naturschutz, Heimat- und Kulturpflege und das für die Restaurierung von Schloss Drachenburg zuständige Ministerium für Stadtentwicklung, Wohnen und Verkehr, dass für die Beantragung von Fördermitteln zur Restaurierung der Vorburg bis zum 30. Juni 1990 ein Funktionskonzept für Schloss Drachenburg als Grundlage für die Architektenplanung vorliegen muss. Ein derartiges Funktionskonzept soll auch die Vorburg als Ort für ein Archiv und Museum zur Geschichte des Naturschutzes enthalten. Gleichzeitig stellt die NRW-Stiftung Naturschutz, Heimat- und Kulturpflege dem Förderkreis 300.000 DM zur Verfügung, die, begrenzt für zwei Jahre, verwandt werden sollen, um die Fachkonzeption weiter auszuarbeiten und mit dem Aufbau einer Sammlung und eines Archivs zu beginnen.

Bereits am 10.4.1990 verständigen sich Förderkreis und NRW-Stiftung Naturschutz, Heimat- und Kulturpflege auf der Drachenburg (anwesend sind Herr Prof. Pflug, Herr Prof. Schumacher, Herr Dr. Hohorst vom Rheinischen Museumsamt, Herr Hasenkamp vom Museum König und die Mitarbeiter der NRW-Stiftung, Kisteneich und Kolbe) auf ein Funktionskonzept mit den Schwerpunkten

> – *„die Geschichte des Naturschutzes und der Landschaftspflege im deutschsprachigen Raum und*
> – *das Naturschutzgebiet Siebengebirge.*"

Der „Förderkreis Naturschutzmuseum Drachenfels" konstituiert sich inzwischen im März 1990 als gemeinnütziger Verein. Gründungsmitglieder sind Prof. Dr. Herbert Ant (Münster), Heimo van Elsbergen (Umweltministerium NRW), Dr. B. Hohorst (Landschaftsverband Rheinland), Thomas Neiss (Umweltministerium NRW), Prof. Wolfram Pflug, ehem. Technische Universität Aachen (Vorsitzender), Prof. Dr. Wolfgang Schumacher (Universität Bonn), Prof. Dr. Wilfried Stichmann (Universität Dortmund), Prof. Dr. Adelheid Stipproweit (Universität Münster), Prof. Dr. Gerhard Kneitz (Universität Bonn) und Dr. Götz Rheinwald (Museum Alexander König, Bonn).

Das bekannte Ausstellungsbüro Dickhöver Museumsdesign, Recklinghausen, macht mit Datum vom 6.6.1990 der NRW-Stiftung ein Angebot für eine entsprechende Planung und der Geschäftsführer der NRW-Stiftung Naturschutz, Heimat- und Kulturpflege stellt mit Datum vom 21.6.1990 bei der Bezirksregierung Köln einen Antrag auf Mittelbereitstellung für die Restaurierung der Vorburg in Königswinter auf der Basis der Konzeption des Förderkreises Naturschutzmuseum Drachenfels e. V. Der Antrag schließt mit dem Satz

> „*Im Rahmen des Gesamtprojektes Drachenburg sollte die Restaurierung der Vorburg als erster Abschnitt vorgezogen werden*".

Dem Antrag sind beigefügt ein Raumfunktionsplan für die Vorburg sowie eine Kostenkalkulation der Inneneinrichtung.

August 1990: Die Nordrhein-Westfalen Stiftung Naturschutz, Heimat- und Kulturpflege gibt das Projekt auf

Der Förderkreis Naturschutzmuseum Drachenfels e.V. tagt inzwischen mehrfach, um an der Konzeption weiterzufeilen, während – wohl aus Kostengründen – NRW-Stiftungspräsident Diether Deneke das Projekt nicht weiterverfolgt. In einem Schreiben an den Förderkreis vom 5. August 1990 erteilt er dem Projekt, die Vorburg als Museum zur Geschichte des Naturschutzes zu nutzen, eine vorläufige Absage:

„Inzwischen hat es in der Stiftung – und auch hinsichtlich der Drachenburg – einige Veränderungen gegeben, über die ich Sie stichwortartig unterrichten möchte – mit dem Vorbehalt der Vertiefung bei einer Begegnung demnächst:
Im Hinblick auf die sehr hohen Kosten der Drachenburgrenovierung, die das Ministerium erst vorläufig errechnet hat, und die zu erwartende ‚Bauzeit‘ mussten zeitliche Prioritäten gesetzt werden.
Der Minister hat in einem persönlichen Gespräch mit mir entschieden, daß die ‚Hauptburg‘ absolute Priorität – was Restaurierung, Ausstattung etc. betrifft – gegenüber der Vorburg hat. Zum Unterschied von der ‚bisherigen Linie‘ können wir uns also mit dem inhaltlichen Konzept der Vorburg und der danach vorzunehmenden Restaurierung Zeit lassen [...].“

Um die Förderidee für ein Archiv, Forum und Museum zur Geschichte des Naturschutzes nicht gänzlich fallen zu lassen, trägt Prof. Schumacher als Vorstandsmitglied der NRW-Stiftung Naturschutz, Heimat- und Kulturpflege in einem Schreiben vom 18.12.1990 an den Förderverein heran, das Projekt zu modifizieren und *„die bewilligten Mittel für das o. g. Projekt in Zukunft unabhängig vom ursprünglich vorgesehenen Standort des Museums Drachenvorburg zu verwenden“*.

Parallel zu den – inzwischen gescheiterten – Bemühungen entwickelt Prof. Dr. Wolfgang Erz die Projektidee vom 9. November 1989 weiter und legt sie in einem Konzeptpapier mit Datum vom 1.7.1991 nieder, das – fast zehn Jahre später – Grundlage für das heutige Archiv, Forum und Museum zur Geschichte des Naturschutzes werden sollte. In dem Papier von Wolfgang Erz heißt es unter der

„Ziff. 1.3 Aufgabenfestlegung von Museum, Archiv
Wie bei derartigen Einrichtungen üblich, sollte eine funktionale Trennung in Museum und Archiv vorgenommen werden. Im zeitlichen Verlauf wird der Archiv-Betrieb früher voll anlaufen können als der Museums-Betrieb, der umfangreichere Vorarbeiten erfordert. Für beide Aufgaben ist eine enge Zusammenarbeit zwischen Fachleuten des Naturschutzes und der Geschichtswissenschaft einerseits sowie insbesondere mit Archiv- und Museumswesen andererseits notwendig. Diese Fachleute sollten in einem initiativen Arbeitskreis zusammenarbeiten, um ein gemeinsames Konzept zu entwickeln.“

Der erste Anlauf zur Errichtung eines Archivs und Museums zur Geschichte des Naturschutzes auf der Vorburg von Schloss Drachenburg war aber bereits – wie oben beschrieben – gescheitert. Der rechte Zeitpunkt (kairos) für das Projekt war verstrichen.

28. Januar 1993: Gründung eines neuen Vereins

Unabhängig vom Scheitern des Projektes Vorburg standen dem nur schlecht funktionierenden Verein Ende 1990 300.000 DM Fördermittel der NRW-Stiftung Naturschutz, Heimat- und Kulturpflege für Aktivitäten zur Sammlung von Materialien zur Geschichte des Naturschutzes in einem Archiv zur Verfügung.

Dies führte am 19. Oktober 1992 im Haus der Stiftungen sechs aus dem gescheiterten ersten Anlauf untereinander vertraute Mitglieder, nämlich Prof. Wolfram Pflug, Götz Rheinwald vom Museum König, Prof. Adelheid Stipproweit (damals noch Universität Münster), Prof. Wilfried Stichmann (Universität Dortmund, damals Vorsitzender der Landesgemeinschaft Naturschutz und Umwelt – LNU NRW –), Stefan Kisteneich von der NRW-Stiftung und Thomas Neiss vom Umweltministerium NRW zusammen, um erneut einen Verein für ein Archiv und Museum zur Geschichte des Naturschutzes ohne Bezug auf Schloss Drachenburg zu gründen, der am 28.1.1993 unter der Nummer 6472 in das Vereinsregister des Amtsgerichtes Bonn eingetragen wird.

Von der eigentlichen Gründungsversammlung im Oktober war es immerhin im anschließenden halben Jahr Prof. Pflug als dem erneuten Vorsitzenden gelungen, renommierte Persönlichkeiten des öffentlichen Naturschutzes als Gründungsmitglieder oder Unterstützer für diese Vereinsneugründung zu gewinnen. Dazu zählten Persönlichkeiten wie der Vorsitzende des Rates der Deutschen Landespflege, Prof. Wolfgang Haber, Prof. Ulrich Ammer, Prof. Dr. Herbert Ant, Henry Makowski, Prof. Dr. Gerhard Olschowy und Prof. Dr. Herbert Sukopp von der Universität Berlin. Neben Prof. Pflug und Prof. Stichmann trat nun auch Prof. Albert Schmidt, der Präsident der Landesanstalt Ökologie, Bodenordnung und Forsten NRW, und eine in allen Ämtern und Aufgaben entscheidende Führungs- und Organisationsbegabung mit in den engeren Vorstand des Vereins ein. Dies sollte dem Verein, aber auch später der Stiftung Naturschutzgeschichte, zu deren Vorstandsvorsitzendem Albert Schmidt 1996 wurde, gut tun.

Um die Vereinsarbeit überhaupt bewältigen zu können, mietet der Verein eigene Räume für eine Geschäftsstelle in Bonn-Oberkassel, sozusagen in Sichtweite zur Drachenburg in der Königswinterer Straße 642 an (Beginn des Mietverhältnisses am 1.3.1993) und stellt mit Frau Ingrid Alfter, der später Frau Birgit Seeliger und Irmgard Schiewe folgen, eigenes Personal ein, um gezielte Sammlungs-Aktivitäten zu entfalten. Mit einem ersten hektographierten Faltblatt wendet sich der Verein erstmals gezielt an die Öffentlichkeit und bittet das Land Nordrhein-Westfalen, über die Länderarbeitsgemeinschaft Naturschutz (LANA), der Dachorganisation des beamteten Naturschutzes in Deutschland, auf die Bemühungen des neuen Vereins hinzuweisen und um die Unterstützung der Naturschutzverwaltung der Länder zu bitten. Neben der NRW-Stiftung wurde der Verein auch auf drei Jahre vom Land NRW gefördert.

1994–1995: Zeit der Entscheidung

Die Jahre 1994/95 sind durch drei Aktivitäten geprägt:

Deutscher Naturschutztag in Aachen

Der Verein beginnt mit Förderung des Landes Nordrhein-Westfalen endlich mit dem Aufbau eines Archivs. Im April 1994 präsentiert sich der Verein erstmals selbst auf Einladung des Landes NRW und von Herrn Prof. Erz als Vertreter des ABN auf dem deutschen Naturschutztag in Aachen.

Die Resonanz ist dort genauso wie zuvor in der Länderarbeitsgemeinschaft Naturschutz (LANA) freundlich und zurückhaltend.

Oktober 1993: Die NRW-Stiftung Naturschutz, Heimat- und Kulturpflege greift das Projekt wieder auf

Zu seinem 75. Geburtstag am 27. Oktober 1993 legt Diether Deneke sein Amt als Präsident der NRW-Stiftung Naturschutz, Heimat- und Kulturpflege nieder. Sein Nachfolger Herbert Neseker, der ehemalige Direktor des Landschaftsverbandes Westfalen-Lippe, greift die Projektidee erneut auf. In einem WDR-Bericht des dem Naturschutz verbundenen WDR-Journalisten Falk vom Hofe, zum Anlass seiner Wahl heißt es:

„Neseker wird auch ein Projekt weiterführen, das Deneke zwar auf den Weg bringen, aber noch nicht abschließen konnte. Die Einrichtung eines Museums zur Geschichte des Naturschutzes, und zwar in den Räumen der Drachenburg am Fuße des Drachenfels in Königswinter am Rhein. Allerdings zeigt sich der scheidende Präsident der NRW-Stiftung, Diether Deneke, skeptisch, daß die Zeit bereits reif ist für ein solches Projekt. Deneke: Es ist richtig, die Drachenburg, die ein Teil dieses Naturschutzgebietes ist, und an der es noch so viele Räumlichkeiten zu renovieren gibt, wäre ein geeigneter Ort in denen man ein solches Museum einrichten könnte. Aber ich habe Zweifel, ob wir das jetzt schon so programmieren können, solange es nicht ein inhaltliches Konzept dafür gibt."

Bonn-Ausgleichs-Gesetz

Mit dem Gesetz, den Regierungssitz von Bonn nach Berlin zu verlegen, und dem
gleichzeitig beschlossenen Gesetz über einen angemessenen funktionalen Ausgleich
für Bonn zur Stärkung der Region Bonn in seinen wirtschaftlichen, wissenschaftlichen und kulturellen Potentialen eröffnet sich für das Projekt des Vereins Archiv und
Museums zur Geschichte des Naturschutzes in Königswinter eine neue Realisie-
rungschance. In einem internen Vermerk des Umweltministeriums über das Projekt
heiß es nach einer entsprechenden Beschreibung der bisherigen Konzeptideen und
der Arbeit des Vereins:

*„1. Die NRW-Stiftung finanziert mit finanzieller Förderung des MSV im Rahmen
denkmalbezogener Mehrkosten die Einrichtung eines Archivs und Museums zur
Geschichte des Naturschutzes auf der Drachenburg in der Trägerschaft des Vereins.*

2. Der Verein Archiv und Museum zur Geschichte des Naturschutzes überführt
a) zum frühestmöglichen Zeitpunkt das derzeit in Bonn in angemieteten Räumen
im Aufbau befindliche Archiv in die Drachenburg.
b) Er bildet einen wissenschaftlichen Arbeitskreis zur Erarbeitung eines
Museumskonzeptes für die Drachenburg, ggfs. unter der Vergabe einer entspre-
chenden Studie.

3. Landesumweltministerium und Bundesumweltministerium nehmen Gespräche
auf, um im Rahmen der Bonn-Förderung bis zum Jahre 1995 eine Lösung für eine
dauerhafte finanzielle Trägerschaft des Museums zu finden. Bis zum Jahre 1996
sind die laufenden Personal- und Sachkosten für den Verein durch Stiftungs- und
Landesförderung abgedeckt. "

4. Juli 1994: Die NRW-Stiftung Naturschutz, Heimat- und Kulturpflege nimmt das Projekt Vorburg formal wieder auf

Die neue Linie der NRW-Stiftung durch Präsident Neseker wird am 4. Juli 1994 in
einem Gespräch mit dem Vereinsvorsitzenden Prof. Pflug festgelegt und auch das
Umweltministerium NRW als Moderator des weiteren Prozesses aktiv eingeschaltet.
In einer Vorstandssitzung des Vereins „Archiv und Museum zur Geschichte des
Naturschutzes e. V." schlägt gemäß Protokoll der Vorstandssitzung vom 19.8.1994
das Umweltministerium NRW dem Verein folgende Strategie vor:

„Einleitend berichtet Herr Neiss, daß die NRW-Stiftung die Landesregierung
Nordrhein-Westfalen bezüglich des Museums zur Geschichte des Naturschutzes
angeschrieben hatte. Eine vorläufige Raumplanung für dieses Museum in der
Vorburg zu Schloss Drachenburg bei Königswinter liegt vor. Dringend muss nun
die Frage der Dauerträgerschaft für das Museum geklärt werden. Dazu stehen
zwei Punkte im Vordergrund:

a) Durch den Verein sollte ein wissenschaftlicher Beirat, der die Museumskonzeption erstellt, berufen werden;

b) im Anschluss daran steht die Vergabe einer Studie; die Finanzierung könnte durch die Stiftung und das Land NRW übernommen werden.

Zu diesem Punkt schlägt Herr Neiss die Einberufung eines zweitägigen Fachsymposiums vor, in dessen Rahmen Beiträge von Teilnehmern zur Klärung der Vorstellung über ein solches Museum zur Geschichte des Naturschutzes erwartet werden. Das Ergebnis des Symposiums soll seinen Niederschlag in einer Denkschrift finden.

c) Mit den großen Naturschutzverbänden wie BUND, DNR, NABU u. a. soll Kontakt aufgenommen werden mit dem Ziel, ihr Interesse und ihre Unterstützung bei der Finanzierung und Mitgestaltung des Museums zu gewinnen.

Zur Frage der Trägerschaft stellt Herr Neiss zwei Modelle vor:

1. Staatsvertrag zwischen der Bundesregierung, dem Land Nordrhein-Westfalen und der NRW-Stiftung. Die Finanzierung könnte sich wie folgt aufteilen: Bund: Personal; Land NRW: Sachmittel; NRW-Stiftung: Gebäude.

2. Eine gemeinsame Stiftung zwischen Bund und Land. Diese sollte einen Kooperationsvertrag mit der NRW-Stiftung abschließen und zugleich potentiell offen für weitere Stiftungen oder private Teilnehmer sein. Auf Grund des erforderlichen zweckgebundenen Stiftungskapitals ist dieses Modell aber problematisch. Über diese Trägerschafts-Modelle müssen zwischen Bund, Land und Verein Gespräche aufgenommen werden. Dem Stiftungsrat der NRW-Stiftung sollte auf seiner nächsten Sitzung im Februar 1995 das Ergebnis als prinzipielle Bereitschaft des Bundes mitgeteilt werden können, damit der Rat (der Stadt Königswinter) den Baubeschluß fassen kann. An die Ausführung von Herrn Neiss schloß sich eine Diskussion an, in der dem Vortragenden zugestimmt und weitere Schritte besprochen wurden.

Noch in diesem Jahr soll ein Symposium, möglichst in Königswinter, zur Museumskonzeption durchgeführt werden. Vorschläge, welche Persönlichkeiten aus dem Kreis von Geistes- und Naturwissenschaften sowie welche Verbände zu dem Symposium geladen werden sollen, wurden unterbreitet. Die während des Symposiums gemachten Äußerungen müssen in einer Denkschrift zusammengestellt werden. Im Ergebnis des Fachsymposiums müsse ein wissenschaftlicher Beirat des Vereins gegründet werden. [...] Parallel zu den Vorbereitungen der Durchführung des Symposiums könnten mit Bundesminister Prof. Dr. Klaus Töpfer vertrauliche Gespräche eingeleitet werden, mit dem Ziel, den Bund für die Trägerschaft des Museums zu gewinnen."

24. und 25. Oktober 1994: Symposium in Königswinter

Entsprechend dieser Festlegung laden das Umweltministerium NRW in Zusammenarbeit mit dem Verein Archiv und Museum zur Geschichte des Naturschutzes e. V. zum 24. und 25. November 1994 zu einem Symposium über den Aufbau eines Museums zur Geschichte des Naturschutzes in der Vorburg zu Schloss Drachenburg im Siebengebirge nach Königswinter ein. Im Einladungstext heißt es:

„Die Geschichte des Naturschutzes ist die Geschichte über den Menschen und seinen Umgang mit Natur und Landschaft. Der Naturschutz gehört zu den wenigen Bereichen, die ihre Geschichte noch nicht systematisch aufgearbeitet haben. Wurzeln, Wege und Ziele des Naturschutzes und der Landschaftspflege könnten im Bewußtsein der Menschen weit stärker verankert sein, wenn diese Grundlagen aufbereitet und öffentlich zugänglich präsentiert würden. Es ist daher erfreulich, daß eine konkrete Planung besteht, in der Vorburg zu Schloß Drachenburg in Königswinter ein Museum zur Geschichte des Naturschutzes aufzubauen, dem ein Archiv zur Erforschung der Geschichte des Naturschutzes angegliedert sein soll.

Wesentliche Erkenntnisse für Konzeption und Inhalt eines solchen Museums sollen im Rahmen dieses Symposiums gewonnen werden. Als Grundgedanke einer inhaltlichen Konzeption ist weniger an die zeitliche Chronologie naturschutzgeschichtlicher Ereignisse als vielmehr an die Aufarbeitung der Ursprünge, Rollen und Ziele des Naturschutzes gedacht. Neben naturschutzfachlichen Aspekten sind vor allem auch die geistes- und kulturgeschichtlichen sowie psychologischen Grundlagen der Naturschutzentwicklung aufzuarbeiten. Einblicke in die ökologischen und ökonomischen Interessenlagen sind ebenso zu gewähren wie die Verknüpfung des Naturschutzes mit Politik und Sozialgeschichte. Neben der Beziehung zur naturkundlichen Landeserforschung sind auch die engen Zusammenhänge mit Heimat- und Kulturpflege von Bedeutung.

Schließlich ist es wichtig, daß Naturschutz bis in unsere Zeit hinein eine Lebensarbeit unzähliger Menschen gewesen ist, die sich für den Naturschutz teilweise in ungewöhnlicher Weise engagiert haben. Was konnten sie erreichen und beeinflussen? Was beeinflußte sie selbst? Das Symposium wird Gelegenheit geben, im Rahmen einer interdisziplinären Erörterung Antworten auf diese Fragen zu finden.“

In dieser Einladung ist die Grundkonzeption der künftigen Arbeit der Stiftung Naturschutzgeschichte wie in einem nucleus bereits vorskizziert.

An dem Symposium nehmen neben den Ausrichtern für das Umweltministerium Abteilungsleiter Thomas Neiss, für den Verein Archiv und Museum zur Geschichte des Naturschutzes Prof. Wolfgang Pflug, Prof. Albert Schmidt, Prof. Dr. Wilfried Stichmann, Prof. Dr. Adelheid Stipproweit sowie die Mitarbeiter des Vereins, Dietgard Schiewe-Liebster, Birgit Seeliger und für die LÖBF Dr. Joachim Weiss teil. Den

Bereich Wissenschaft und Forschung und Naturschutz vertreten der Umwelthistoriker Dr. Arne Andersen, der Leiter des Ruhrlandmuseums, Prof. Dr. Ulrich Borsdorf, der Umwelthistoriker Prof. Dr. Dr. F.-J. Brüggemeier, Dr. Klaus Ditt vom Westfälischen Amt für Regionalgeschichte, Frau MR'in Marlies Drevermann als Vertreterin der Denkmalpflege, Dr. Brunhild Gries vom Westfälischen Museum für Naturkunde, Prof. Dr. H.E. Joachim vom Rheinischen Landesmuseum, Dr. Joachim Kallenich vom Landesmuseum für Arbeit und Technik in Mannheim, der Rektor der Universität Düsseldorf, Prof. Dr. G. Kaiser, Dr. Stefan Kisteneich von der NRW-Stiftung, der Umwelthistoriker Dr. Andreas Knaut, Dr. Norbert Kühn für den Rheinischen Verein für Denkmalpflege und Landschaftsschutz, der Naturfilmer und leidenschaftliche Naturschützer Henry Makowski, Dr. Götz Rheinwald für das Museum Alexander König in Bonn, Dr. Birgitta Ringbeck für die NRW-Stiftung, Dr. Hermann-Josef Roth für die Landesgemeinschaft für Naturschutz und Umwelt NRW, der Leiter des Siebengebirgsmuseums in Königswinter, Dr. Elmar Scheuren, Dr. Friedemann Schmoll, Kulturhistoriker am Ludwig-Uhland-Institut für empirische Kulturwissenschaft in Tübingen, für das Bundesumweltministerium RD Heinrich Spanier, Frau Ulrike Stottrop aus dem Ruhrland-Museum Essen, Frau Dr. Helene Thiesen für das Haus der Geschichte Bonn und Dr. Michael Wettengel für das Bundesarchiv in Koblenz.

5. Dezember 1994: Denkschrift für ein Archiv, Forum und Museum zur Geschichte des Naturschutzes auf der Vorburg von Schloss Drachenburg

Auf der Basis der Diskussionsergebnisse des Symposiums beauftragt der Vorstand des Vereins am 5. Dezember 1994 Dr. Friedemann Schmoll vom Ludwig-Uhland-Institut für Kulturwissenschaften in Tübingen mit der Erarbeitung einer entsprechenden Denkschrift. Herausgeber der Denkschrift wird der Verein Archiv und Museum zur Geschichte des Naturschutzes.

Parallel zu diesem Arbeitsprozess sind für die künftige Nutzung von Schloss Drachenburg auch für die NRW-Stiftung wichtige Entscheidungen getroffen worden. Die Architektengemeinschaft Prof. Herbert Pfeiffer, Christoph Ellermann und Partner, Lüdinghausen, legen im August 1994 nach fast drei Jahren Arbeit das Gutachten über die Baukonstruktion des aktuellen Bauzustandes und den Sanierungsbedarf von Schloss Drachenburg vor. Die damit verbundene Kostenkalkulation beläuft sich auf 53 Mio. DM.

Die Finanzierung eines ersten vordringlichen Bauabschnitts mit 14 Mio. DM ist bereits gesichert. Er umfasst die Rekonstruktion der Terrassenmauer an der Rheinseite und die Rekonstruktion der Einfriedungsmauer seitens der Brücke über den Eselsweg. An den Kosten in Höhe von 53 Mio. DM beteiligt sich das Land Nord-

rhein-Westfalen mit 80 %, die Nordrhein-Westfalen-Stiftung mit 20 %. Die Bauar-
beiten an der Mauer am Eselsweg beginnen Mitte September 1994 und sind für etwa
ein halbes Jahr veranschlagt. Dazu zählt auch die Notsicherung der Bausubstanz der
Vorburg. Die Frage nach der Nutzung der Vorburg stellt sich also konkret im aktuellen Zeitbezug.

19. Januar 1995: Der Stiftungsrat der NRW-Stiftung Naturschutz, Heimat- und Kulturpflege öffnet Option für die Vorburg als Sitz der Stiftung Naturschutzgeschichte

In den am 14. Dezember 1994 für die Stiftungsratssitzung am 19. Januar 1995 ver-
sandten Unterlagen legt der Vorstand für die Nutzung der Hauptburg fest,

> *„daß im Zuge der Sanierung der Hauptburg kein anderer als der schon in Ansät-
> zen praktizierte Nutzungszweck angestrebt werden solle. Die Drachenburg sollte
> sich auch künftig in ihrem ursprünglichen Charakter präsentieren: als ein im
> Geschmack der Gründerzeit zu Wohn- und Repräsentationszwecken ausgestatte-
> tes Gebäude, das in Führung erschloßen und erläutert wird, in dem auch Konzerte
> und kleinere Kulturveranstaltungen stattfinden können. In dem gebäudebedingten
> Sanierungsbedarf von 22,7 Mio. DM sind die Hauptburg ohne Restaurierung der
> Innenausstattung und Substanzsicherung der Vorburg, jedoch ohne nutzungs-
> orientierten Innenausbau sowie die Parkanlage mit Umfassungsmauern als erster
> Schritt vorgeschlagen.*

> *In der Vorlage unter III. Innenausbau und Ausstattung wird nochmals darauf ver-
> wiesen, dass derzeit nicht absehbar ist, in welchem Maße andere Finanzierer für
> die Kosten des auf diese Nutzung abgestellten Innenausbaus, der Inneneinrich-
> tung und der Betriebskosten gewonnen werden können.*

> *Der Vorstand ist deshalb der Auffassung, **an der Vorburg zunächst nicht über
> eine nutzungsneutrale Substanzerhaltung hinauszugehen. Optionen bleiben
> damit zunächst erhalten.** Im bautechnischen Ablauf haben Gutachter die Sub-
> stanzsicherung der Vorburg im wesentlichen erst für 1996/1997 eingeplant. **Um
> diese Substanzsicherungsarbeiten ggfs. mit weiteren nutzungsorientierten
> Arbeiten sinnvoll verbinden zu können, wäre eine Finanzierungsentscheidung
> über den nutzungsorientierten Teil im Herbst des Jahres 1995 hilfreich."*** [Her-
vorhebungen d. Verf.]

Unter TOP 7.1 Beschlussfassung des Stiftungsrates über Großprojekte Königswinter
heißt der Beschluss unter Punkt 3:

> *„Der Stiftungsrat nimmt die Denkschrift für die Errichtung eines Archivs und
> Museums zur Geschichte des Naturschutzes in Vorburg zu Schloß Drachenburg
> zur Kenntnis. Er stimmt der darin beschriebenen Nutzungsabsicht der Vorburg
> zu. Vorbehaltlich der Übernahme*

– der Finanzierung des nutzungsorientierten Ausbaus und der Einrichtung
– der dauerhaften Finanzierung der Betriebskosten durch Beiträge Dritter.
Der Stiftungsrat beauftragt den Vorstand und Geschäftsführung, sich an entspre-
chenden Verhandlungen mit potentiellen Finanzierungen in diesem Sinne zu
beteiligen. "

20. Februar 1995: Das Projekt Archiv, Forum und Museum zur Geschichte des Naturschutzes wird in den Bonn-Ausgleich einbezogen

Parallel zu dieser Beschlussfassung im Stiftungsrat informiert die für den Bonn-Ausgleich federführende Staatskanzlei NRW das Umweltministerium NRW fernmündlich, dass es angesichts der komplizierten Mechanismen für die Konsensbildung über Förderprojekte im Bonn-Ausgleich zeitlich fast schon zu spät sei, eine Finanzierung aus dem Bonn-Ausgleich für das Projekt zu erreichen. Eine Entscheidung müsse zwingend bis Ostern 1995 herbeigeführt sein.

Die NRW-Stiftung Naturschutz, Heimat- und Kulturpflege, der Verein Archiv und Museum zur Geschichte des Naturschutzes e. V., das Umweltministerium NRW und auch die Staatskanzlei NRW, die Stadt Königswinter und der Rhein-Sieg-Kreis starten daraufhin eine konzertierte Aktion, um eine positive Entscheidung für die Sanierung von Schloss Drachenburg im Rahmen des Bonn-Ausgleichs sicherzustellen.

„Die Stadt Königswinter wird auf der Grundlage einer Projektstudie einen Projekt-
antrag im Rahmen des Bonn-Ausgleichs für die Aufnahme des Ausbaus der Vorburg
als Archiv und Museum zur Geschichte des Naturschutzes stellen. Die dafür not-
wendigen Antragsunterlagen hat der Verein spätestens bis zum 10.4.1995 der Stadt
Königswinter zuzuleiten. Dazu gehören der Raumplan, ein wissenschaftliches
Archivkonzept, die fertiggestellte Denkschrift. Man ist sich im Vorstand einig, dass
für diese Konzeption sowohl auf den [gar nicht für diese Zweckbestimmung*
gedachten! D. Verf.] Raumfunktionsplan aus dem Jahre 1990 als auch auf die Pla-
nungsunterlagen des Architektenteams Pfeiffer und Ellermann im Rahmen des
Sanierungskonzeptes zurückgegriffen werden muß. Daneben beschließt der Verein,
seine Archivaktivitäten zu intensivieren und gegen Jahresende ein erstes Zeitzeu-
gensymposium zur Geschichte des Naturschutzes nach 1945 einzuberufen.

Im Mai 1995 scheitert das Projekt vorläufig am Einspruch des Kultusministeriums NRW, da das Projekt nicht in die Museumsförderplanung des Landes aufgenommen ist. Die Vertreter des Bundes machen zudem deutlich, dass die dauerhafte Sicherung der Betriebskosten der Einrichtung durch das Land Voraussetzung für die Bewilligung der Bundesmittel wäre.

Dezember 1996: Der Landtag NRW billigt die Finanzierung einer Stiftung Naturschutzgeschichte

In dieser Situation unternimmt die Staatskanzlei NRW den Versuch, die Frage der Dauerfinanzierung der Stiftung Naturschutzgeschichte anlässlich der Ergänzungsvorlage zum Haushalt 1996 zugunsten des Projektes Archiv und Museum zur Geschichte des Naturschutzes zu klären. In einem Schreiben der Staatskanzlei an das Umweltministerium NRW heißt es:

„Im Rahmen der Vereinbarung über die Ausgleichsmaßnahmen für die Region Bonn haben sich die Stadt Bonn, der Rhein-Sieg-Kreis und der Kreis Ahrweiler darauf verständigt, den Ausbau der Vorburg zu Schloß Drachenburg, die im Besitz der NRW-Stiftung Naturschutz, Heimat- und Kulturpflege ist und in den nächsten Jahren mit einem Kostenaufwand von ca. 45 Mio. DM durch Förderung des Landes saniert wird, in die Maßnahmen des Ausgleichsbereichs Kultur einzubeziehen. Mit der notwendigen Zustimmung des Koordinierungsausschußes für die Ausgleichsmaßnahme in der Region in seiner nächsten – im Frühjahr 1996 geplanten – Sitzung ist zu rechnen, zumal die für den Ausgleich zuständigen bzw. fachlich betroffenen Ressorts Bundesbauministerium, Bundesfinanzministerium und Bundesumweltministerium ihrerseits bereits ihre Zustimmung zu diesem Projekt signalisiert haben (das entsprach dem Konsens auf der Besprechung der beteiligten Ressorts am 17.07. auf Schloß Drachenburg). Für die abschließende förmliche Beschlußfassung und die Zuleitung an den Haushaltsausschuß des Deutschen Bundestages hat der Bundesfinanzminister allerdings gegenüber dem Rhein-Sieg-Kreis darauf hingewiesen, daß bis zu dieser Entscheidung die Frage der betrieblichen Dauerfinanzierung sichergestellt sein muß.

Nach den bisher geführten Gesprächen zwischen Ihrem Hause und dem Bundesumweltministerium erscheint dafür die Errichtung einer Bund-Länder-Stiftung mit einem Stiftungskapital von 6 Mio. DM sinnvoll und angemessen. Eine Anfangsfinanzierung von 3 Mio. DM würde ausreichen, den Betrieb aufnehmen zu können. Die Planung geht davon aus, daß das Land NRW und der Bund jeweils die Hälfte des Stiftungskapitals aufbringen. Weitere Länder haben ihre Mitwirkung durch Zustiftung in 1997 für möglich erklärt (Zustiftung jeweils 1 Mio. DM). Da die Ergänzungsvorlage zum Landeshaushalt 1996 in den nächsten Tagen abgeschloßen wird, muß der jetzt in der Region gefundene Konsens, in der Vorburg zu Schloß Drachenburg ein Archiv und Museum zur Geschichte des Naturschutzes einzurichten und die Bereitschaft des Bundes dem Einsatz von Ausgleichsmitteln zuzustimmen, so abgesichert werden, daß dadurch die bisher erst grundsätzliche geklärte Finanzierung der Betriebskosten des Museums nicht gefährdet wird; da die Gespräche zwischen Bund und Ländern über die Errichtung der Stiftung möglicherweise längere Zeit in Anspruch nehmen als die anste-

hende Entscheidungsfindung in den für den Bonn-Ausgleich zuständigen Gremien. Um eine wechselseitige Blockade der Entscheidung auszuschließen, bitte ich Sie im Zuge der derzeit stattfindenden Gespräche über die Ergänzungsvorlage zum Haushalt 1996, die notwendigen Voraussetzungen dafür zu schaffen, daß die erforderlichen 3 Mio. DM für den Landesanteil an der geplanten Stiftung für ein Archiv und Museum zur Geschichte des Naturschutzes zur Verfügung stehen. Auf diese Weise kann im Koordinierungsausschuß nach dem Ausgleichvertrag für die Region Bonn und dem Haushaltsausschuß des Deutschen Bundestages eine positive Entscheidung herbeigeführt werden."

Der vom Landtag beschlossene Landeshaushalt 1996 sieht deshalb im Einzelplan 10 – Umweltministerium – im Kapitel 10 030 einen eigenen Titel 698 82 mit 3 Mio. DM Stiftungskapital für die Errichtung einer Stiftung Archiv, Forum und Museum zur Geschichte des Naturschutzes vor.

Jetzt steht fest: Es wird eine Stiftung Naturschutzgeschichte geben.

August 1996: Koordinierungsausschuss im Bonn-Ausgleich stimmt Projekt Stiftung Naturschutzgeschichte zu

Umweltministerium NRW, Staatskanzlei NRW und NRW-Stiftung Naturschutz, Heimat- und Kulturpflege treiben erneut die Abstimmungsprozesse in den Gremien des Bonn-Ausgleichs voran.

Am 5. Juli 1996 wird im Rahmen einer Eilentscheidung vom Stiftungsratsvorsitzenden, Herrn Ministerpräsidenten Rau, von der NRW-Stiftung abschließend die Mitfinanzierung von 1 Mio. DM an der Stiftung beschlossen. Die Resonanz auf die Bitte an die anderen Bundesländer, sich an der Stiftung Naturschutzgeschichte zu beteiligen, bleibt bescheiden. Nur das Partnerland von NRW, das Land Brandenburg, ist bereit, das Projekt mit 100.000 DM zu unterstützen. Ansonsten sichern die anderen Bundesländer ihre Sympathie für die Aktivitäten des Landes Nordrhein-Westfalen auf diesem Gebiet zu. Einige Bundesländer beantworten das Schreiben überhaupt nicht. Zu dem Antrag „Archiv, Forum und Museum zur Geschichte des Naturschutzes" fasst der Koordinierungsausschuss, der die abschließenden Beratungen in den Gremien des Deutschen Bundestags vorbereitet, den alles entscheidenden Beschluss:

„Es besteht Einvernehmen, das Projekt ‚Archiv und Museum zur Geschichte des Naturschutzes in Deutschland' in der Vorburg von Schloß Drachenburg in Königswinter aus Ausgleichsmitteln mit einem Investitionszuschuß in Höhe von 5,5 Mio. DM zu fördern. Die Bundesregierung wird gebeten, die Zustimmung des Haushaltsausschußes des Deutschen Bundestages zu dem Projekt einzuholen."

Der Haushaltsausschuss stimmt im September 1996 zu.

6. Dezember 1996: Die Stiftung Naturschutzgeschichte wird gegründet

Am 6. Dezember 1996 ist es soweit: Mit einer kleinen Feier unterzeichnen die Gründungsmitglieder der Stiftung für das Land Nordrhein-Westfalen Umweltministerin Bärbel Höhn, für das Land Brandenburg Umweltminister Matthias Platzeck und für die Nordrhein-Westfalen-Stiftung Naturschutz, Heimat- und Kulturpflege Präsident Herbert Neseker die Stiftungsurkunde.

Während der Auf- und Umbauphase der Stiftung hat die Landesregierung NRW zugleich beschlossen, zunächst die Geschäftsführung der Stiftung Naturschutzgeschichte durch das Umweltministerium wahrzunehmen, um dann parallel zum Baufortschritt schrittweise den Betrieb von Archiv, Forum und Museum zur Geschichte des Naturschutzes aufzunehmen.

2. Oktober 1996: museumsfachliches Raumnutzungskonzept

Nach wie vor basiert die Kostenermittlung für die Dauerausstellung auf dem Konzept der NRW-Stiftung aus dem Jahre 1990, so dass die Stiftung Naturschutzgeschichte Ulrike Stottrop und Dr. Frank Kerner vom Ruhrlandmuseum Essen in Zusammenarbeit mit dem Architektenbüro Pfeiffer und Ellermann sowie Dr. Ägidius Strack als Projektleiter beauftragt, ein konkretes museumsfachliches Raumnutzungskonzept vorzulegen.

Am 2. Oktober 1996 wird im Bundesamt für Naturschutz in Bonn das Fachkonzept einer interessierten Fachwelt vorgestellt.

14. August 1997: Bewilligungsbescheid des Bundes

Aber bis zum Baubeginn sind noch eine Fülle von bürokratischen Hürden zu überwinden. Dieser Entscheidungsprozess, der mehrere Aktenbände bei der Projektsteuerungs-GmbH Schloss Drachenburg füllt, wird mit dem Bewilligungsbescheid des Bundesministeriums für Raumordnung, Bauwesen und Städtebau vom 14. August 1997 mit der Gewährung einer anteiligen Fehlbedarfsfinanzierung von 5.488.794 DM abgeschlossen.

19. Dezember 1996: Förderantrag an die Deutsche Bundesstiftung Umwelt

Zur Finanzierung der Ausstellung im Rahmen des museumsfachlichen Konzeptes stellt die Stiftung Naturschutzgeschichte einen Förderantrag bei der Deutschen Bundesstiftung in einer Höhe von 3,49 Mio. DM.

Mit Schreiben vom 21.1.1997 bittet die Deutsche Bundesstiftung Umwelt um die Klärung verschiedener einzelner Punkte, die mit dem museumsfachlichen Raumnutzungskonzept zusammenhängen sowie mit der Kostenkalkulation für pädagogische

Vermittlungsarbeit, den vorgeschlagenen Installationen im Außenbereich, der Kompaktusanlage (Archiv) sowie den allgemeinen Verwaltungskosten. Zudem regt die Deutsche Bundesstiftung Umwelt an, nochmals die Gesamtkosten deutlich zu reduzieren. Weitere offene Fragen betreffen die geplante Zusammenarbeit der Stiftung mit anderen wissenschaftlichen Einrichtungen, Institutionen, Museen und Archiven.

Nach dem bei der Deutschen Bundesstiftung Umwelt üblichen Antragsverfahren werden Förderanträge eines solchen Umfangs zunächst durch zwei externe Gutachter mit Voten beurteilt, die die abschließende Kuratoriumsentscheidung vorbereiten sollen. Diese Gutachter sind dem Antragsteller naturgemäß nicht bekannt.

In der Kuratoriumssitzung am 2.6.1997 stellt die Deutsche Bundesstiftung Umwelt eine Förderentscheidung zunächst zurück.

13. September 1997: Die Deutsche Bundesstiftung Umwelt finanziert die Dauerausstellung

Die Stiftung arbeitet die zusätzlichen Auflagen der Deutschen Bundesstiftung Umwelt auf und bittet mit Schreiben vom 21.7.97 erneut um eine positive Förderentscheidung des Kuratoriums. Um nicht auf den letzten Metern zu scheitern, greift die Stiftung Naturschutzgeschichte noch zu einer ungewöhnlichen und von dem Betreffenden ganz selten gewährten persönlichen Fürsprache für das Projekt:

Sie bittet den NRW-Ministerpräsidenten Johannes Rau sich bei dem Kuratoriumsvorsitzenden der Deutschen Bundesstiftung Umwelt, dem Präsidenten der Deutschen Bundesbank, Herrn Prof. Dr. Dr. h. c. Hans Tietmeyer in einem persönlichen Schreiben für eine positive Förderentscheidung einzusetzen. Mit Datum vom 11.9.97 kommt Ministerpräsident Johannes Rau dieser Bitte nach. Er beschließt sein Schreiben an Prof. Tietmeyer mit den Sätzen:

„Ich wäre Ihnen dankbar, wenn das Kuratorium der Deutschen Bundesstiftung Umwelt unter Ihrem Vorsitz am kommenden Montag zu einer positiven Entscheidung über den vorliegenden Antrag käme. Weil das Votum des Vorsitzenden dabei gewiß eine besondere Rolle spielen wird, bitte ich Sie, sehr geehrter Herr Prof. Tietmeyer, ganz herzlich um Ihre Unterstützung
Mit freundlichen Grüßen
Ihr Johannes Rau

Dieses Schreiben dokumentiert die ungewöhnliche Verbundenheit, die Johannes Rau als Vorsitzender des Stiftungsrates der Nordrhein-Westfalen-Stiftung mit dem Projekt Schloss Drachenburg und der „kleinen Schwester" Vorburg hatte, und die sich am 12. März 2002 durch seine Eröffnung der Dauerausstellung der Stiftung Naturschutzgeschichte in der Vorburg von Schloss Drachenburg – jetzt als Bundespräsident der Bundesrepublik Deutschland – erneut dokumentiert.

Das Kuratorium der Bundesstiftung Umwelt stimmt dem Förderantrag zu.

3. Mai 1997: Die Stiftung Naturschutzgeschichte nimmt ihre Arbeit auf

Die Organe der Stiftung sind ein Kuratorium, der Vorstand und auf Vorschlag des Kuratoriums im Bedarfsfall ein wissenschaftlicher Beirat. Die Aufgabenverteilung zwischen Kuratorium und Vorstand ist die in Stiftungen übliche. Der Vorstand führt die laufenden Geschäfte, er stellt das Stiftungspersonal ein, das Kuratorium wählt den Vorstand, kontrolliert ihn, beschließt über den jährlich aufzustellenden Haushalt sowie die Rechnungsprüfung und Entlastung des Vorstandes, die Annahme von weiterem Stiftungskapital sowie die Berufung eines wissenschaftlichen Beirats.

Die Amtszeit beträgt für beide Gremien fünf Jahre. Mit Datum vom 8. Mai lädt das geschäftsführende Umweltministerium NRW zur konstituierenden Sitzung des Kuratoriums zum 3. Juni 1997 nach Haus Bachem, Königswinter, ein. Dem ersten Kuratorium der Stiftung Naturschutzgeschichte gehören an: Auf Berufung der Bundesrepublik Deutschland: Ministerialdirigent Dr. Horst Glatzel, Abteilungsleiter im Bundesministerium für Umwelt, Naturschutz und Reaktorsicherheit, Prof. Dr. Martin Uppenbrink, Präsident des Bundesamtes für Naturschutz, Ministerialrat Dr. Hermann Scharnhoop, Bundesministerium für Raumordnung, Bauwesen und Städtebau. Von den nach § 29 Bundesnaturschutzgesetz anerkannten Verbänden auf Bundesebene Jochen Flasbarth, Präsident des Naturschutzbundes Deutschland, Ltd. Gartenbaudirektor Hillebert de Chevallerie, Präsident der Deutschen Gesellschaft für Gartenkunst und Landschaftskultur, Dr. Hans Tiedeken, Präsident des Deutschen Heimatbundes. Die sechs Vertreter des Landes Nordrhein-Westfalen sind: Dr. Thomas Griese, Staatssekretär im Ministerium für Umwelt, Raumordnung und Landwirtschaft NRW, Christa Vennegerts, Regierungspräsidentin der Bezirksregierung Detmold, Dr. Hans Jürgen Baedeker, Staatssekretär im Ministerium für Stadtentwicklung, Kultur und Sport NRW. Die nach § 29 Bundesnaturschutzgesetz anerkannten Verbände in NRW entsenden ins Kuratorium: Dr. Hermann Josef Roth, Vorsitzender der Landesgemeinschaft Natur und Umwelt, Prof. Dr. Wolfgang Gerß, stellvertretender Vorsitzender des Naturschutzbundes Deutschland NRW, und Dr. Michael Harengerd, Landesvorsitzender des BUND NRW. Die zwei Vertreter des Landes Brandenburg sind: Dr. Friedrich Wiegank, Leiter des Aufbaustabes der Naturschutzakademie Brandenburg und Manfred Feiler, stellvertretender Vorsitzender des Naturschutzbundes Deutschland, Landesverband Brandenburg. Die Nordrhein-Westfalen-Stiftung Naturschutz, Heimat- und Kulturpflege benennt Prof. Dr. Eberhard Weise, Vorstandsmitglied der NRW-Stiftung, und Heinz Martin Bernert, Stadtdirektor der Stadt Königswinter. In seiner Sitzung wählt das Kuratorium NABU-Präsident Jochen Flasbarth zu seinem Vorsitzenden.

Nach Vorgesprächen zwischen den Stiftern werden zu Mitgliedern des Vorstandes vom Kuratorium gewählt: Dr. Hermann Behrens, Leiter des Studienarchivs für

Umweltgeschichte in Berlin, Prof. Dr. Wolfgang Erz (†), Bundesamt für Naturschutz in Bonn-Bad Godesberg, Prof. Dr. Lothar Finke, Bundesvorsitzender des Berufsverbandes beruflicher Naturschutz (BBN), Dr. Birgitta Ringbeck, Kunsthistorikerin und für Denkmalpflege zuständige Referentin im Ministerium für Stadtentwicklung, Kultur und Sport NRW, Prof. Albert Schmidt, Präsident bei der Landesanstalt für Ökologie, Bodenordnung und Forsten NRW, und Prof. Dr. Adelheid Stipproweit, Universität Koblenz-Landau.

Zum Vorsitzenden der Stiftung wählt das Kuratorium Prof. Albert Schmidt, der bereits langjähriger stellvertretender Vorsitzender des Vereins Archiv und Museum zur Geschichte des Naturschutzes in Königswinter war. Das Kuratorium beschließt in seiner Sitzung auch die enge Zusammenarbeit mit dem bereits am 11. März 1997 gegründeten Förderverein „Museum zur Geschichte des Naturschutzes in Deutschland". Sein Vorsitzender ist zunächst Lt. Regierungsdirektor Diether Galonske, Bezirksregierung Detmold, danach MR Dr. Hans-Joachim Dietz, Umweltministerium NRW.

11. März 1997: Gründung des Fördervereins der Stiftung Naturschutzgeschichte und Auflösung des Vereins Archiv und Museum zur Geschichte des Naturschutzes e. V.

In der außerordentlichen Mitgliederversammlung am 11. März 1997 hatte sich per Beschlussfassung der bestehende Verein Archiv und Museum zur Geschichte des Naturschutzes e. V. mit der notwendigen Mehrheit aufgelöst. Die Auflösung des Vereins erfolgte, weil sein Zweck erfüllt war: Es gab das vom Verein angestrebte Archiv und Museum zur Geschichte des Naturschutzes in Deutschland, jedenfalls die dafür gefundene organisatorische Trägerlösung in Form der Stiftung Naturschutzgeschichte.

Herr Prof. Pflug als Vereinsvorsitzender verabschiedet sich mit dem Schreiben vom 11.12.1996 von den Mitgliedern:

„Liebe Mitglieder,
unser Verein stellt sich in § 2 seiner Satzung die Aufgabe, die Einrichtung, den Unterhalt und öffentliche Nutzung eines Archivs sowie den Aufbau eines Museums zur Geschichte des Naturschutzes und der Landschaftspflege zu fördern.
Mit der Errichtung der Stiftung Archiv, Forum und Museum zur Geschichte des Naturschutzes in Deutschland auf Schloß Drachenburg am 5. Dezember 1996 in Düsseldorf ist der wesentliche Schritt zur Erfüllung dieses Vereinszwecks getan und der für das Projekt entscheidende Grundstein gelegt worden. Gemeinsam mit dem Vorstand freue ich mich darüber, ihnen diese Mitteilung machen zu können. Ich danke Ihnen an dieser Stelle für die tatkräftige Unterstützung unseres für den Naturschutz in Deutschland einmaligen Vorhabens. Bitte bleiben Sie weiterhin an unserer Seite und helfen Sie, das Werk zu vollenden."

19. Januar 1998: Baubeginn/Baufest

Am 19. Januar 1998 feiern Umweltministerin Bärbel Höhn, Kuratoriumsvorsitzender Jochen Flasbarth und der Präsident der Nordrhein-Westfalen-Stiftung Naturschutz, Heimat- und Kulturpflege sowie der Bürgermeister der Stadt Königswinter mit vielen geladenen Gästen den eigentlichen Beginn der Sanierungsarbeiten.

28. Januar 1998: Glasdach und Kabinett – Die „Sparmaßnahme"

Für die Sanierung der Vorburg war es notwendig, das gesamte Fundament des Gebäudes freizulegen, um die Grundmauern zu sanieren. Diese Not als Chance zu sehen, die zudem auch Kostenvorteile hätte, da die Wiederverfüllung und Neuverdichtung des Innenhofs auch erhebliche schon bereits bewilligte Baumittel aus der Baumaßnahme binden würde, veranlassten die Planungsgemeinschaft Drachenburg Pfeiffer, Ellermann und Partner sowie die Projektleitung Schloss Drachenburg GmbH, Dr. Ägidius Strack, in eigener Initiative bereits am 16. Dezember 1997 der Stiftung Naturschutzgeschichte, ein Exposé zur Glasüberdachung des Innenhofs der Vorburg von Schloss Drachenburg zuzuleiten.

Mit der Glasüberdachung könne, so das Exposé, zugleich noch für das Museum ein zusätzlicher Ausstellungsraum unter dem glasüberdachten Innenhof gewonnen werden (Kabinett). Die zusätzlichen Kosten beliefen sich auf 1,2 Mio. DM.

Mit Schreiben vom 28.1.1998 an die Stiftung Naturschutzgeschichte bittet Staatssekretär Dr. Baedeker vom zuständigen Stadtentwicklungsministerium NRW, ohne dass er die Förderzusage letztendlich bereits konkretisiert, die Stiftung, *„das Projekt der Überdachung des Vorhofes doch unverzüglich mit den zuständigen Stellen des Landes und der Stadt Königswinter voranzutreiben"*.

Die Eingeweihten wussten: Damit war für die Überdachung des Vorhofes eine 80-prozentige Landesförderung sicherzustellen.

Mit dieser Entscheidung hatte die Vorburg zu ihrer eigentlichen gestalterischen Identität gefunden: Der überdachte Vorhof verbindet heute die beiden Ausstellungsflügel, so dass ein Rundgang möglich ist. Mit dem überdachten Vorhof ist zudem ein eigener großer Veranstaltungsraum von unschätzbarem Wert für die Foren vorhanden.

Und mit dem Kabinett im Untergeschoss wurden zusätzlich 120 m² neue Ausstellungsfläche gewonnen, die naturgemäß wieder einen weiteren Finanzierungsbedarf nach sich zogen, der in konsequenter Fortsetzung der bisherigen Förderung erneut vom MURL NRW übernommen wurde.

16. März 1998: Das Stiftungsteam „steht"

Am 16. März ist der Personalaufbau der Stiftung abgeschlossen. Dr. Hans-Werner Frohn (Historiker) als wissenschaftlicher Aufbauarbeiter, Martin Becker als wissenschaftlicher Mitarbeiter und Museumspädagoge und Dr. Nils Franke als Archivar sowie Frau Christine Dorst als Verwaltungsleiterin, der später Frau Antonia Hass folgt, bilden das Team für die Aufbauphase unter der ehrenamtlichen Geschäftsführung durch das Umweltministerium NRW (Geschäftsführer: Abteilungsleiter Naturschutz, Thomas Neiss und Oberamtsrat Theo Nilgen, ebenfalls aus der Naturschutzabteilung)

29. September 1998: Leitlinien für ein Museum zur Geschichte des Naturschutzes

Die Arbeit an der Ausstellungskonzeption beginnt am 18.3.1998. Für Archiv und Ausstellung werden zwei projektbegleitende Runden von Fachleuten gebildet. Erst wenn eine Grundkonzeption der Ausstellung gegen Herbst 1998 vorgestellt wird, sollen in die weiteren Überlegungen Ausstellungsmacher einbezogen werden. Bereits in seiner nächsten Sitzung am 2. Juni 1998 berät der Vorstand über ein erstes von der Kernarbeitsgruppe unter der Leitung des wissenschaftlichen Aufbauleiters vorgelegtes Umsetzungskonzept zum „Archiv, Forum und Museum zur Geschichte des Naturschutzes".

Mit den Leitlinien für ein „Museum zur Geschichte des Naturschutzes in Deutschland" verabschiedet der Vorstand am 29.9.1998 Grundzüge der zukünftigen Ausstellung. Im ersten Aufbaubericht an die Deutsche Bundesstiftung Umwelt heißt es dazu:

„Unter Beteiligung namhafter Experten wurden die Grundzüge der zukünftigen Ausstellung erarbeitet. Ausgehend von der besonderen Raumsituation in der Vorburg – ein schlüssiger Rundgang durch die Museumsräume wäre nur durch ein starres, damit aber sicherlich auch als zwanghaft empfundenes Besucherleitsystem möglich – entwickelt das Konzept ein Ausstellungssystem von 50 ergänzenden Modulen. Jedes dieser Module ist in sich selbst als abgeschlossene Einheit konzipiert. In der Vorhalle sollen die – wahrscheinlich überwiegend tagestouristischen – Besucher mit der Tatsache vertraut gemacht werden, daß sie im Naturschutzgebiet Siebengebirge, am Ort der frühesten gesellschaftlichen Auseinandersetzung von Bürgern und ‚Umweltinitiativen' zum Schutz der Natur in Deutschland angekommen sind.

Im neu geschaffenen Kabinett werden in Zeugnissen der bildenden Kunst die unterschiedlichen Natur- und Umwelterfahrungen des Menschen seit der Romantik im Mittelpunkt stehen und damit sogleich die unterschiedlichen jetzigen Strömungen, die die Natur- und Umweltschutzbewegung geprägt haben, thematisiert.

Die wirtschafts-, sozial- und technikgeschichtlichen Hintergründe werden in der museumstechnischen Vermittlung ebenfalls erschlossen.

In den Seitenflügeln werden die beiden Grundströmungen präsentiert, auf denen die Natur- und Umweltbewegung basiert. Das ist einerseits das Ziel, Natur vor einem ungezügelten Zugriff auf Tiere und Pflanzen einschl. ihres historisch gewachsenen Lebensraumes zu schützen (Natur bewahren), andererseits der Wille, eine dauerhafte und umweltgerechte Nutzung durch konkrete Vorschläge zu einem naturverträglichen Einsatz neuer Wirtschaftsformen oder Techniken zu erreichen (Natur mitgestalten). So wird ein Seitenflügel dem Thema ‚Naturschutz als nachhaltige Nutzung‘, der andere dem Thema ‚Gefährdete Natur schützen‘ gewidmet. Angesichts der beschränkten Ausstellungsfläche lassen sich diese Themen nur anhand paradigmatischer Problemfelder darstellen. Als Beispiel für die Nachhaltigkeit im Naturschutz wurde die ‚Auseinandersetzung des Naturschutzes mit der Entwicklung hin zur heutigen Agrarlandschaft‘, für die Schutzfunktion die ‚Geschichte des Vogelschutzes‘ ausgewählt. In knappster Form werden die Sachthemen der Geschichte des Natur- und Umweltschutzes
- *Heimatschutz*
- *Bäume*
- *Wälder*
- *Naturdenkmal*
- *Mobilität*
- *Gewässerschutz*
- *Stadt- und Industrienatur*

mit wenigen symbolhaften Exponaten präsentiert.

Diese Einheiten werden in den Jahren nach der Eröffnung Themen von Sonderausstellungen sein. Die Ergebnisse werden dann schrittweise in ‚virtueller‘ Form in das aufzubauende Besucherinformationssystem mit einer PC-Work-Station in die Dauerausstellung integriert.

Im überdachten Innenhof wird eine künstlerische Installation zur Auseinandersetzung der Beziehung Mensch, Natur und Umwelt ausgestellt. "

12. Januar 1999: Konkretes Gestaltungskonzept

Aus den Leitlinien entwickelt das projektbegleitende Gremium „Ausstellung" ein konkretes Museumskonzept unter der Mithilfe von Klaus Vogel, Direktor des Deutschen Hygienemuseums in Dresden, Prof. Dr. Dietmar Preissler, stellv. Direktor des Hauses der Geschichte der Bundesrepublik Deutschland, Dr. Gerhard Christian Weniger, Direktor des Neandertalmuseums in Mettmann, Sigrid Robel, Leiterin des Naturkundemuseums in Cottbus, Ulrike Stottrop, stellv. Leiterin des Ruhrlandmuseums in Essen, Prof. Dr. Wolfgang Böhme, stellv. Leiter des Museums Alexander

König in Bonn, Dr. Peter Joerissen, Museumsberatungsstelle des Landschaftsverbandes Rheinland und Prof. Dr. Wilfried Stichmann von der Universität Dortmund.

Damit liegt nun nach einjähriger Arbeit abschließend ein Konzept vor, das geeignete Grundlage dafür ist, auch einen Museumsgestalter mit der konkreten Umsetzung zu beauftragen und weitere wissenschaftliche Mitarbeiter zu verpflichten, die konkrete Recherche zu den einzelnen Ausstellungseinheiten in Angriff zu nehmen.

29. Januar 1999: Michael Hoffer, München, wird mit der Realisierung der Ausstellung betraut

In der Vorstandssitzung am 29.1.1999 beschließt der Vorstand einstimmig, Herrn Michael Hoffer, München, aufgrund seiner Präsentation mit der Realisierung der Dauerausstellung zur Geschichte des Naturschutzes in der Vorburg von Schloss Drachenburg zu beauftragen. Ziel des Vorstandes ist es, durch Michael Hoffer einen Gestaltungsentwurf bis Mitte 1999 vorgelegt zu bekommen.

Zeitplan zur Sanierung der Vorburg kann nicht eingehalten werden: Eröffnung frühestens im Sommer 2001

Der Zeitplan der Sanierung zur Vorburg mit dem Abschluss Ende 1999 ist nicht einzuhalten. Wesentliche, große Baumaßnahmen wie die Sanierung der kriegsgeschädigten Fassade und die denkmalgerechte Wiedereindeckung des Daches können nicht planungsgerecht abgeschlossen werden. Ein Konkurs der beauftragten Natursteinfirma führt zu weiteren rechtlichen Auseinandersetzungen zwischen dem Bauträger, der Stadt Königswinter und dem Konkursverwalter. Es wird absehbar, dass das Archiv, Forum und Museum nach den damaligen Erkenntnissen selbst bei guten Baufortschritten mit einem anschließenden Mindestzeitraum von sechs bis acht Monaten für die Dauerausstellung frühestens im Sommer 2001 mit dem Normalbetrieb beginnen kann.

22. August 2000: Die Geschäftsstelle der Stiftung Naturschutzgeschichte zieht in die Vorburg um

Am 22. August 2000 ist es soweit: Die Stiftung Naturschutzgeschichte verlässt ihre provisorischen Räume im Umweltministerium NRW in Düsseldorf und zieht in die fertig restaurierte Vorburg von Schloss Drachenburg ein. In einem feierlichen Festakt wird die Vorburg an die Stiftung Naturschutzgeschichte unter Beteiligung der Vertreter aller beteiligten Institutionen im Rahmen der Förderung durch den Bonn-Ausgleich für das Projekt Stiftung Naturschutzgeschichte übergeben.

29. November 2000: Die Stiftung gewinnt den Naturphilosophen Prof. Dr. Klaus-Michael Meyer-Abich für die inhaltliche Gestaltung des Kabinetts

Während die inhaltlichen Arbeiten und Diskussionen am Ausstellungskonzept für die Darstellung der Geschichte des Naturschutzes in den Ausstellungsflügeln schon sehr konkrete Gestalt angenommen haben, fehlt die inhaltliche Konzeption für das Kabinett, das mit der Unterkellerung des Vorhofes gewonnen wurde, bis Mitte des Jahres 2000 noch in Gänze.

Der Vorstand gewinnt den Essener Naturphilosophen Prof. Dr. Klaus-Michael Meyer-Abich dafür, in Abstimmung mit der Stiftung Naturschutzgeschichte eine inhaltliche Raumkonzeption zu entwickeln. Der Besucher des Museums soll individuell die deutsche Geistes- und Kulturgeschichte seit der Klassik und Romantik an der Jahrhundertwende vom 18. zum 19. Jahrhundert bis in die beginnende industrielle Moderne, nachvollziehbar an Hand von entsprechenden Textzitaten, als geistige Grundlage des Naturschutzes verstehen und zugleich eingeladen sein, über diese Texte sein eigenes Verhältnis zur Natur unter den heutigen gesellschaftlichen Bedingungen zu reflektieren.

Nach mehrfachen Beratungen im Vorstand wird dieses Konzept als Grundlage für die Realisierung durch den Gestalter Michael Hoffer am 29.11.2000 verabschiedet.

Neue Verzögerungen bei der Realisierung der Ausstellung im Jahr 2001

Die notwendigen Recherchen zur Dauerausstellung werden im Laufe des Frühjahrs 2001 abgeschlossen. Die Umsetzung des Museumskonzeptes muss aber erhebliche Verzögerungen hinnehmen. Der für das gestalterische Konzept der Ausstellung vertraglich verpflichtete Ausstellungsmacher, Michael Hoffer, erkrankt schwer und ist über mehrere Monate nicht in der Lage, seine vertraglichen Verpflichtungen zu erfüllen.

Die Stiftung ist aber bereits urheberrechtlich soweit an seine Konzeption gebunden, dass ein Ausstieg aus dem Vertrag in der Sache das Projekt selbst gefährdet hätte. Mitte des Jahres 2001 muss sich deshalb der Vorstand der Stiftung Naturschutzgeschichte entschließen, den Vertrag mit Michael Hoffer zu lösen. In den Vertrag tritt mit allen Rechten und Pflichten das Unternehmen LUCAD in Starnberg ein, dessen Inhaber Herr Lutz Kasang in der Vergangenheit bereits mehrere Entwürfe von Michael Hoffer in praktische Museumskonzeptionen umgesetzt hat. Damit ist die Konzeption und ihre Umsetzung gesichert.

22. August 2001: museumspädagogisches Konzept

Parallel mit der historischen Recherche für die Präsentation der Dauerausstellung wird auch, wie von der Deutschen Bundesstiftung Umwelt verlangt, das museumspädagogische Konzept für die künftige Arbeit der Stiftung Naturschutzgeschichte in mehreren Sitzungen im Jahre 2001 formuliert. Dabei gilt für die praktische Arbeit der Grundsatz: Bei begrenztem Raum- und Präsentationsangebot ist entscheidungsrelevant für die Auswahl von Dokumenten und ihre Inszenierung in der Dauerausstellung auch ihre museumspädagogische Vermittlung sowohl für die Arbeit der Stiftung Naturschutzgeschichte als außerschulischem Lernort als auch für die klassische museumspädagogische Arbeit mit interessierten Zielgruppen von Erwachsenen.

Endgültig verabschiedet wird das museumspädagogische Konzept als Handlungsgrundlage für die Fertigstellung der Ausstellung und für den Dauerbetrieb ab April 2001 nach drei Sitzungen des Vorstandes am 22. August 2001.

12. März 2002: Eröffnung der Dauerausstellung durch den Bundespräsidenten

Mit der Eröffnung am 12. März 2002 und der damit verbundenen Veranstaltungswoche zur Geschichte des Naturschutzes hat sich der Traum vom 9. November 1989 auf der Tagung in Bonn-Röttgen erfüllt: Mit Archiv, Forum und Museum wird die Stiftung Naturschutzgeschichte lebendiger Ort für die Auseinandersetzungen mit der Vergangenheit, aus der dem Naturschutz in Deutschland die Gestaltungsfähigkeit und die Gestaltungskraft für die Zukunft erwachsen soll. Das Ziel ist erreicht. Ein Ziel, für das viele der in dieser Chronik Genannten fast ihre ganze Arbeitskraft neben ihren jeweiligen Berufsfeldern investiert haben. Ein Ziel, das in Verwaltung und Politik, insbesondere in Nordrhein-Westfalen, Förderer fand, ohne die politisch wie real das Projekt hätte nie verwirklicht werden können.

Dank

Die „Chronik" entstand mit Hilfe der zugänglichen Unterlagen aus dem Umweltministerium NRW, aus der Stiftung Naturschutzgeschichte und der Nordrhein-Westfalen-Stiftung Naturschutz, Heimat- und Kulturpflege. Der Autor dankt den Partnern in der Nordrhein-Westfalen-Stiftung Naturschutz, Heimat- und Kulturpflege Herbert Neseker, Prof. Wolfgang Schumacher, Prof. Wilfried Stichmann, Prof. Eberhard Weise und ganz besonders dem langjährigen Geschäftsführer Hartmut Schulz sowie Dr. Stefan Kisteneich.

Dank gilt auch den Partnern in der Landesregierung Nordrhein-Westfalen: allen voran den Staatssekretären Dr. Hans Hermann Bentrup, Dr. Hans Jürgen Baedeker und insbesondere Dr. Thomas Griese sowie auch auf der Ebene der Mitarbeiter sowohl in Zeiten ihrer Zugehörigkeit zur NRW-Stiftung als auch später als Partnerin im Ministerium für Städtebau, Wohnen und Kultur, Dr. Birgitta Ringbeck, und damals in der Staatskanzlei NRW Christoph Habermann; im Umweltministerium selbst den Mitarbeitern Norbert Lindner, Paul Wagner (†) und Theo Nilgen, in der Landesanstalt für Ökologie, Bodenordnung und Forsten NRW Prof. Albert Schmidt als Vorsitzendem und Dr. Joachim Weiss. Auf der Ebene der Bundesregierung haben besonders mitgeholfen Heinrich Spanier im Bundesministerium für Umwelt und im Bundesamt für Naturschutz Prof. Dr. Martin Uppenbrinck sowie Reinhard Piechocki in der Außenstelle Vilm des Bundesamtes. Der Dank gilt auch den Partnern vor Ort: allen voran Landrat Fritjof Kühn vom Rhein-Sieg-Kreis für seine Moderation im Rahmen des Bonn-Ausgleiches, Stadtdirektor Martin Bernert aus Königswinter und seinem Team, angeführt von Ulrich Berres, und in ganz besonderer Weise Dr. Ägidius Strack als dem eigentlichen Projektsteuerer für Schloss Drachenburg und der mit der Drachenburg verbundenen Architektengemeinschaft Pfeiffer, Ellermann und Partner. Dank gilt auch Prof. Wolfgang Engelhardt als stellvertretendem Kuratoriumsvorsitzenden der Deutschen Bundesstiftung Umwelt und Thomas Pyhel, die in der Deutschen Bundesstiftung Umwelt dieses schwierige Projekt zum Erfolg geführt haben. Zuletzt bleibt mir zu danken den Vertretern aus dem Bereich vom Museum und Archivwesen, ohne die wesentliche Schritte nicht hätten realisiert werden können, wie Ulrike Stottrop vom Ruhrlandmuseum in Essen oder Dr. Weber von der Archivberatungsstelle des Landschaftsverbandes Rheinland.

Wilfried Stichmann, Adelheid Stipproweit, Henry Makowski und Hermann Behrens haben die Arbeit begleitet und gefördert.

Am Ende steht das Team, mit dem das Projekt in seiner entscheidenden Realisierungsphase verbunden bleiben wird. In alphabetischer Reihenfolge:

Martin Becker, Ulrich Berres, Ralf Dank, Sabine Diemer, Uta Flick, Nils Franke, Hans-Werner Frohn, Antonia Hass, Hans Hoffer, Michael Hoffer, Waltraud Jahnke, Lutz Kasang, Bernd Kreuter, Klaus Michael Meyer-Abich, Theo Nilgen, Martin Rüther, Gerd Schulte, Verena Stoessel, Anna Wöbse, u. a.

Für die Arbeit, die Vorstand und Kuratorium der Stiftung sowie der Vorstand des Vereins Archiv und Museum zur Geschichte des Naturschutzes e. V. geleistet haben, gilt mein Dank stellvertretend insbesondere zwei Personen: Meinen Freunden Wolfram Pflug und Albert Schmidt. Sie haben selbstlos und in der Sache aufopferungsvoll dieses Projekt bis zum 12. März 2002 getragen.

Birgitta Ringbeck

Schloss Drachenburg in Königswinter

1. Zeithintergründe

Mit dem Aufschwung in der „Gründerzeit" genannten Periode zwischen 1879 und 1890 veränderten sich nicht nur die wirtschaftlichen Strukturen, sondern auch die gesellschaftlichen, sozialen und auch kulturellen Bedingungen. Zum wichtigen Träger der Entwicklung wurde eine neue gesellschaftliche Zwischenschicht, nämlich das gebildete und besitzende Bürgertum. In einem Staat, der noch immer feudalistisch geprägt war und in dem Adel und Militär politisch Einfluss hatten, bestimmte diese Schicht Wissenschaft und Technik, Wirtschaft und Verwaltung, Kunst und Kultur.

Die Wirtschaftsblüte sorgte für eine rege Bautätigkeit, und es ist insbesondere die Architektur, mit der sich das Großbürgertum in der zweiten Hälfte des 19. Jahrhunderts präsentierte. Man baute eklektizistisch, d. h., man schöpfte aus der Überlieferung, zitierte in der zeitgenössischen Architektur überkommene Formen und ordnete bestimmten Bauaufgaben bestimmte Stile zu. Rathäuser, zu jener Zeit in großer Zahl als augenfälligste Zeugnisse des gewonnenen bürgerlichen Selbstbewusstseins neu errichtet, wurden in neogotischen Formen gestaltet, bei staatlichen Bauten wandte man häufig die Neo-Renaissance an, Bahnhöfe, Banken und Verwaltungsbauten zeichneten sich vielfach durch neobarocke Gestaltungselemente aus und Brücken waren oftmals romanischen Formen verpflichtet. Die Architektur wollte nach außen wirken, monumental sein, und dabei war auch die „malerische" Wirkung seit den 80er Jahren – insbesondere in der privaten Stadthaus-, Landhaus- und Villenarchitektur – Teil des Konzepts.[1]

Im Rheinland – und weit darüber hinaus – ist der Zeitgeist und die architektonische Gestaltungskraft in Verbindung mit dem Anspruch eines Bauherrn, dessen Lebensweg und beruflicher Werdegang ein Beispiel par excellence für die Gründerzeit ist, in keinem anderen Gebäude in so herausragender Weise dokumentiert wie in Schloss Drachenburg in Königswinter.[2]

---

1 Zur Kunst- und Kulturgeschichte dieser Zeit im Rheinland s. Eduard Trier u. Willy Weyres (Hg.), Kunst des 19. Jahrhunderts im Rheinland, 5 Bände, Düsseldorf 1979–1981.

2 Zur Bau- und Kunstgeschichte der Drachenburg s. Winfried Biesing, Das Schloß Drachenburg und der Burghof im Wandel der Zeit, Königswinter 1997; Theo Hardenberg, Gerühmte – geschmähte Burg: Schloß Drachenburg bei Königswinter, in: Rheinische Heimatpflege, Neue Folge 4 (1971), S. 275 u. 283; Angelika Leydendecker, Schloß Drachenburg (Landeskonservator Rheinland, Arbeitsheft 36), Bonn 1979.

2. Außenbau

Verglichen mit den nur ausschnitthaften Ansichten, die die Drachenburg in Königswinter gewährt, wenn man sich ihr nähert, präsentiert sie sich bei gehörigem Abstand
in geradezu freizügiger, ja fast schon aufdringlicher Weise: Jeder Rheinreisende, der
im Rheintal die Höhe von Mehlem erreicht, lenkt seinen Blick gebannt auf die auffal-
lende, vieltürmige Silhouette der Drachenburg, die inmitten einer Parklandschaft auf
halber Höhe des Drachenfels, dem bekanntesten und meistbesuchten Berg des Siebengebirges, errichtet wurde.

An der Westfassade, also der dem Rhein zugewandten Schauseite, wird die architektonische Struktur der Drachenburg auf den ersten Blick deutlich. Ihr lang
gestreckter Baukörper, der – annähernd in Nord-Süd-Richtung – auf einem Terras-
sensockel von ca. 120 Metern Länge steht, ist im Wesentlichen aus vier Baukompar-
timenten gebildet: Einem quadratischen Turm im Norden, einer sich daran anschließenden Halle und einem weiteren quadratischen Turm, der – ebenso wie das südliche
Drittel der Halle – in die Nordweststrecke eines zweiflügeligen, villenartigen Baukörpers eingefügt ist. Zusammenhalt erfährt die Anlage durch das durchgehende
Sockelgeschoss und die umlaufende Terrassenmauer mit Zinnkranz und zwei Wacht-
türmchen an der Nordseite.

Die an sich klare, an der Westfassade wie am Grundriss ablesbare Disposition der
verschiedenen Bauteile wird verunklärt durch die nicht einheitliche Fassadengestaltung. Die Fassaden sind durch unregelmäßig vor- und zurückspringende Architektur-
glieder aufgelockert. Neben dieser plastischen Belebung des Baukörpers findet eine
Auflösung der Mauermasse zugunsten der Einzelglieder statt. Große, ganze Trakte
ausfüllende Fensteröffnungen und viele kleinteilige Fenster lassen kaum die Mauer-
fläche hervortreten. Wo dies der Fall ist, werden mit Erkern, Skulpturen und farbi-
gem Stein Akzente gesetzt.

Aufgrund dieser Fassadengestaltung lassen sich die unterschiedlichen Geschoss-
höhen und -zahlen nicht am Außenbau ablesen; ihr Verhältnis zueinander wird erst
deutlich durch einen Blick auf den Längsschnitt des Gebäudes: Der Turm im Norden
hat vier Geschosse, die Halle ist eingeschossig angelegt und der Mittelturm hat wiederum vier Geschosse, von denen die unteren in einer Ebene mit dem dreigeschossi-
gen villenartigen Baukompartiment korrespondieren. Letzteres weist als Besonderheit einen über zwei Geschosse reichenden Kuppelsaal auf. Der Schnitt lässt darüber
hinaus erkennen, dass das Gebäude ein Souterrain hat, größtenteils von einem
Kriechkeller unterfangen ist und im Bereich des Nordturms einschließlich der vorge-
lagerten Terrasse ein Kellergeschoss mit hallenartigen Dimensionen besitzt. Diese
vielschichtige Konstruktion ist übrigens ein Beispiel modernster Ingenieurbaukunst:
Nicht weniger als zwei Dutzend verschiedene Tragwerksysteme kamen zur Anwen-
dung. Sie macht darüber hinaus deutlich, dass die Baumeister des Historismus zwar

auf historische Formen zurückgriffen, diese aber mit den technischen Errungenschaften der Gegenwart zu verbinden wussten.

Das vielgestaltige Erscheinungsbild der Drachenburg, die keine Schauseite hat, sondern umgangen werden will, wird gesteigert durch die komplizierte Dachgestaltung. Verschiedene Dachformen und -höhen durchdringen und überschneiden sich. Sattel-, Walm-, Kuppel- und Helmdächer sind vertreten. Giebel, Zinnen, Fialen und Kreuzblumen bereichern den Dachformenschatz noch im Detail, so dass eine wahre Dachlandschaft entsteht, deren verbindendes Merkmal früher die einheitliche Deckung mit Zinkplatten war.

Von Königswinter kommend, nähert man sich der Drachenburg aus starker Untersicht. Nun ist der Bau nur noch in Ausschnitten wahrnehmbar: Zunächst erblickt man den hohen, wehrhaft wirkenden Nordturm mit zinnenartiger Bekrönung und Blendarkaden an den oberen Ecken, Erkern an der West- und Ostseite sowie einem Balkon über einer hohen Terrassentür mit gedrücktem Spitzbogen an der Nordseite, die mit dem Wappen des Bauherrn von Sarter und seinem Wahlspruch „wäge – wage" über der Balkontür verziert ist. Die Nischenfiguren am Nordturm stellen Gerhard von Rile, Peter Vischer, Albrecht Dürer und Wolfram von Eschenbach dar; sie wurden von dem Kölner Wilhelm Albermann entworfen.

Der ursprünglichen, durch Überraschungseffekte gekennzeichneten Wegeführung durch die Vorburg der Drachenburg folgend, nimmt man sodann die Nordostseite mit den lange zugemauerten Lanzettfenstern der Kunsthalle und die Nordweststrecke des villenartigen Baukompartiments mit offener Säulenloggia und dem dahinter mächtig emporragenden Mittelturm wahr. Erst dann erreicht man die östliche Eingangsfassade mit der breiten Freitreppe; hier befand sich früher ein von Säulen getragener Portikus mit Satteldach, zu dem eine doppelläufige Treppe hinaufführte.

An ihrer Südseite, vom so genannten Venusgarten aus betrachtet, erscheint die Drachenburg als plastisch durchgebildeter, aber massiver Block mit offener Säulenloggia im Untergeschoss. Im Giebel steht unter einem Baldachin Cäsar, darunter befinden sich in Höhe des Obergeschosses Karl der Große und Kaiser Wilhelm I.; alle drei zusammen sind als Verherrlichung des Kaiserturms zu deuten und sollen die Kontinuität der Reichsidee verkörpern. Die Figuren stammen aus der Hand des Kölner Dombildhauers Fuchs, der an der sich anschließenden Ostfassade auch die Figur des Siegfried gemeißelt hat, der als Inbegriff und Symbol des deutschen Heldentums verehrt wurde und gemeinsam mit den Figuren an der Südseite und am Nordturm nach der Reichsgründung 1871 Teil der Nationalsymbolik wurde.

Abb. 1: Schloss Drachenburg, Südseite, Blick vom Drachenfels; Postkarte 1903.
Siebengebirgsmuseum Königswinter.

3. Der Bauherr

Mit ihrer Lage setzt die Drachenburg die Tradition der mittelalterlichen Rheinburgen fort, und mit der Verwendung gotischen Formenvokabulars, das von staufischen Elementen bis hin zur hochgotischen Wandauflösung reicht, wurde ebenso Bezug zur Geschichte genommen wie mit dem figürlichen Schmuck am Außenbau und dem Bildprogramm im Innern. Man darf davon ausgehen, dass dies bewusst und mit klaren Vorgaben des Bauherrn, Baron von Sarter, geschehen ist, der die Drachenburg auch als Zeugnis seines politischen Bewusstseins in einer Zeit hat bauen lassen, die nach der Reichsgründung 1871 von der Suche nach geschichtsträchtigen Symbolen für die Einheit von Reich und Nation gekennzeichnet war. Die Drachenburg bringt darüber hinaus das Selbstverständnis eines Mannes zum Ausdruck, der sich zur neuen Elite des Landes zählen durfte und als international tätiger Finanz- und Börsenmakler mit Industrie- und Verkehrsfinanzierungen zum wirtschaftlichen Aufschwung nicht nur in Deutschland, sondern weltweit beigetragen hat.[3]

Baron von Sarter,[4] 1833 in Bonn geboren, war eine schillernde Persönlichkeit. Das Geld für den Bau des Schlosses erwarb Sarter in der internationalen Finanzwirtschaft nach einer beispielhaften, für die Gründerzeit bezeichnenden Karriere. Aus einer Gastwirtfamilie stammend, schlug Sarter nach seiner Lehre im Kölner Bankhaus Seligmann und einer ersten Anstellung bei Salomon Oppenheimer jr. & Cie., ebenfalls in Köln, die Laufbahn eines international tätigen Finanz- und Börsenmaklers ein. Seine berufliche Tätigkeit führte ihn zunächst nach Paris und im Alter von 27 Jahren nach London; 1862 ließ er sich endgültig in Paris nieder. Er gab ein eigenes Börsenblatt heraus und gehörte sowohl der Suez-Kanal-Gesellschaft als auch dem Gründungsgremium des Panama-Kanal-Unternehmens an. 1881 wurde Sarter durch Herzog Georg von Sachsen-Meiningen-Hildburghausen in den Freiherrenstand erhoben, wofür er sich durch eine nicht unbeträchtliche Summe bei dem im Volksmund „Theaterherzog" genannten Regenten erkenntlich gezeigt haben dürfte. Damit hatte Sarter erreicht, was in Deutschland nur wenigen aus der Schicht des Wirtschaftsbürgertums gelang: Der Aufstieg in die noch immer bestimmende Klasse, den Adel.

An seinen Geschäften interessierte schon den jungen Sarter offensichtlich nicht nur die finanztechnische Seite; es machte ihm auch Spaß, sich mit architektonischen und mit städtebaulichen Fragen auseinander zu setzen, denn in einem Brief aus London an seine Mutter schreibt er: „Ich habe hier was ich wollte, nämlich auch das große Wechsel-Geschäft mal im kleinsten Detail kennen zu lernen etc. [...] Ich engagierte

---

3 Zur Bedeutung des Schlossbaus jener Zeit im Rheinland s. Ursula Rathke, Schloß- und Burgenbauten, in: Kunst des 19. Jahrhunderts im Rheinland, Band 2, S. 343–362.

4 Zu Leben und Werk Sarters s. die Biographie von Jakob Hubert Biesenbach, Ein rheinischer Jung, o.O., 1937.

hier einen Architekten. Es handelt sich um die Errichtung und Erbauung eines großen neuen Stadtviertels in Madrid, dessen Arrangements so verschiedener Form sind, das es eine unausgesetzte Tätigkeit erfordert."[5]

Überhaupt ist davon auszugehen, dass der junge Sarter aus der Weltstadt London, die er auch in den Folgejahren immer wieder aus geschäftlichen Gründen besucht haben dürfte, nachhaltige Eindrücke mitgenommen hat. Hier hatte 1851 die erste Weltausstellung stattgefunden, und die englische Ingenieurbaukunst, verbunden mit neuen Materialien und neogotischen Formen, wurde zum Wegbereiter der modernen Architektur und zum Vorbild für den Kontinent. Auch in Deutschland wurde der englische Villen- und Landhausbau mit asymmetrischen Grund- und Aufrissen, die den Häusern den Charakter des Pittoresken gaben, zum viel zitierten Ideal.

Als Finanzier von großen Verkehrsprojekten hat er sich sicherlich auch mit einem großen Projekt der Midland Railway Company in London auseinandergesetzt, die 1865 einen Wettbewerb zur Gestaltung ihres Bahnhofs im Londoner Norden, St. Pancras Station, ausgeschrieben hat. Sir George Gilbert Scott, der bedeutendste Neogotiker Großbritanniens und Erbauer des Albert-Memorials im Hyde-Park, gewann diesen Wettbewerb. Er gestaltete einen Gebäudekomplex aus Bahnhofshalle und Empfangsgebäude mit Hotel in einem leicht geschwungenen Seitenflügel, der einer der spektakulärsten Neubauten der 70er Jahre des 19. Jahrhunderts in der britischen Hauptstadt war. Neben der Gestaltung des lang gestreckten Baukörpers mit einem Turm im Osten und einer Hotelfassade, die an die Westfront einer Kirche erinnert, dürfte Sarter als Gast in diesem 1873 eröffneten Grand Hotel auch das noble Innere mit großzügigem Treppenhaus und erlesenen Details fasziniert haben, die von den Mosaikfußböden über die Kunsttischlerarbeiten bis hin zu der Kennzeichnung des Geschirrs mit einem Drachen seine Vorstellungen für ein eigenes Haus konkretisiert haben könnten.

Anregungen und Inspirationen wird sich Sarter, zu dessen Selbstverständnis als Angehörigem des gebildeten Wirtschaftsbürgertums es gehörte, sich mit Kunst und Kultur im Allgemeinen und der Architektur im Besonderen auseinander zu setzen, auch auf Geschäftsreisen in andere Länder geholt haben. Es ist bekannt, dass er zu Beginn der 60er Jahre in Spanien war und sich anlässlich der Eröffnung des Suezkanals 1869 nicht nur die ägyptische Hauptstadt mit ihren Moscheen und Museen, sondern auch die Pyramiden in der Wüste von Luxor angeschaut hat. Auch räumlich Naheliegendes – die französische Kathedral-Gotik und die Schlösser der Loire – wird er von Paris aus eingehend studiert haben. Denn Einzelheiten der Drachenburg – drauf hat schon Angelika Leydendecker in ihrer Dissertation hingewiesen[6] – wie Wehrmauern, farbige Fenstereinfassungen, Kreuzstockfenster, gotisierende Dach-

5 Biesenbach, rheinischer Jung, S. 36.
6 Leydendecker, Schloß Drachenburg, S. 38–42.

gauben und Lukarnen, Wasserspeier, Baldachinfiguren am Außenbau und gedrehte Säulen sind auch den französischen Kathedralen und vielen Loireschlössern eigen. Allerdings wurden diese Motive aus dem französischen Formenschatz einzeln verwertet und in einen anderen baulichen Zusammenhang gebracht. Auch die differenzierte Dachsilhouette und die hohen Walmdächer der Drachenburg verweisen auf die Schlossarchitektur an der Loire.

Neben der zeitgenössischen englischen Architektur und den französischen Bauten aus Gotik und Renaissance hat Sarter mit Sicherheit auch die aktuelle Architekturentwicklung in Deutschland verfolgt. Besonders ein Neubau wird ihn interessiert haben: Schloss Neuschwanstein in Bayern.[7]

Ludwig II. von Bayern ließ den Bau, zu dem am 5. September 1869 der Grundstein gelegt wurde, auf der Ruine Vorderhohenschwangau in einzigartiger Lage oberhalb des Alpsees errichten. Die „Neue Burg Hohenschwangau", die erst seit ihrer Freigabe für die Öffentlichkeit im Jahre 1886 den Namen „Neuschwanstein" trägt, sollte nach Ludwigs Vorstellungen Reminiszenzen aus den Wagnerschen Opern „Lohengrin" und „Tannhäuser" vereinen. Die ersten Entwürfe stammen bezeichnenderweise von einem Bühnenmaler, Christian Jank. Als Architekt wurden zunächst Eduard Riedel und dann Georg Dollmann berufen, unter dessen Leitung das Schloss nach etwa 15jähriger Bauzeit im Jahre 1884 – also im gleichen Jahr wie die Drachenburg – fertiggestellt wurde.

Was Sarter am Schloss Ludwigs II. in erster Linie fasziniert haben wird, ist das Verhältnis von Natur und Architektur, denn mehr als durch jede architektonische Struktur und jedes baukünstlerische Detail wird Neuschwanstein durch seine spektakuläre Lage in einer atemberaubenden Landschaft inszeniert. Darüber hinaus werden ihn die Bezüge zur Welt der Literatur, der Musik und des Theaters, die hinter dem architektonischen Konzept von Neuschwanstein stehen und durch die eine einzigartige Beziehung zwischen Bau und Bauherrn zum Ausdruck kommt, dazu angeregt haben, ein Gebäude zu errichten, dessen Symbolwert nicht nur in der architektonischen Gestaltung, sondern auch in den Programmen des figürlichen und malerischen Schmucks liegt. Mit Ludwig II. gemein hatte Baron von Sarter auch die Geistesverwandtschaft zu Richard Wagner, dem Ausnahmekünstler des 19. Jahrhunderts, der wie kein anderer für eine breite, politisch motivierte Rezeption der deutschen Heldendichtung nicht in Musik und Theater, sondern auch in der Architektur sorgte.

Wie in Neuschwanstein – und insofern ist es auch berechtig von der Drachenburg als „rheinischem Neuschwanstein" zu sprechen – finden sich auch in der Drachenburg Anklänge und Assoziationen zu Richard Wagner und seinen Werken. So verweist zum Beispiel die Statue des Wolfram von Eschenbach auf den „Parzival", der

---

7 Michael Petzet, Werner Neumeister, Ludwig II. und seine Schlösser. Die Welt des Bayerischen Märchenkönigs, München [4]1995.

Titelgestalt einer Wagner-Oper ist. Und Wolfram selbst tritt als Figur in Wagners „Tannhäuser" auf. Auf weitere Bezüge wird noch in Zusammenhang mit den Wandgemälden im Innern zu verweisen sein.

Dass Wagner und Sarter auch persönliche Kontakte hatten, ist bislang nicht belegt worden, doch es ist nahe liegend, davon auszugehen. Hardenberg[8] vermutet sogar, dass der immer in Geldnöten steckende Wagner von Sarter finanziell unterstützt wurde. Sicher ist, dass beide 1859 und 1860 in Paris weilten, wo Wagner eine Aufführung des „Tristan" beabsichtigte und dabei von Mäzenen aus dem Geldadel Hilfe erhielt.

4. Die Architekten

Über die Gedankenwelt, die er mit dem Bau eines Hauses verband – sowohl in Bezug auf die Baukunst der Vergangenheit und Gegenwart als auch in Bezug auf die politische Aussagekraft – wird Baron von Sarter auch mit den Architekten gesprochen haben, die er für den Bau seines Schlosses in exponierter Lage am Drachenfels engagiert hat. Im Jahre 1881 hatte er dort ein großes Gelände erworben, das schon damals als „Traumgrundstück" gegolten haben dürfte.[9]

Beauftragt wurde von Sarter das Düsseldorfer Architekturbüro Tüshaus & von Abbema,[10] das ihm vermutlich von seinem Schwager und Generalbevollmächtigten, dem in Düsseldorf ansässigen Jacob Hubert Biesenbach empfohlen worden war. Die Architektengemeinschaft war damals gut im Geschäft, sie baute vornehmlich Wohn- und Geschäftshäuser im Stil der Neorenaissance, der nur gelegentlich mit gotischen Formen vermischt wurde. Zu den herausragenden Bauten der Firma zählt das 1880 entstandene Schloss Ahrental bei Sinzig mit einem Wohntrakt im Stil der Neorenaissance und einer neoromanischen Schlosskapelle.

Wesentlich interessanter im Zusammenhang mit der Drachenburg aber ist der Entwurf der Architektengemeinschaft für den Wiederaufbau des Stammschlosses des Grafen Nikolaus Esterhazy im ungarischen Totis, dessen Ähnlichkeit mit der Drachenburg sich insbesondere in der Umfassungsmauer mit doppelläufiger Treppenanlage, dem langgestreckten Wohnflügel sowie den Risaliten und Türmen zeigt. Die Wirkung, die die Drachenburg auf die Architektur des Schlossbaus im ausgehenden 19. Jahrhundert hatte, wird in diesem Entwurf deutlich, der etwas zehn Jahre nach ihrer Fertigstellung entstanden ist.

---

8 Hardenberg, Schloß Drachenburg, S. 279.

9 Zur Ankaufsgeschichte des Grundstücks s. Biesing, rheinischer Jung, S. 28/29.

10 Leydendecker, Schloß Drachenburg, S. 25; Ulrich Thieme, Felix Becker (Hg.), Allgemeines Lexikon der bildenden Künstler, Bd. XXXIII, 1939, S. 475.

Der schon mehrfach als Charakteristikum angesprochene lang gestreckte Baukörper, der vom Architekturbüro Tüshaus & Abbema auch als Motiv für das Schloss der Esterhazy's in Ungarn benutzt wurde, ist jedoch – wie Leyendecker überzeugend dargelegt hat – nicht den Düsseldorfer Architekten zuzuschreiben. Sie hatten das südliche Baukompartiment der Drachenburg schon weitgehend fertiggestellt, als Sarter den in Paris lebenden Kölner Architekten Wilhelm Hoffmann[11] hinzuzog. Er fügte der Villenarchitektur der Düsseldorfer Architektengemeinschaft die lang gestreckte Kunsthalle und den Nordturm an, wodurch das Gebäude erst seine heute als charakteristisch empfundene äußere Gestalt erhalten hat.

Hoffmann, dem ebenso wie Tüshaus und von Abbema als akademisch ausgebildeten Baumeister die klassischen Vorbilder für die Architektur des Historismus wenn nicht aus eigener Anschauung, so doch zumindest aus den im 19. Jahrhundert weit verbreiteten Mappenwerken bekannt gewesen sein dürfte, war ein Schüler Wilhelm Zwirners. Er kannte sich bestens in der mittelalterlichen und modernen Baukunst Kölns aus, und so ist es nicht verwunderlich, dass sowohl in Bezug auf architektonische Strukturen – verwiesen sei hier nur auf die Kunsthalle, deren Grund- und Aufriss auf sakrale Vorbilder zurückzuführen ist – als auch in Bezug auf bestimmte Baukörper, etwa den Nordturm, prominente Bauten der Domstadt Pate standen. Leyendecker hat in diesem Zusammenhang auf St. Maria im Kapitol, St. Aposteln und Groß St. Martin, auf den Gürzenich, den Kölner Rathausturm und das Wohnhaus der Familie Mühlens in der Glockengasse hingewiesen.[12]

Als Sarter Hoffmann engagiert hat, wird er aber nicht nur dessen Qualitäten als Architekt im Hinblick auf die Außenwirkung geschätzt haben; mindestens ebenso wichtig wird ihm gewesen sein, dass Hoffmann Erfahrung hatte in einem Bereich, der für das von Sarter gewünschte Raumerlebnis im Innern unverzichtbar war: die Wechselwirkung von Architektur und Glas. Wie bedeutend diese speziellen Kenntnisse waren, die sich Hoffmann als Auftragnehmer Zwirners bei der Anfertigung von Kartons für die oberen Glasfenster des Lang- und Querschiffes des Kölner Domes sowie für die Fenster der Sakristei von St. Gereon und St. Kunibert erworben hatte, wird im Zusammenhang mit der Innenausstattung deutlich werden.

Trotz der Hinzuziehung eines weiteren Architekten und der Planänderungen mitten in der Bauphase war Schloss Drachenburg bereits 1883 im Rohbau fertig und 1884 war es einschließlich der Ausstattung vollendet – eine kurze Bauzeit, bedenkt man allein den Aufwand beim Transport des Baumaterials, das nicht nur aus den Steinbrüchen der nahen Wolkenburg, sondern auch aus dem Spessart und der Eifel herangeschafft werden musste. Insofern war der Bau der Drachenburg nicht nur für

---

11 Willy Weyres, Albrecht Mann, Handbuch zur Rheinischen Baukunst des 19. Jahrhunderts, Köln 1968; Leyendecker, Schloß Drachenburg, S. 28/29.
12 Leyendecker, Schloß Drachenburg, S. 45–48.

die entwerfenden Architekten, sondern auch für die Bauleiter vor Ort eine Meisterleistung in organisatorischer und logistischer Hinsicht.

5. Innenräume

Genauso sorgfältig, beziehungs- und kenntnisreich wie bei der architektonischen Gestaltung der Drachenburg ging Sarter bei der Inneneinrichtung vor. Auch hier wird er seine Ansprüche an internationalen Standards orientiert haben und er wird bestens darüber informiert gewesen sein, was die einschlägigen Kunst- und Gewerbeausstellungen zeigten, die sich nach der ersten Weltausstellung 1851 in London auch auf dem Kontinent und in Deutschland etabliert hatten und regelmäßig eine Übersicht über die Leistungen und aktuellen Trends in Handel und Handwerk boten. Darüber hinaus kamen in der Gründerzeit zahlreiche Zeitschriften, Journale und Bücher auf den Markt, die über die damals modernen Wohnformen berichteten und vornehme Einrichtungsbeispiele publizierten.[13]

Zum führenden Innenausstatter in Deutschland gehörte die Firma Bembé in Mainz, die in Katalogen und Magazinen sowie auf allen großen Ausstellungen vertreten war, wie etwa 1880 auf der Düsseldorfer Gewerbeausstellung und 1881 in Frankfurt auf der Patent- und Musterschutzausstellung. Ihre aufwendig und handwerklich hervorragend gearbeiteten Möbel, durch passende Tapeten, Wandverkleidungen, Kassettendecken und Accessoires als komplette Salon- und Esszimmereinrichtungen präsentiert, wurden zum Inbegriff bürgerlicher Wohnkultur im wilhelminischen Deutschland. Folglich gehörte Bembé auch zu den Firmen, die Möbel und Stoffe zur Drachenburg lieferten; weitere Unternehmen von Rang, die für die Ausstattung der Drachenburg arbeiteten, waren die Firmen Pallenberg aus Köln und Rümann aus Hannover, die die Holzarbeiten fertigten. Die Aufträge für die monumentalen Wandgemälde erhielten fast ausschließlich Künstler der Münchener Akademie. Die umfangreichen Glasmalereiarbeiten wurden ebenfalls nach München vergeben, und zwar an die Mayersche Kunstanstalt und die Zettlersche Glasmalerei-Anstalt.[14]

Zum dominierenden Einrichtungsstil in den 70er und 80er Jahren wurde die Neo-Renaissance, die sich an der italienischen Renaissance des 15. Jahrhunderts orientierte und damit willkommene Assoziationen zu Individualität und Urbanität, Wissenschaft

---

13 Heinrich Kreise, Georg Himmelheber (Hg.), Die Kunst des deutschen Möbels und Vertäfelungen des deutschen Sprachraums von den Anfängen bis zum Jugendstil, 3 Bände, München 1968–1973, Band 3: Georg Himmelheber, Klassizismus, Historismus, Jugendstil, München 1973; Carl-Wolfgang Schümann, Zur rheinischen Möbelproduktion im 19. Jahrhundert, in: Kunst des 19. Jahrhunderts im Rheinland, Band 5, S. 279–285.

14 Birgitta Ringbeck, Die Glasgemälde der Drachenburg, in: Denkmalpflege im Rheinland 17, 1/2000, S. 1–12.

Abb. 2: Schloss Drachenburg, Treppenhaus; Aufnahme 1996.
Nordrhein-Westfalen Stiftung Naturschutz, Heimat- und Kulturpflege.

und Fortschritt, beginnender Aufklärung und bürgerlichem Selbstbewusstsein hervorrief. Sie hatte im Bau- und Einrichtungsstil mehr und mehr die Neo-Gotik verdrängt, die ideenpolitisch besonders aufgeladen war und so lange national vereinnahmt wurde, bis ihr französischer Ursprung nicht mehr zu verleugnen war.

Sarters Repräsentationsanspruch, der im Außenbau nicht auf den ersten Blick deutlich wird, weil dort das Pittoreske Vorrang vor dem Monumentalen hat, manifestiert sich im Innern und hier insbesondere im Treppenhaus, das eine Höhe von 25 Metern aufweist. Es besticht durch seine Farbigkeit, die dem ursprünglichen Zustand nachempfunden ist. Die Treppe führt zunächst auf den Empfangssaal zu und läuft dann im Richtungswechsel über ein Podest in das Obergeschoss. Stufen, Podest und Böden sind in weißem Marmor gehalten, während das Geländer in grünlichem Buntsteinkalk ausgeführt ist. Die Wände sind in ihrer farbigen Fassung erneuert, ebenso die Marmorsäulen im unteren Flur, was dem Originalzustand entspricht.

Im Gegensatz zu der barock anmutenden Treppenanlage sind die Decken mit Kreuzrippen- bzw. Netzgewölben versehen und dem gotischen Formenvokabular entlehnt. Diffuses Licht erhält das Treppenhaus durch das große Maßwerkfenster über dem Portal mit der einzigen erhaltenen Originalverglasung. Ausgestattet ist bzw. war das Treppenhaus mit monumentalen Wandbildern, die, wie in allen anderen Räumen auch, in Öl auf Leinwand gemalt und auf die Wände gespannt wurden. Die Bilder im Erdgeschoss – Schneewittchen, Dornröschen und Flussallegorien von Rhein/Mosel, Neckar, Lahn, Ahr und Main von Josef Flüggen – sind verschwunden, ebenso die Darstellungen von Loreley und Drachenfelsjungfer von Eduard Unger neben dem Treppenhausfenster sowie die „Begegnung Karls des Großen mit Leo dem III. in Paderborn" und die „Taufe des deutschen Kronprinzen", die beide von Flüggen gemalt worden sind.

Erhalten sind auf der Nord- bzw. Ostseite des Treppenhauses zwei Gemälde Ferdinand Kellers, die die „Überführung des Grundsteins zum Kölner Dom", der aus den Trachytbrüchen des Drachenfels stammt, und die „Begegnung Heinrich des Finklers mit Karl dem Einfältigen" darstellen. Für die Südseite hat Heinrich Heim den „Sängerkrieg auf der Insel Nonnenwerth" entworfen, und im Bogenfeld über dem Treppenhausfenster befindet sich die von Carl Rickelt gemalte „Turnierszene auf dem Neumarkt zu Köln zu Ehren Kaiser Maximilians".

In den Stichkappen des Gewölbes sind acht Kaiserbildnisse als Sitzfiguren wiedergegeben, beginnend mit Barbarossa. Wie schon mit dem Figurenprogramm am Außenbau legt Sarter auch mit dem Bildprogramm im Treppenhaus, das mit pathetischen Symbolen – beispielsweise der Flussallegorie Vater Rhein – befrachtet ist, Zeugnis ab von seiner Einstellung zu seinem Land.

Die Reihe der Präsentationsräume im Erdgeschoss wird durch den Empfangssaal erschlossen, von dessen ursprünglicher Ausstattung nur noch die Wandvertäfelung und die Kassettendecke aus Eichenholz und die an zentraler Stelle aufgestellte Apol-

Abb. 3: Schloss Drachenburg, Empfangssaal; Postkarte von 1903.
Siebengebirgsmuseum Königswinter.

lobüste – allerdings ohne Sockel – erhalten sind. Zur Wirkung des früher nur sparsam mit neogotischem Mobiliar ausgestatteten Raumes trug wesentlich das farbig verglaste Fenster mit allegorischen Darstellungen der fünf Sinne sowie der Sonne und des Mondes bei.

Das sich nach Süden anschließende Jagd- und Speisezimmer ist als der Raum zu bezeichnen, der noch am meisten von der ursprünglichen Atmosphäre bewahrt hat, obwohl auch hier nur die Wandvertäfelung, das eingebaute Büffet und die Holzdecke – allesamt von der Firma Rümann aus Hannover angefertigt – aus der Erbauungszeit stammen. Zwei in der Holzverkleidung kaschierte Türen lassen sich zum Treppenturm mit Zugang zur Küche im Keller sowie zum Servierzimmer und zum daneben liegenden Jagd- und Frühstückszimmer öffnen. Zu beiden Seiten des Kamins führen zwei ebenfalls in die Vertäfelung eingearbeitete Türen auf die Loggia und die Treppe zum Venusgarten. Die vor die Wände gespannten Leinwände zeigen eine Jagdszene; von den Originalen Ferdinand Wagners ist heute kaum noch etwas vorhanden; sie wurden großzügig ergänzt und stark übermalt.

Das Nibelungenzimmer, das sich im Norden an den Empfangssaal anschließt, ist benannt nach den Wandgemälden Frank Kirbachs, der über der auch hier noch weitgehend im Original erhaltenen Wandverkleidung die zehn Hauptszenen des Nibelungenliedes dargestellt hat. Auch die farbige, inzwischen verlorengegangene Verglasung der Fenster griff thematisch mit der Darstellung des Lindwurms die Nibelungensage auf, die für den Drachenfels lokal vereinnahmt wurde.

Das Nibelungenlied war im 19. Jahrhundert überaus populär und gehörte zur Pflichtlektüre im Schulunterricht. Nachdem mit der Reichsgründung 1871 die Sehnsucht nach einem Nationalstaat in Erfüllung gegangen war, wurden seine Heldengestalten, allen voran Siegfried und Kriemhild, zum Synonym für die Nationaltugenden Treue und Tapferkeit, Schicksalsbereitschaft und Kraft, Edelmut und Wahrhaftigkeit. Damit bringt Sarter auch an dieser Stelle auf höchst pathetische Weise sein Bekenntnis zu Nation, Kaiser und Reich zum Ausdruck.

Vom Nibelungenzimmer gelangt man in die 40 Meter lange Kunsthalle, eine Mischung aus Galerie und Rathaussaal mit auch sakrale Zügen. Ausgestattet war der Raum früher mit drei Venusstatuen und den Portraitbüsten des deutschen Kaiserpaares. Die ursprüngliche Raumwirkung wurde auch hier entscheidend durch die farbige Verglasung der Fenster zu beiden Seiten der Halle erzielt.

Dargestellt waren 51 bedeutende Persönlichkeiten aus Kunst, Wissenschaft und Politik. Die Reihe der Portraits reichte von den Entdeckern Columbus, Cook, Humboldt und Livingstone über die Musiker und Komponisten Wagner, Lortzing, Meyerbeer, Verdi, Bach, Haydn, Beethoven und Mozart, den Dichtern Goethe, Dante, Cervantes, Molière, Shakespeare, Schiller, Uhland, Rückert und Heine bis hin zu den Künstlern Rubens, Dürer, Rembrandt, Murillo, Michelangelo und Raphael, den Architekten und Bildhauern Rile, Cellini und Thorwaldsen sowie den Erfindern und Ingenieuren Gutenberg, Watt, Volta, Liebig und Lesseps. Außerdem waren die Staatsmänner Bismarck, Washington, Pitt, Thiers, die Königinnen Luise von Preußen, Elisabeth und Viktoria von England sowie die Kaiserinnen Maria Theresia und Friedrich dargestellt.

Auch das Kneipzimmer, das man nach Durchschreiten der Kunsthalle betritt, erhielt seinen Namen nach den bacchantischen Szenen auf den Wand- und Deckengemälden, die Hermann Schneider entworfen hat. Sie sind erhalten, aber durch Übermalungen eben so stark verfremdet wie die Wandverkleidungen, die heute weiß gestrichen sind.

Zurück durch die Kunsthalle gelangt man durch eine seitliche, früher neugotisch gestaltete Öffnung in das Billardzimmer, in welchem von der ursprünglichen Ausstattung noch die Wandverkleidung, die eingebauten Queue-Schränke, der bis zur Decke reichende Kaminaufbau und die Holzdecke gut erhalten sind. Auch im benachbarten Bibliotheks- und Arbeitsraum, der wie das Billardzimmer von der Kölner Firma Pallenberg ausgestattet worden ist, sind mit der Kassettendecke, der Wandverkleidung und dem Bücherschrank noch wesentliche Ausstattungselemente aus der Erbauungszeit erhalten. Die heute verlorenen Glasfenster zeigten allegorische Darstellungen der Literatur, der Geographie, der Mathematik und der Astronomie.

Abb. 4: Schloss Drachenburg, Kunsthalle (1903).
Nordrhein-Westfalen Stiftung Naturschutz, Heimat- und Kulturpflege.

Die Räume des Obergeschosses waren vornehmlich für die private Nutzung vorgesehen. Über dem Empfangssaal liegt der Musiksaal mit dreiteiligem Sterngewölbe und großem Maßwerkfenster als Pendant zum Treppenhausfenster. Auch hier ist es die von der Bonner Firma Vershoven gelieferte wand- bzw. deckenfeste Ausstattung, die erhalten geblieben ist. Ein Flügel des Typs, den die Firma Ibach 1905 zur Drachenburg geliefert hat, gehört heute wieder zum Inventar des auch schon früher spärlich möblierten Raumes. Das große Glasfenster zeigte ein Vogelkonzert, flankiert von Musikinstrumenten.

Nach Süden schloss sich der Ehrenfremdenzimmertrakt an mit Arbeitszimmer, Schlafraum und gegenüberliegendem Badezimmer. Nördlich des Musiksaals befand sich ein kleines Frühstückszimmer, das durch einen Aufzug mit der Küche verbunden war. Von hier aus gelangte man über den Flur in die privaten Arbeits- und Schlafräume an der Nord- bzw. Ostseite des Gebäudes. Im Nordturm befand sich ein weiteres privates Schlafzimmer.

Die im Dachgeschoss gelegenen Räume waren ebenfalls der Wohnnutzung vorbehalten, während im Kellergeschoss die Küchen- und Personalräume untergebracht waren. In diese Geschosse gelangt man über einen Wendeltreppenturm in der Südostecke und an der Nordostseite des villenartigen Baukompartiments.

6. Eigentumsgeschichte

Sarter hat die Drachenburg nie selbst bewohnt. Ein Jahr nach seinem Tod fiel sie bei einer Versteigerung im Jahre 1903 an Jakob Biesenbach, einen Neffen Sarters, der Burg und Park touristisch erschloss: Unter seiner Ägide wurden regelmäßig Schlossführungen angeboten, Kunstausstellungen gezeigt, Postkarten aufgelegt und Souvenirs vermarktet, ein Restaurant im Souterrain eröffnet und Blockhäuser zur Vermietung an Sommergäste errichtet. 1910 ging die Drachenburg an den Berliner Rittmeister Egbert von Simon über. Er beabsichtigte die touristische Attraktivität durch die Einrichtung eines Vergnügungsparks mit Nibelungentheater und Luftschiffhalle noch zu steigern, was aber vom Rheinischen Verein für Denkmalpflege und Heimatschutz verhindert werden konnte.

Ab 1915 stand die Drachenburg erneut zum Verkauf; erst acht Jahre später, im Jahr 1923, wurde sie durch ihren neuen Besitzer, den Kölner Kaufmann Hermann Flohr, wieder öffentlich zugänglich gemacht. Nach nur wenigen Jahren wurde sie wieder veräußert. 1930 kaufte der Orden der Christlichen Schulbrüder die Liegenschaft und eröffnete 1931 die Katholische Heimschule St. Michael. Ende der dreißiger Jahre wurden die Ordensleute von den Nationalsozialisten zur Aufgabe des Internats in der Drachenburg gezwungen. Ab 1940 war die Deutsche Arbeitsfront Eigentümerin der Drachenburg. Die schulische Nutzung wurde beibehalten und 1942 eine „Adolf-Hitler-Schule" eingerichtet.

Abb. 5: Schloss Drachenburg, Luftbild 1930er Jahre.
Nordrhein-Westfalen Stiftung Naturschutz, Heimat- und Kulturpflege.

In den Jahren 1947–1960 hat die Reichs-, bzw. Bundesbahndirektion Wuppertal das Gelände vom Land Nordrhein-Westfalen gemietet und erneut für schulische Zwecke genutzt. Danach stand die Burg leer und verwahrloste zusehends, so dass sogar ein Abriss erwogen wurde. Diesem Schicksal entging die Drachenburg schließlich 1971 durch das Engagement eines Privatmanns, Paul Spinat, der sie 1973 erneut zur Besichtigung freigab. Als Spinat – wie viele seiner Vorgänger auch – aus finanziellen Gründen gezwungen war, das Schloss zu verkaufen, nahm das Land Nordrhein-Westfalen sein Vorkaufsrecht zugunsten der Nordrhein-Westfalen-Stiftung wahr, die seit 1989 im Besitz des Anwesens ist.[15]

Der häufige Besitzerwechsel hatte erhebliche Konsequenzen. Spätestens nach zwanzig Jahren, meist jedoch schon nach fünf bis zehn Jahren ging Schloss Drachenburg in die Hand eines neuen Eigentümers über, und jeder Schlossherr gestaltete das Gebäude und den Park nach seinen Nutzungsvorstellungen um. Hinzu kam, dass kein Nachfolger von Sarter genügend Kapital hatte, um die laufend notwendigen Instandhaltungsmaßnahmen an Dach und Fach zu finanzieren.

---

15 Quellen zur Eigentumsgeschichte zusammengestellt von Biesing, Schloß Drachenburg.

Als verlustreichste Phase ist die Zeit unter den Nationalsozialisten zu bezeichnen. Um eine Bühne für Auftritte zu erhalten, wurde u. a. zu Beginn der Vierzigerjahre die zweiläufige Treppenanlage mit Portikus zerstört und durch eine Freitreppe ersetzt: In den letzten Kriegswochen wurde die Kunsthalle durch einen Treffer schwer beschädigt und ihre Kuppel ebenso zerstört wie ein Turmhelm an der Südseite und das Obergeschoss des Wachtürmchens im Nordwesten. Darüber hinaus gingen im Krieg und in den Nachkriegswirren die Glasgemälde und große Teile der Wandgemälde für immer verloren. Zudem verschwand der Rest der mobilen Ausstattung, die schon durch Versteigerungen in den Jahren 1910 und 1930 stark dezimiert worden war.

7. Nutzungskonzept

Die Nordrhein-Westfalen-Stiftung hat die Aufgabe Baudenkmäler, Bodendenkmäler und Kulturgüter, die für die Schönheit, Vielfalt und Geschichte des Landes und das Heimatgefühl seiner Bürger Bedeutung haben, zu erhalten, zu pflegen und für die Bürger erfahrbar zu machen. Diesem Auftrag liegt ein ganzheitlicher Ansatz und die Erkenntnis zugrunde, dass die Landschaft in ihrer siedlungsgeschichtlichen Ausgestaltung Ergebnis vielfältiger kultureller und wirtschaftlicher Einwirkungen des Menschen auf die Natur ist, und umgekehrt, dass die naturkundlichen und geologischen Gegebenheiten fortwährend und weiterwirkenden Einfluss auf die kulturelle und siedlungsgeschichtliche Entwicklung haben. Wichtiger Aspekt dabei ist, dass das ästhetische Gefühl immer der sensibelste Seismograph problematischer Entwicklung im Mensch-Natur-Verhältnis war.[16]

Vor diesem Hintergrund liegt das Engagement der NRW-Stiftung für die Drachenburg, deren Restaurierung sie gleich nach dem Erwerb in enger Kooperation mit dem Land Nordrhein-Westfalen, der Stadt Königswinter und dem Verein der Freunde und Förderer in Angriff genommen hat, auf der Hand: An keinem anderen Ort als im ältesten Naturschutzgebiet Deutschlands, dessen pittoreske Landschaft schon immer Gelehrte und Reisende anzog und das schon ganz früh zum Gegenstand der Auseinandersetzung zwischen Naturschützern und Naturnutzern wurde, lassen sich die namensgebenden Aufgabenfelder und ihre Abhängigkeit voneinander besser darstellen. Neben dem Museum zur Geschichte des Naturschutzes in der Vorburg wird deshalb in der Hauptburg noch ein Museum zur Gründerzeit eingerichtet. Die Ideengeschichte von Denkmalschutz und Naturschutz, die gemeinsame Wurzeln in den kultur- und lebensreformerischen Bewegungen des ausgehenden 19. und beginnenden 20. Jahrhunderts haben, wird damit an einem ihrer markantesten Orte wieder zusammengeführt.

---

16 Albert Verbeek, Kunstwerke in der Landschaft, in: Kunst des 19. Jahrhunderts im Rheinland, Band 1, S. 11–33.

Hermann Josef Roth

Der Drachenfels

Von der Polizeiverordnung 1836 bis zum Naturpark Siebengebirge[1]

Der Drachenfels im Siebengebirge bei Bonn gilt als „ältestes Naturschutzgebiet Deutschlands". Diese Formulierung ist jedoch weder juristisch noch historisch korrekt. Vielmehr wurde der heutige Status erst nach heftigen Auseinandersetzungen und auf Umwegen langfristig erreicht.

Abb. 1: Drachenfels und Wolkenburg von Grafenwerth aus gesehen.
Foto: Hermann Josef Roth.

Vorgeschichte

Bis Ende des 18. Jahrhunderts war das Siebengebirge nur ein Teil jener Randhöhen des Rheintales, die von der dort ansässigen Bevölkerung mehr oder weniger stark genutzt wurden.

---

1 Der folgende Beitrag wurde erstmals veröffentlicht in: Stiftung Naturschutzgeschichte (Hg.), Natur im Sinn. Beiträge zur Geschichte des Naturschutzes (Veröffentlichungen der Stiftung Naturschutzgeschichte Bd. 2), Essen 2001, S. 131–141. Für diese Ausgabe wurden stellenweise Ergänzungen vorgenommen und Abbildungen hinzugefügt.

Bereits die Römer bauten den Trachyt in einem noch heute unter dem Gipfel des Drachenfels erkennbaren Bruch als Baumaterial ab.[2] Im Mittelalter war das Gestein zur Anfertigung von Architekturgliedern gotischer Bauwerke begehrt. Abbaurechte des Kölner Domkapitels, mit denen später die Herren von Gudenau belehnt waren, sind 1347 bezeugt.[3]

Die Brüche wurden 1642 an drei Steinhauer verpachtet und belieferten trotz Kriegszeit Baustellen der Jesuiten in Kurköln. Die Bonner Jesuitenkirche (1686-1688) dürfte der letzte „Drachenfels-Bau" sein. Das Interesse an dem Material war versiegt, weil die Sanidin-Kristalle im Trachyt den Wert des Gesteins als Baumaterial senkten, was während des Krieges offenbar mangels Alternativen hingenommen worden war. Die alte Domkaule war bereits mit Abbruch der Dombauarbeiten zu Köln eingestellt worden.

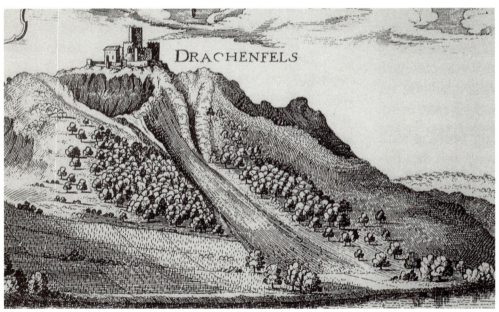

Abb. 2: Drachenfels, Kupferstich von Matthaeus Merian:
Zwar erst 1646 veröffentlicht zeigt er aber noch die intakte Burg.
Unterhalb die breite Steinrutsche aus dem Gemeinen Bruch,
den anfangs noch die Burgherren betrieben haben.

---

2 Frieder Berres, Heimatverein Siebengebirge (Hg.), Die Steinbrüche und der Hafen der Römer am Drachenfels in Königswinter, Königswinter 1992.
3 Maria Geimer, Petersberg, in: Franz Petri u.a. (Hg.), Handbuch der historischen Stätten Deutschlands: Nordrhein-Westfalen, Stuttgart 1970, S. 609.

Die Waldungen im Siebengebirge waren gleichfalls intensiver Nutzung ausgesetzt.[4] Der Weinbau hatte hohen Bedarf an Holzpfählen. Allein die Gemarkung Königswinter lieferte innerhalb eines Jahres etwa 350.000 Stück „Rahmen". Die Laubstreu fand landwirtschaftlich Verwertung. Ende des 18. Jahrhunderts war das Siebengebirge weitgehend entwaldet und verbuscht.[5]

Zwar verlief die Besiedlung des Siebengebirges seit dem Mittelalter eher rückläufig. Die Burg auf dem Drachenfels war 1634 geschleift worden und wird 1634 als Ruine bezeichnet.[6] Das Schloss auf der Wolkenburg war „lange vor 1592" verfallen.[7]

Abb. 3: Drachenfels, Kupferstich von Wenzel Hollar, 1643:
Die Burg verfällt bereits, das Dachwerk ist eingestürzt.
An der Südflanke eine zweite Steinrutsche,
die später von der Kölner „Domfabrik" benutzt wird.

---

4 Ferdinand Schmitz, Urkundenbuch der Abtei Heisterbach, Bonn 1908, Nr. 623, S. 638–640.

5 Herbert Schmidt, Aus der Wald- und Forstgeschichte des Siegkreises. Eine Auswertung des Archivs des staatlichen Forstamtes Siegburg (Veröffentlichungen des Geschichts- und Altertumsvereins für Siegburg und den Rhein-Sieg-Kreis 10), Siegburg 1973, S. 58–59, 76–77.

6 Paul Clemen (Hg.), Die Kunstdenkmäler der Rheinprovinz 5: Die Kunstdenkmäler des Siegkreises. Bearbeitet von Edmund Renard, Düsseldorf 1907, S. 113.

7 Clemen, Siegkreis S. 115.

Die Klostergründungen auf dem Petersberg,[8] der schon zur Spätlatène-Zeit eine Fliehburg trug, waren beide Male gescheitert (1176, 1192). Stattdessen aber entfaltete sich zu Festtagen eine rege Wallfahrt, von der noch heute die dortige Kapelle (1312, 1763 erneuert) zeugt. Der Drachenfels war Ziel mancher Landpartie Bonner Herrschaften, zu denen „Musik und Tanz, Freudenfeuer und Böllerschüsse" gehörten, was man bis jenseits des Rheins als Belästigung empfand.[9] Diese Freizeitnutzung erfolgte zunächst nur periodisch und blieb ohne schwerwiegende Folgen.

Entdeckung

Das Siebengebirge findet in den verschiedenen Rheinbüchern, die seit dem 16. Jahrhundert erschienen sind, immer wieder Erwähnung.[10] Doch überwiegen eher sachliche Mitteilungen zur Geographie. Erst im Zuge der Rheinromantik und der Pflege „vaterländischer Gesinnung" erfuhr es besondere Würdigung und erhielt den Charakter eines Nationalmonumentes.

Dr. med. Johann Bernhard Constantin von Schönebeck aus Bonn hat wohl als erster „Die sieben Berge bey Bonn" (1784) touristisch beschrieben.[11] Wie er stammen auch die Verfasser zweier weiterer Werke, die durch ihren Reichtum an Details eine wichtige Stellung innerhalb der damaligen rheinischen Reiseliteratur erlangt haben, aus unserem Raum: Ferdinand Wurzer[12] aus Brühl mit seinem „Taschenbuch zur Bereisung des Siebengebirges" (1805), Joseph Gregor Lang[13] aus Koblenz mit seiner „Reise auf dem Rhein" (1818), Johann August Klein[14], ebenfalls aus Koblenz, mit seiner „Rheinreise von Mainz bis Köln" (1828).

Zum Jahrestag der Völkerschlacht von Leipzig organisierte 1814 der Landsturm des Siebengebirges einen Festakt. Dabei wurde auf dem Drachenfels der elf Meter hohe Obelisk aus Wolkenburger Gestein enthüllt und unter anderem auch der beiden einheimischen Gefallenen, Major von Boltenstern und Landsturm-Hauptmann Joh. Jos. Grenger, gedacht. Kein Geringerer als Joseph Görres berichtete im Rheinischen Merkur über die Feierlichkeiten. Ein zweiter Gedenkstein (1816) sollte an den vor-

---

8 Handbuch, S. 609; Clemen, Siegkreis S. 54, 149.

9 So z.B. im Jahr 1730 lt. Theo Hardenberg, Der Drachenfels. Seine „Conservation vermittelst Expropriation", in: Rheinische Heimatpflege 4 (N.F.), 1968, S. 274–310.

10 Josef Ruland, Echo tönt von sieben Bergen. Das Siebengebirge, ein Intermezzo europäischer Geistesgeschichte in Dichtung und Prosa, Boppard 1970, zitiert eine Fülle von Beispielen. Eine zusammenfassende Übersicht zur Rheinromantik u.a. bei Werner Schäfke, Der Rhein von Mainz bis Köln, Köln 1982, S. 10–13.

11 Ruland, Echo, S. 226.

12 Ebd., S. 32–33.

13 Ebd., S. 33–37.

14 Ebd., S. 37–39.

jährigen Besuch des preußischen Kronprinzen in Königswinter erinnern, wobei auch eine Besteigung des Drachenfels durch königliche Hoheit erfolgt war.[15]

Durch solche Vorbilder angeeifert häuften sich in der Folge patriotische Feiern der verschiedensten Veranstalter, wie Kriegsveteranen, Kriegervereine, Schützengesellschaften, Gesangvereine und studentische Korporationen. Am 18. Oktober 1818 fand ein Turnertreffen statt, zu dem Vertreter aus Aachen, Bonn, Gießen, Koblenz, Köln, Königswinter, Siegen, Siegburg, Trier und dem Westerwald angereist waren. Vom Treffpunkt Bonn marschierten sie auf den Drachenfels, wo ein Feuer entfacht und Nachtwache gehalten wurde.[16]

Ein Studententreffen (1819) bedachte Heinrich Heine mit weniger respektvollen Versen.[17] Doch scheinen auch die Professoren an den Äußerungen des studentischen Patriotismus Anstoß genommen zu haben, denn im folgenden Jahr erließ der Kurator der Universität, Rehfuehs, ein entsprechendes Verbot. Vermehrte Aktivitäten der Veteranen des Landsturms sorgten für lärmenden Ausgleich.

Nach dem Wiener Kongreß (1815) besuchten vermögende Briten zunehmend die Rheinlande und hier bevorzugt das Siebengebirge. Verse von Lord Byron („The castled crag of Drachenfels") verraten, wie viel Rummel im Mai 1816 hier geherrscht haben mag.[18]

Der Zustrom musste in geordnete Bahnen gelenkt werden, um Verdienst abzuwerfen. Seit 1827 war die Anreise per Dampfschiff möglich geworden. Von Bonn setzte man mit dem Nachen über. In Königswinter erwarteten Fremdenführer mit Reit-Eseln die Gäste. Auf dem Drachenfels stand noch kein Gasthaus, so dass die Bewirtung im Freien erfolgte.

Bedrohung

Ein Felssturz machte 1773 die Gefahren im Gefolge des Gesteinsabbaus deutlich. Dann stürzte auch noch die talseitige Außenmauer der Burg ein (1788). All das scheint aber kaum Eindruck hinterlassen zu haben. Erst ein Sprengfehler veranlasste im Jahre 1807 den Domänenrentmeister von Ley zu einer Anzeige, der mit einem polizeilichen Verbot des Steinbrechens entsprochen wurde.[19] Objekte der Besorgnis waren in erster Linie die Domänen-Weinberge und der Wülsdorfer Hof unterhalb der Burgruine, die akut durch Steinschlag gefährdet schienen. Immerhin markiert das Datum den Beginn von Maßnahmen zum Schutz des Drachenfels. Mehrere Gesuche

---

15 Zitat bei Hardenberg, Drachenfels, S. 279.
16 Ebd. Text der Einladung, S. 277.
17 Ebd. vollständiger Abdruck des Gedichtes.
18 Zitat ebd., S. 280; zu Byron s. Ruland, Echo, S. 132–134.
19 Hardenberg, Drachenfels, S. 275, 285.

um Lizenzen zum Gesteinsabbau wurden von der bergischen Regierung konsequent abgelehnt.[20]

Der dem Drachenfels nach den Siegen über Napoleon zugewachsene Symbolwert und seine Bedeutung als Ausflugsziel brachte allmählich auch denkmalpflegerische Gesichtspunkte in die andauernde Diskussion um seine Nutzung ein. So erließ der Regierungspräsident zu Köln Anfang der 1820er Jahre eine Verfügung an die örtlichen Behörden, „sich jeder Maßregel zu widersetzen, welcher die Erhaltung der Ruine nachtheilig werden könnte", wie er später in Erinnerung rufen sollte.[21] Dies ist die tatsächlich erste Schutzverordnung im Siebengebirge, die über rein sicherheitspolizeiliche Maßnahmen hinausreicht. Sie zeigt aber auch, dass es inhaltlich um Denkmalpflege und keineswegs um Naturschutz im heutigen Sinne ging! Rechtlich war sie ohne ernste Wirkung und trug eher den Charakter eines Appells.

Offensichtlich war der Gesteinsabbau verstärkt wieder aufgenommen worden. Die von Gudenau hatten nämlich 1813 ihren rechtsrheinischen Besitz an Clemens August Schaefer und dessen Bruder Philipp Joseph Schaefer verkauft. Ersterer war bisheriger Rentmeister derer von Gudenau und arbeitete jetzt als Notar. Zugleich amtierte er als Bürgermeister von Königswinter. Auch sein Bruder stand bisher als Domänenrentmeister im Dienst der Gudenauer. Ausgenommen blieben die Steinbruchsrechte und die Jagdgerechtsame, wobei aber den neuen Besitzern das Vorkaufsrecht zugestanden wurde. Die beiden Schaefers hatten sich freilich mit dem Kauf übernommen, aber die sich bietende Chance durchaus realistisch eingeschätzt, wie sich bald zeigen sollte.

Seit 1823 begann man nämlich am Kölner Dom mit umfangreichen Reparaturarbeiten, die während der Franzosenzeit verschleppt worden waren. Ein Jahr später erfolgte die Neugründung der Dombauhütte (1824). Deren größtes Problem war die Beschaffung von Baumaterial, das sowohl den technischen als auch den künstlerischen Erfordernissen genügen würde. Dombaumeister Ahlert besuchte deshalb unter anderem auch die Brüche an der Wolkenburg gegenüber dem Drachenfels.[22]

Da sich die beiden Schaefers technisch und finanziell überfordert sahen, um der Nachfrage zu genügen, nahmen sie das Angebot der bei ihnen nicht gerade beliebten Steinhauer an, den Drachenfelskegel, die dortigen Steinbruchrechte, den kurkölni-

---

20 Damals Großherzogtum Berg unter französischer Oberhoheit. Vgl. Hermann Josef Roth, Das Bergische Land. Geschichte und Kultur zwischen Rhein, Ruhr und Sieg, Köln 1982, S. 14–15, 205–218; Wilhelm Janssen, Kleine Rheinische Geschichte, Düsseldorf 1997, S. 270–271; frz. Zitate u. a. aus dem Jahr 1808 bei Hardenberg, Drachenfels, S. 285.

21 So zitiert der Regierungspräsident am 1.12.1827 die Verordnung vom 15.12.1823; nach Hardenberg, Drachenfels, S. 292–293.

22 Über diese Phase des Dombaues s. Paul Clemen, Die Kunstdenkmäler der Rheinprovinz 6: Der Dom zu Köln, Düsseldorf 1938, S. 69–75.

schen (östlichen) Teil der Wolkenburg und Anteile am Ofenkaulenberg zu erwerben. Die Gewerkschaft der Steinhauer war 1817 gegründet und 1818 amtlich bestätigt worden. Ihr Anliegen war die gewinnbringende Fortsetzung des Gesteinsabbaus am Drachenfels und damit die Sicherung von Arbeitsplätzen in Königswinter.

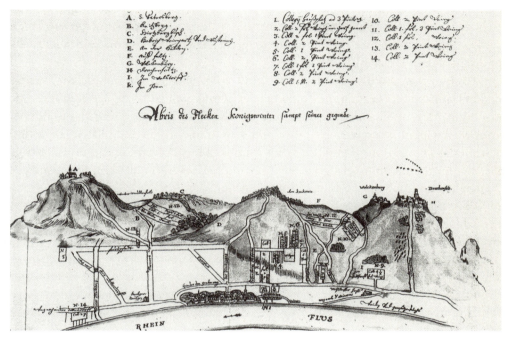

Abb. 4: Bergbau bei Königswinter, 18. Jh.

Bürgermeister Schaefer erstattete der Königlichen Regierung in Köln Bericht und bot ihr das Objekt zum Kauf an.[23] Diese empfand das Angebot aber offensichtlich als Finte. Man wusste ja um das Verhältnis zwischen Bürgermeister und Gewerkschaft. Vor allem hielt man die genannte Kaufsumme von 8.000 Talern für überzogen. Außerdem hatte der Bürgermeister gleichzeitig dem Dombau-Inspektor Ahlert neben einer Abschrift besagter Eingabe auch die Versicherung zugehen lassen, dass den gewerkschaftlichen Arbeitern die Genehmigung zur unverminderten Fortsetzung des laufenden Abbaues erteilt worden sei, damit am Dom keine materialbedingten Engpässe auftreten könnten.

Statt einer Antwort an Schaefer ließ die Regierung alte Rechte untersuchen, nach denen die Eigentümer ohnehin zum Erhalt der Ruine verpflichtet sein sollten, was aber Bürgermeister Schaefer als ehemaliger Rentmeister der Herren von Gudenau

---

23 10.8.1826, Hardenberg, Drachenfels, S. 288.

glaubhaft bestritt.[24] Aktenkundig war lediglich ein Jahrzehnte zurückliegender Rechtsstreit zwischen Kurköln und den Gudenauern um den Drachenfels.[25] Diesen nahm die Regierung zum Vorwand, Schaefer vor einem Verkauf zu warnen.

Schaefer schätzte die Rechtslage anders ein und verkaufte im Jahr darauf an die Steinhauer-Gewerkschaft ohne die Regierung zu informieren.[26] Einen unbezahlten Rest der aus Krediten aufgebrachten Kaufsumme ließen die Verkäufer als Hypothek stehen. Sofort wurden die Brüche baufertig gerüstet und über einhundert Hauer rückten alsbald dem Drachenfels zu Leibe.

Das Interesse am Drachenfels war trotz des nicht gerade optimalen Trachyt dadurch bedingt, dass es in der Nähe keine Alternativen gab. Die Wolkenburg war erschöpft. Der Bruch bei Rhöndorf lieferte schlechte Qualität. Der Latit (Andesit) vom Stenzelberg war zwar gut, aber sehr hart. Zudem ließ der relativ lange und schadhafte Transportweg zum Rhein das Produkt zu teuer werden. Ferner war dieses Gestein nur beschränkt verfügbar, weil bereits Lieferverpflichtungen für Festungsbauten bestanden. So blieb eben nur der Drachenfels.

Öffentlichkeit und Regierung waren empört, die Presse schäumte. Aus den Berliner Zeitungen[27] erfuhr auch der König „Aus den Rheingegenden". Bereits zwei Tage später ließ der Kronprinz seinen Hofmarschall v. Massow einen Brief an den Oberpräsidenten in Koblenz, von Ingersleben, richten und ihn beschwören, „dem Unwesen der Zerstörung solcher geschichtlicher Denkmäler zu steuern."[28] Er ließ sogar versichern, dass sich die Hohenzollernfamilie auch finanziell am Erhalt des Drachenfels beteiligen wolle. Allerdings halte man den zwischen Schaefer und der Gewerkschaft ausgehandelten Betrag von 8.000 Talern für unangemessen.

Aber die Königswinterer waren sich in diesem Punkt einig und wollten auf gar keinen Fall eine Wertminderung zugestehen. Die nach der Übereignung im Steinbruch beschäftigte Arbeiterschaft scheint sich rasch verdoppelt zu haben.[29] Die Gewerkschaft bot sogar in der Presse[30] an, „für die sehr mäßige Summe von 8.000 Thlr. die Ruine unangetastet zu lassen." Weder Kronprinz noch Oberpräsident hatten also die Stimmung vor Ort richtig eingeschätzt.

Separat hatte König Friedrich Wilhelm III. aufgrund vager Nachrichten bereits im Oktober durch den Chef des Militärkabinetts, Freiherr v. Witzleben, Auskunft beim

---

24 Zitiert ebd., S. 289.

25 Anlass war das Erlöschen der Waldbott-Bassenheim zu Gudenau im Jahr 1735. Vgl. Handbuch, S. 737; Hardenberg, Drachenfels, S. 289.

26 7.9.1827, Hardenberg, Drachenfels, S. 289.

27 Haude- und Spenersche Zeitung v. 30.11.1827; Hardenberg, Drachenfels, S. 290.

28 2.12.1827, zitiert bei Hardenberg, Drachenfels, S. 290.

29 Nach Hardenberg, Drachenfels, S. 291 sollen jetzt 250 Arbeiter im Einsatz gewesen sein.

30 Bonner Wochenblatt v. 2.12.1827; Hardenberg, Drachenfels, S. 291.

Kölner Regierungspräsidenten Delius erbeten. Dessen Antwort bezichtigt den Bürgermeister Schaefer und die von Gudenau, ein „eigennütziges Spiel" zu treiben. Wohl sei als sicher anzunehmen, das Schaefer die Ruine selber unangetastet lassen wolle. Doch stellt der Regierungspräsident klar, dass die Sicherung des Drachenfels auf Dauer nur durch einen Ankauf gelingen könne, der ober- und unterirdische Besitzrechte vereint.[31]

Die Hohenzollern engagierten sich in den ihnen zugewachsenen Gebieten, den jetzt „preußischen Rheinlanden", nicht zuletzt durch Erwerb von Grundeigentum. Zuvor hatte die Stadt Koblenz dem Kronprinzen den Stolzenfels als Geschenk überlassen (1823). Sein Vetter Prinz Friedrich kaufte Rheinstein (1825) und der Kronprinz Stahleck. Prinz Wilhelm erwarb Rheinfels bei St. Goar (1843) und seine Frau die Godesburg (1844).[32]

Während diese Korrespondenzen ausgetauscht wurden, ging der Gesteinsabbau munter weiter. Die Zeitungen redeten von „Vandalismus", die Regierung aber argwöhnte, die Meldungen seien von den interessierten Personen in Königswinter veranlasst worden als Teil ihres Pokerns, das letztendlich den Drachenfels zu möglichst hohem Preis dem Staat aufdrängen sollte.

Etwa gleichzeitig erinnerte der Regierungspräsident in Köln den Kultusminister v. Altenstein auf dessen besorgte Anfrage an die Verfügung von 1823[33]. Diese aber besaß, wie bereits vermerkt, nur den Wert eines Appells.

Trotz des lebhaften Arbeitsablaufs am Drachenfels und fortgesetzter Sprengungen darf nicht unterstellt werden, man habe mutwillige Zerstörungen beabsichtigt. Vielmehr dürfte die Mehrheit der Bevölkerung von Königswinter durchaus am Erhalt von Berg und Burgruine interessiert gewesen sein. Landrat Scheven verhandelte deshalb mit der Stadt. Im Stadtrat saßen aber auch die Steinhauer-Geschäftsführer Heinrich Joseph Spindler und Theodor Bachem. Sie und Bürgermeister Schaefer kannten die Investitionssummen und wussten sehr wohl, dass die Stadt die dadurch hohe Kaufsumme nicht würde aufbringen können.[34] Sie erfuhren zudem per Indiskretion von der Einschätzung der Lage durch den Regierungspräsidenten, was ihnen einen taktischen Vorteil verschaffte.

Da stürzte im Mai 1828 nachts ein Stück Mauerwerk („Mönch" oder „Kapuziner") der Ruine ein. Teile davon rollten sogar bis in die Weinberge. Das lieferte der Regierung den Anlass zu einem generellen Verbot des Gesteinsabbaus.[35] Rechtlich waren sicherheitspolizeiliche Gesichtspunkte maßgebend, nicht aber Motive der Denkmal-

---

31 Ebd., S. 291–292.
32 Vgl. u. a. Schäfke, Rhein, S. 10–13, 89, 115, 127, 144.
33 S. Anm. 21.
34 Zitat bei Hardenberg, Drachenfels, S. 295.
35 Ebd., S. 298.

pflege oder gar des Naturschutzes. Die Presse erwog in langen Artikeln das Für und Wider dieser Maßnahme.[36]

Prompt erhob die Gewerkschaft Einspruch vor Gericht. Die Regierung bestritt jedoch dessen Zuständigkeit, da es sich doch um eine Polizeimaßnahme handele. Daraufhin wandte sich die Gewerkschaft an Innen- und Polizeiministerium in Berlin.[37] Diese ordneten eine bergpolizeiliche Untersuchung an. Unabhängig davon wurde eine solche durch den Kölner Regierungspräsidenten veranlasst. Es zeigte sich, dass die Sicherheitsbestimmungen wenig Handhabe boten, die Angelegenheit zu klären.[38]

Die Regierung stand vor einer schwierigen Alternative: Entweder zahlte sie den überhöhten Kaufpreis oder schritt zur Enteignung. Letzteres erfolgte dann tatsächlich am 23. Mai 1829 durch Kabinettsordre[39] „zur Beförderung allgemeiner Sicherheit". Die Regierung unterrichtete die Steinhauer erst ein Jahr später.[40] Durch Ratskammerbeschluss[41] des Landgerichts wurde dem Antrag der Regierung stattgegeben und der Fiskus in den Besitz des Drachenfels eingewiesen.

Die Gewerkschaftler Spindler und Bachem legten Beschwerde ein,[42] die aber verworfen wurde. Gleichzeitig appellierten sie zweimal an den König, wobei sie sogar an die alte Polit-Story vom Müller von Sanssouci erinnerten und für sich selbst nur die lautersten Motive reklamierten. Die beabsichtigte Zerstörung der Burgruine werde unterstellt. Vielmehr seien alle üblichen Sicherheitsmaßnahmen getroffen worden, zumal der Drachenfels vielen Familien in Königswinter den Lebensunterhalt sichere. Zuletzt lieferten die Antragsteller auch einen Stadtratsbeschluss mit, der den Weiterbetrieb der Steinbrüche forderte.

Die zweite Eingabe war nötig geworden, weil der erste Appell an die Ministerialbehörde zwecks Stellungnahme weitergeleitet worden war. In ihren Antworten stellten Innenminister v. Schuckmann und Regierungspräsident Delius die Forderungen als unangemessen dar.[43]

Der König blieb nicht unbeeindruckt. Die Einwände der Betroffenen ließen ihn sogar die Äußerungen seiner eigenen Behörde kritischer lesen. Zu allem Überfluss war noch durch Indiskretion jenes bereits erwähnte Schreiben des Regierungspräsi-

---

36 Ebd., S. 296–298.
37 Schreiben Spindler vom 7.10.1828; ebd., S. 298.
38 Ebd., S. 299: Auszug aus einem späteren Bericht des Innenministers v. Schuckmann über die Stellungnahme der Regierung vom 17.2.1829.
39 Zitat bei Hardenberg, Drachenfels, S. 300.
40 Am 20.7.1830, ebd., S. 300–301.
41 15.3.1831.
42 17.5.1831, Hardenberg, Drachenfels, S. 301.
43 Zitat ebd., S. 301.

denten an Landrat Scheven bekannt geworden, worin dieser bekundet hatte, dass die Ruine zum gegebenen Zeitpunkt nicht wirklich bedroht gewesen sei. Dem König mussten nun die Umstände erklärt werden, wie diese Bemerkung zustande gekommen und zu verstehen sei. Außerdem wollte der Herrscher genau wissen, auf welcher gesetzlichen Grundlage er seine Entscheidung fällen solle.[44]

Bei Hofe war klar, dass zwar für eine Weile noch die Steinbrucharbeiten weitergehen könnten, dann aber wäre unweigerlich das Ende für die Burgruine gekommen. Doch auch während des Abbaus und der damit verbundenen Sprengungen sah man in dem alten Gemäuer Gefahrenquellen. Sie wären nur durch Abbruch der Ruine zu beseitigen gewesen, was wiederum dem derzeitigen Besitzer nicht zuzumuten war. So entschied der Herrscher schließlich aus politischen Gründen unter Hinweis auf die „Unruhen" im Rheinland: „Conservation vermittelst Expropriation".

Als Vorbild für diese Entscheidung dürften wohl auch die Bemühungen um den Erhalt der Chorruine der ehemaligen Klosterkirche Heisterbach gedient haben.[45]

Abb. 5: Chorruine der Zisterzienzer-Klosterkirche Heisterbach, Stahlstich Anfang 19. Jahrhundert, aquarelliert.

44 Ebd.
45 Margitta Buchert, Die ehemalige Klosterkirche Heisterbach, Diss. phil. Bonn 1986, S. 28.

Rechtlich waren von der Entscheidung nur die gefährdeten Partien an den Hängen betroffen. Dem Eigentümer blieb überlassen, wie er mit der Gipfelregion verfahren wolle. Sie hätte gegen Entschädigung dem Staat oder der Krone übereignet werden können. Die sahen aber zunächst nur eine Möglichkeit zu agieren: Sie verkauften „Eingangskarten zum Drachenfelse"[46] und bauten auf dem Gipfelplateau ein kleines Wirtshaus, das zum Ärger der Gastronomie von Königswinter 1834 von dem Pächter Heil eröffnet wurde.[47]

Vorübergehend entflammte ein Kleinkrieg mit der Regierung, der durch die Verärgerung in der Bevölkerung über die Wegeschranken und Eintrittsgelder genährt wurde. Der Tod von Spindler und eine schwere Erkrankung von Bachem schwächte die Gewerkschaft so sehr, dass sie sich 1835 auflöste. Die Erben und die ehemaligen Gewerkschaftler verkauften 1836 den Drachenfels mit Unterschrift des kranken Bachem an den Staat. Regierungspräsident Dr. Ruppenthal unterzeichnete für die Gegenseite.[48]

Der König, der jeder Geschäftemacherei abhold war, legte größten Wert darauf, dass sowohl der Schutzzweck auf der ganzen Linie erfüllt würde, als auch dass alles geschähe, wodurch „das den Felsen besuchende einheimische und auswärtige Publikum an Annehmlichkeit und Bequemlichkeit gewinnen kann".[49]

Wie sich bald zeigte, war dadurch noch keineswegs Ruhe am Drachenfels eingekehrt. Zu Beginn des Jahres 1844 nämlich eröffnete die „Dombaukasse in Cöln" erneut den Gesteinsabbau „in der sogenannten Dohmkaule" unter Verweis auf bestehende Rechte. Das Bergamt Siegen veranlasste eine Überprüfung, wobei neben Sicherheitsbedenken auch Gesichtspunkte des Denkmalschutzes eine gewisse Rolle spielten. Nach Besichtigung durch Dombaumeister Zwirner und Absprachen mit dem Bürgermeister von Königswinter legte eine Kommission des seit 1816 hier zuständigen Bergamtes Siegen, eine nachgeordnete Behörde des Oberbergamtes Köln, genaue Sicherheitsvorkehrungen fest. Ihr gehörten an die Revierbeamten Behner und Gottfried Spindler sowie der Steiger Kemp aus Rhöndorf. So konnte an dieser eng begrenzten Stelle noch einmal kurzfristig Gesteinsabbau betrieben werden.[50]

---

46 Faksimile von 1835: Hardenberg, Drachenfels, Abb. S. 305.

47 Erbaut 1832/33, eröffnet am 7.5.1834.

48 Hinterlegung des Kaufvertrags am 26.4.1836 bei Notar Rennen in Oberkassel; Hardenberg, Drachenfels, S. 306–307.

49 Zitat Innenminister Ladenberg; ebd., S. 307.

50 Helge Kleifeld, Johannes Burkart, Historischer Bergbau im Siebengebirge, in: Rheinische Heimatpflege 39, 2, 2002, S. 122–124.

Siebengebirge

Der Drachenfels kann jedoch nicht isoliert von seiner Umgebung betrachtet und das Schutzgebiet weder historisch noch juristisch von der Geschichte des Naturschutzgebietes und Naturparks Siebengebirge gelöst werden. Daher erscheint ein kurzes Resümee der weiteren Entwicklungen angebracht.

Der Finkenberg (113,9 m) fiel restlos dem Basaltabbau zum Opfer. Ungehindert verlief auch im übrigen Gebirge die Gewinnung von Gestein, vor allem an Stenzelberg und Wolkenburg.[51] Als in den 1870er und 1880er Jahren die Nachfrage nach Basalt sprunghaft anstieg, waren besonders Ölberg und Petersberg maßloser Ausbeutung ausgeliefert.

Angesichts der sichtbar fortschreitenden Zerstörung wandte sich der Bonner Rechtsanwalt von Humbroich schriftlich an den Hofmarschall des Kronprinzen. Der lange Brief ist bemerkenswert auch deshalb, weil nun erstmals ausdrücklich vom Schutz der Natur und Landschaft die Rede ist: „[…] wenn man sich verpflichtet hält, alte, von Menschenhand errichtete Werke, Thürme, Burgruinen […] zu schützen, so haben unsere Naturschönheiten, wozu das Siebengebirge in erster Reihe gehört, ein weit größeres Anrecht auf pietätvolle Schonung, auf Schutz gegen Zerstörung und Verwüstung […]."[52]

Der Hofmarschall ließ den Oberpräsidenten zu Koblenz, Bardeleben, wissen, dass der Kronprinz den Bemühungen des Rechtsanwalts aufgeschlossen gegenüberstehe. Doch vertrat Bardenleben für seine Behörde stur den Standpunkt der Nützlichkeit. Als die Rheinprovinz schließlich den Petersberg aufkaufte, geschah dies nur, um ihn mit Hilfe von Strafgefangenen und Arbeitshäuslern auszubeuten.

Humbroich rief nun den „Rettungsverein" ins Leben,[53] dessen Aktivitäten in der Öffentlichkeit viel Zustimmung ernteten. Entscheidende Hilfe aber erfuhr man durch das Engagement der Kronprinzessin und späteren Kaiserin Friedrich. Sie hatte mit eigenen Augen das Zerstörungswerk an dem in ihrer Heimat England hochgeschätzten Siebengebirge beobachtet und machte in Berlin so nachdrücklich Stimmung, dass der Unmut des gleich gesinnten Kronprinzen bis nach Koblenz zu hören war und der Abbau am Petersberg eingestellt wurde.

Geblieben war die Gefahr für Ölberg und Lohrberg, die durch private Unternehmer ausgebeutet wurden. Nun war auf Betreiben des Oberberghauptmannes Heinrich von Dechen der Verschönerungs-Verein für das Siebengebirge (VVS) entstanden.[54]

---

51 Ebd., S. 115–121.
52 Zitiert nach Hardenberg, Drachenfels, S. 308.
53 „Verein zur Rettung des Siebengebirges", s. Franz Brock, Naturschutzgebiet Siebengebirge, in: Rheinische Heimatpflege 26 (N.F.), 1989, S. 289 ff.
54 VVS gegr. am 14.12.1869.

Dieser konnte nach und nach erhebliche Flächen erwerben und somit der bergbaulichen Nutzung entziehen.

Oberpräsident Berthold v. Nasse und der Oberbürgermeister von Köln konnten mit Unterstützung des jungen Kaisers, eines Bonner Borussen, 300.000 Mark sowie durch eine Lotterie (1898)1 Mio. Goldmark aufbringen. Dem VVS wurde 1899 zugestanden, Flächen gegen Entschädigung praktisch zu enteignen, wenngleich stets von „kaufen" die Rede war. Als erstes erwarb der Verein von privat Grundstücke am Ölberg und Lohrberg sowie Waldungen beiderseits des Rhöndorfer Tales, insgesamt 199 Hektar.[55]

Eine Polizeiverordnung verbot 1899 im Siebengebirge alle Unternehmungen, „welche bei regelmäßigem Betriebe von durch Verbreitung schädlicher oder belästigender Dünste, starken Rauches oder größerer Staubmengen, durch Steinfall, durch Erregung außergewöhnlichen Geräusches oder in anderer Weise" ihre Umgebung beeinträchtigten.[56] Über manche rechtliche Bedenken und Auseinandersetzungen hinweg blieb sie grundsätzlich in Kraft und darf als erste Emissionsverordnung in diesem Raum gelten.

Die erste wirksame Naturschutzverordnung erging jedoch erst im Jahre 1902, obwohl auch hier der Begriff „Naturschutz" noch nicht verwendet wurde, der erst 1920 gesetzlich eingeführt worden ist.[57] Erst die Ministerial-Polizeiverordnung vom 7. Juni 1922 erhob das Siebengebirge endlich zum amtlich ausgewiesenen Naturschutzgebiet.[58]

---

55 Elmar Heinen, Naturschutzgebiet Siebengebirge, gestern-heute-morgen, in: Rheinische Heimatpflege 27 (N.F.), 2, 1990, S. 112–124, hier bes. S. 113.

56 Ebd., S. 114.

57 Ebd., S. 116 u. Anm. 9.

58 Amtsblatt der Regierung zu Köln 1923, S. 17; Ergänzungen erschienen 1923, 1925 und 1930; zu den naturräumlichen Grundlagen s. Hermann Josef Roth, Das Siebengebirge (Rhein. Landschaften 13). Köln, Neuss ³1994.

Abb. 6: Denkmal für den Geologen Heinrich von Dechen (1800–1889)
zwischen Nachtigalltal und Drachenfels, errichtet 1892. Foto: Hermann Josef Roth.

Joachim Radkau, Frank Uekötter

Ernst Rudorff und die Moderne

Überlegungen zum intellektuellen Vermächtnis eines Bildungsbürgers der Kaiserreichszeit

Es geht uns an dieser Stelle nicht darum, einen Abriss der Lebensgeschichte Ernst Rudorffs (1840–1916) zu präsentieren. In Kurzfassung hat das bereits Andreas Knaut ganz treffend getan, und eine detaillierte und kritische Biographie dieses Namensgebers des Natur- und Heimatschutzes steht ohnehin noch aus.[1] Was hier versucht werden soll, ist vielmehr Folgendes: Wir möchten eine Reihe von Aspekten Revue passieren lassen, die geeignet sein könnten, Rudorff und die Entstehungsgeschichte des Natur- und Heimatschutzes zu einem spannenden Thema für die Geschichtswissenschaft zu machen. Zu leicht wirkt die Lebens- und Wirkungsgeschichte Ernst Rudorffs wie eine abgeschlossene und abgetane Angelegenheit – wie ein hoffnungslos altmodisches und zum Glück überwundenes Kapitel der Naturschutzgeschichte. Eben deshalb sollte es heute darum gehen, diese Materie auf offene Fragen und auf zukunftsträchtige Potentiale abzuklopfen.

Dabei möchten wir zu allererst eine Grundfrage der Naturschutzgeschichte in den Raum stellen, die bislang erstaunlicherweise kaum je so direkt gestellt worden ist: *Wodurch wurde die Natur zu etwas Schutzbedürftigem?* Was musste geschehen, damit die Idee so prompt populär wurde, die Natur sei etwas, das dringend des menschlichen Schutzes bedürfe? Denn diese Schutzbedürftigkeit verstand sich ja überhaupt nicht von selbst, und am wenigsten dann, wenn man in die ältere Geschichte des Naturbegriffs zurückgeht. Denn die Natur war einst die allmächtige Herrin und Gesetzgeberin, ja das Wesen der Dinge; die „Naturgesetze" brauchten keinen menschlichen Schutz und waren durch keine menschliche Handlung zu erschüttern. Die Natur war im Grunde oft eine verkleidete Gottesvorstellung: Sie war etwas Ewiges, sich stets Erneuerndes.

Auch die darwinistische Natur – dieses große Kampffeld, das zum Überleben des Fähigsten führt – ließ, für sich genommen, kaum eine Idee des Naturschutzes aufkommen. Überhaupt ist es eine spannende Frage, wie es die Naturschützer mit dem Darwinismus hielten, gerade in der Zeit des Nationalsozialismus! Rudorff suchte in der Natur gewiss vor allem die Harmonie, nicht den Kampf, auch wenn ihm der

---

1 Andreas Knaut, Zurück zur Natur! Die Wurzeln der Ökologiebewegung, (Supplement 1 [1993] zum Jahrbuch für Naturschutz und Landschaftspflege), Greven 1993, S. 27, 39.

Gedanke vertraut war, dass die Natur sich für alle ihr zugefügten Missetaten rächen werde. Auch wenn hier noch vieles ungeklärt ist und einer näheren Untersuchung harrt, so scheint doch einiges darauf hinzudeuten, dass der Naturschutz aus dem Darwinismus, dieser einflussreichsten Naturlehre des 19. Jahrhunderts, zumindest auf direktem Weg nicht abzuleiten war. Auf welche Weise also entstand die schutzbedürftige Natur? Aus unserer Sicht gibt es drei mögliche Antworten:

(1) Die Idee des Naturschutzes entstammte nicht so sehr der Naturphilosophie, den großen Ideen über die Natur, sondern weit mehr einer konkreten Anschauung und Lebenserfahrung, die nur zunächst nicht in Worte gefasst und auf den Begriff gebracht wurde. Das galt schon vorher für den Waldschutz, der gewiss der wichtigste historische Ursprung des Naturschutzes ist. Der Philosoph Immanuel Kant zwar argumentierte, dank der weisen Vorsorge der Natur könnte es Holzmangel nie geben. Dennoch ertönten gerade zu seiner Zeit allenthalben Alarmrufe über drohende Holznot und katastrophale Entwaldung: Aber diese kamen in aller Regel nicht von spekulativen Philosophen, sondern in vielen Fällen von Autoren, die zu Wald und Holz eine eher praktische Beziehung hatten. Was nun Rudorff anbelangt, so steht bei ihm am Anfang gewiss eine romantisch-wehmütige Grundstimmung. Von unmittelbarer Bedeutung jedoch für seine Natur- und Heimatschutzinitiativen scheint eher das zu sein, was Hans Klose als „Erlebniskomplex Lauenstein" bezeichnete: der von Rudorff intensiv erfahrene Wandel der Landschaft im niedersächsischen Ort Lauenstein, in dem er alljährlich Wochen und Monate verbrachte. Hier konnte Rudorff am konkreten Beispiel erleben, wie Flurbereinigung und moderner Bauboom in eine bis dahin abseitige, romantisch-verträumte Landschaft einbrachen. Oder lag der Ursprung seiner Ideen doch mehr in Berlin, wo er seinem Beruf nachging, als in Lauenstein? Es wäre interessant, seine Selbstzeugnisse daraufhin zu untersuchen. Immerhin gehörte Berlin zu den Ursprungsorten der deutschen Romantik, und in Rudorffs Elternhaus – sein Vater war Professor an der Universität Berlin und Mitglied der Akademie der Wissenschaften – waren regelmäßig Personen wie Bettina von Arnim, Friedrich Schleiermacher und Karl Schinkel zu Gast![2]

(2) Eine zweite Hypothese zu der Frage, wie die Natur zu etwas Schutzbedürftigem wurde: Diejenige Natur, die die Vordenker unserer Kultur am frühesten als bedroht empfanden, war nicht so sehr die äußere, die grüne Natur, sondern die Natur *im Menschen*, die durch gesellschaftliche Zwänge unterdrückt zu werden drohte. Bei Rousseau und ebenso bei Goethe ist es vor allem *diese* Natur, die in Gefahr ist. Es wäre sehr aufschlussreich, das gesamte spätere Naturschutz-Schrifttum unter dem Aspekt durchzugehen, wie die Autoren es mit *dieser* Natur halten. Wilhelm Heinrich Riehl schreibt an einer besonders beschwingten Stelle seiner „Naturgeschichte des deutschen Volkes": „Der Wald allein läßt uns Kulturmenschen noch den Traum einer

---

2 Knaut, Zurück zur Natur, S. 27f.

von der Polizeiaufsicht unberührten persönlichen Freiheit genießen. […] Ja ein gesetzter Mann kann da selbst noch laufen, springen, klettern nach Herzenslust, ohne daß ihn die altkluge Tante Dezenz für einen Narren hält." Und am feurigsten Ludwig Klages in seinem Essay „Mensch und Erde", jener Botschaft an das Treffen der freideutschen Jugend auf dem Hohen Meißner: „Vertilgte Tier- und Pflanzenarten erneuern sich nicht, die heimliche Herzenswärme der Menschheit ist aufgetrunken, verschüttet ist der innere Born, der Liederblüten und heilige Feste nährte".[3] Und seine Botschaft mündet in ein Bekenntnis zu der „weltschaffenden Webkraft allverbindender Liebe".[4] Nebenbei: Es ist wohl nicht der geringste Reiz des historischen Zugangs zum Naturschutz, dass der Regress in die Vergangenheit zu solchen Zeugnissen von hinreißender Offenheit führt, wo sich die lustvolle Beziehung zur Natur noch nicht mit wissenschaftlicher Ökologie drapiert!

(3) Bei dem dritten Punkt kommen wir direkt zu Rudorff: Die Natur musste erst einmal lokalisiert, in einem überschaubaren Raum gefasst und dort in ihrer Veränderung über Jahre und Jahrzehnte erlebt werden, damit schmerzliche Verlusterfahrungen gemacht wurden und der Wunsch nach einem Schutz dieser konkreten Natur aufkam. Bei Rudorff gehen Natur- und Heimatschutz wie selbstverständlich zusammen; es handelt sich bei ihm offensichtlich um parallele Begriffsprägungen. Später wurde die Beziehung zwischen Natur- und Heimatschutz distanzierter. Unter diesen Bedingungen wird die Vermengung von beidem leicht als gedankliche Unsauberkeit, ja als ideologische Kontamination des Naturschutzes empfunden. Aber ein solches Verdikt wäre letztlich ahistorisch. Die Verbindung von Natur- und Heimatschutz war – historisch gesehen – ein notwendiges Durchgangsstadium des Naturschutzes, und vielleicht auch mehr als das: Noch heute scheint eine Art von Heimatliebe nicht wenige lokale Naturschutzinitiativen zu motivieren, auch wenn man davon nicht mehr so laut redet wie zu Rudorffs Zeiten.

Rudorffs erster bahnbrechender Aufsatz *Ueber das Verhältniß des modernen Lebens zur Natur* erschien 1880 in den „Preußischen Jahrbüchern".[5] Bedeutsam ist sowohl der Zeitpunkt als auch der Ort der Publikation. Es war die Zeit kurz nach Bismarcks Abkehr von Liberalismus und Freihandel und der Hinwendung zur Schutzzollpolitik, in der Folge auch zu einem sozialpolitischen Protektionismus. Der Schutzgedanke – ob auf Natur oder auf Heimat bezogen – passt in dieses gesamte geistige Klima bestens hinein.

Im Jahre 1880 erschien im Übrigen auch die deutsche Ausgabe der „Neurasthenia" des New Yorker Nervenarztes George M. Beard. Die Diagnose „Neurasthenie"

---

3 Ludwig Klages, Mensch und Erde, München 1920, S. 32.

4 Ebd., S. 43.

5 Ernst Rudorff, Ueber das Verhältniß des modernen Lebens zur Natur, in: Preußische Jahrbücher 45 (1880), S. 261–276.

verbreitete sich im Deutschen Reich alsbald rapide, obwohl man sonst im damaligen Deutschland mit amerikanischen Innovationen eher bedächtig umzugehen pflegte. Doch Beard hatte eine verbreitete Stresserfahrung, die bis dahin begriffslos gewesen war, ganz offensichtlich auf den Begriff gebracht. Denn als der Hauptgrund dieser Nervenschwäche galt das „Hetzen und Jagen" – so eine immer wieder begegnende Formel – in der modernen Industriegesellschaft. Eine wahre Literaturflut über die „moderne Nervosität" setzte ein.[6]

Auch das passt zu der gleichzeitigen Verbreitung der Naturschutzidee. Denn das Leiden unter der Nervosität war typischerweise mit einer Sehnsucht nach Ruhe in der Natur verbunden, der viele Nervenheilstätten nachkamen, die damals wie Pilze aus dem Boden schossen. Die Naturheilbewegung, die in Deutschland gegen Ende des 19. Jahrhunderts zeitweise die Schulmedizin zu überflügeln schien, ist gleichsam das Bindeglied zwischen dem neuen Naturkult und der nervösen Zeiterfahrung. Auch bei Rudorff dürfte es sich lohnen, der intimen Beziehung zwischen Naturliebe und Leidenserfahrung nachzuspüren, fühlte er sich doch in der Zeit seines Engagements für Natur- und Heimatschutz gesundheitlich angeschlagen, so dass er seine berufliche Aktivität schrittweise einschränkte.

Schon um 1880 begann – um mit Ulrich Beck zu reden – eine Art von „reflexiver Modernisierung": Man dachte zwar keineswegs daran, den Industrialisierungsprozess zu stoppen, quälte sich aber zunehmend mit Sorgen über dessen unliebsame Kehrseiten.[7] Insofern besitzt Bismarcks Große Wende einen sozialpsychologischen Tiefgang; im Endeffekt war sie weit mehr als ein parteipolitischer Schachzug. So besehen, muss man diese Wendezeit – anders als es herkömmlicherweise die liberalen Historiker taten – keineswegs nur als Sündenfall sehen: In mancher Hinsicht brachte diese neue Ära einen Zuwachs an Reflexion. Auch das Bewusstsein von der Schutzbedürftigkeit der Natur gehörte dazu.

Allerdings ist auch der Antisemitismus – jene fatale Modernisierung der alten Judenfeindschaft – als ein Bestandteil dieser neuen Konstellation in Erscheinung getreten. Im November 1879 erschien in den „Preußischen Jahrbüchern" jener unheilvolle Artikel Heinrich von Treitschkes, der den Satz enthielt: „Bis in die Kreise der höchsten Bildung hinein [...] ertönt es heute wie aus einem Munde: die Juden sind unser Unglück!" – einer der folgenschwersten Ausbrüche des Judenhasses der Kaiserreichszeit. Die Juden schienen für immer mehr Menschen die unheilvollen Seiten des entfesselten Industriekapitalismus zu verkörpern.[8]

---

6 Zu diesem Thema ausführlich Joachim Radkau, Das Zeitalter der Nervosität. Deutschland zwischen Bismarck und Hitler, München und Wien 1998.

7 Vgl. dazu neben vielen anderen Ulrich Beck, Anthony Giddens, Scott Lash (Hg.), Reflexive Modernisierung. Eine Kontroverse, Frankfurt/M. 1996.

8 Umfassend zu Treitschkes Aufsatz und der resultierenden Kontroverse Walter Boehlich

Man darf jedoch nicht daraus folgern, dass alle neuen Tendenzen der 1880er Jahre antisemitisch kontaminiert gewesen wären. Der Nervositätsdiskurs war, obwohl die Juden selbst in ihren eigenen Augen als besonders nervös galten, im Großen und Ganzen von antisemitischen Untertönen bemerkenswert frei. Inwieweit das auch für das Naturschutz-Schrifttum gilt, wäre noch zu prüfen; einiges spricht wohl für Friedemann Schmolls These, dass ein aggressiver Antisemitismus in Naturschutzkreisen erst nach 1918 größeren Zulauf bekam.[9] Ernst Rudorff war mit dem jüdischen Geiger Joseph Joachim befreundet; doch unter dem Aufruf zur Gründung des Bundes Heimatschutz fand er mit Missfallen den Namen Meyer-Cohn – wohl vor allem im Gedanken an den öffentlichen Eindruck –, obwohl es sich dabei um den Direktor eines Trachtenmuseums handelte.[10]

Die „Preußischen Jahrbücher" waren ein politisches Organ ersten Ranges – da muss man fragen, inwiefern Rudorffs Artikel von 1880 ein *politisches* Dokument ist. Was wollte er damals eigentlich konkret; verfolgte er bereits bestimmte Ziele? Eines ist klar: dass er sein Plädoyer von Anfang an nicht zuletzt an den *Staat* adressierte und es auf staatliche Intervention abgesehen hatte. Der letzte Absatz beginnt mit der Behauptung, über deren historische Substanz sich streiten ließe: „Im alten Hellas sorgte der Staat auf dem Gebiet, das damals im Mittelpunkt des idealen Interesse lag, dafür, daß alles Häßliche unterdrückt werde."[11] Und bei allen Höhenflügen wird er doch am Schluss ganz praktisch-konkret und widmet sich der projektierten Bahn auf den Drachenfels. Mit diesem Projekt hatte er seinen Artikel begonnen; am Schluss nahm er dieses Leitmotiv wieder auf. Allerdings freute sich Rudorff etwas zu früh, als er jubelte, „daß man einem Unternehmen, wie es die projectirte Drachenfels-Eisenbahn ist, […] die nachgesuchte Concession verweigert"[12].

Rudorffs späteres Engagement im Bund Heimatschutz dokumentiert allerdings, dass er sich auch auf die Aktionsformen der Civil Society einließ, wenn er auch durch die ewigen Diskussionen über Organisatorisches – jedem Mitglied eines deutschen Vereins wohlvertraut – genervt wurde, für eine straffere Führung plädierte und den Stoßseufzer ausstieß, „wir würden unseren Bund noch einmal zu Tode organisieren". Unter einer Art von Vereinsmeierei, die ein zielstrebiges Handeln hemmt, scheint das Heimat- und Naturschutz-Verbandswesen von Anfang an gelitten zu haben. Das mag Gründe haben, die in der Sache selbst liegen: Es ist in der Tat nicht ganz einfach, die

---

(Hg.), Der Berliner Antisemitismus-Streit, Frankfurt/M. 1965.

9 Friedemann Schmoll, Die Verteidigung organischer Ordnungen. Naturschutz und Antisemitismus zwischen Kaiserreich und Nationalsozialismus, in: Joachim Radkau, Frank Uekötter (Hg.), Naturschutz und Nationalsozialismus, Frankfurt/M. / New York 2003.

10 Knaut, Zurück zur Natur, S. 70.

11 Rudorff, Verhältniß, S. 276.

12 Ebd.

Heimat- und Naturschutzidee auf eine Art zu operationalisieren, die einen breiten Konsens erzeugt und politischen Erfolg verspricht. „Heimat" und „Natur" sind vieldeutige Ideale!

Wo wir heute „ökologisch" sagen würden, sagte Rudorff: „idealistisch". Er führte seinen Kampf unter der Parole: „Idealismus" kontra „Materialismus". Das war nun für das damalige deutsche Bildungsbürgertum, dessen Beziehungen zum Wirtschaftsbürgertum durch wechselseitige Ressentiments belastet waren, ungemein charakteristisch. Die Natur- und Heimatliebe in der Art Rudorffs besaß ganz ohne Zweifel einen eminent bildungsbürgerlichen Grundzug, zugleich mit einem tiefen Groll auf die moderne Zivilisation und viel romantischer Nostalgie.

Deswegen darf man Rudorff jedoch nicht ganz und gar als Erzreaktionär abtun. Romantisch-wehmütige Anwandlungen gingen zu jener Zeit durchaus mit Fortschrittsfreudigkeit zusammen. Ein blinder und totaler Fortschrittsglauben herrschte nie so absolut, wie es heute oft heißt. Sogar Max Eyth, der bekannteste deutsche schriftstellernde Ingenieur des 19. Jahrhunderts, seufzte nach dem Fiasko der Wiener Weltausstellung von 1873 im Anblick einer Drahtseilbahn, er könne sich an derartigen Siegen des Menschen über die Natur nicht mehr freuen. (Übrigens führte noch Adenauer in den 1950er Jahren einen erfolgreichen Kampf gegen das Projekt einer Drahtseilbahn auf den Drachenfels, die die Aussicht aus seinem Rhöndorfer Haus beeinträchtigt hätte!)

Auf der anderen Seite war das kaiserlich-deutsche Bildungsbürgertum lange nicht so technik- und modernisierungsfeindlich, wie ihm seine Kritiker oft nachsagten. Man braucht nur eine Zeitschrift wie die „Gartenlaube" durchzusehen, diesem Inbegriff damaliger deutscher Bürgerherrlichkeit, um sich davon zu überzeugen. Der Sonderforschungsbereich „Bürgertum" der Bielefelder Fakultät für Geschichtswissenschaft hat insgesamt gesehen trotz intensiver Suche nicht allzu viel von einem antimodernistischen deutschen Sonderweg gefunden! Wenn Rudorff ein Bildungsbürger mit allen üblicherweise damit verbundenen Affekten war, so macht ihn das nicht unbedingt suspekt. Er war ja auch Realist und Pragmatiker genug, um zu erkennen, dass eine Verkoppelung der vormals oft weit verstreuten bäuerlichen Parzellen bis zu einem gewissen Grade notwendig war. Wie so viele umweltbewusste Menschen jener Zeit begrüßte er die Elektrizität, weil sie die rauchenden Fabrikschlote zu beseitigen versprach. Insofern könnte man sogar sagen, dass er keineswegs gegen alles Moderne war, vielmehr auf eine *neue Moderne* hoffte. Ähnliches gilt für viele Lebensreformer der Jahrhundertwende.[13]

---

13 Dazu jüngst Kai Buchholz u.a. (Hg.), Die Lebensreform. Entwürfe zur Neugestaltung von Leben und Kunst um 1900. Katalog zur Ausstellung auf der Mathildenhöhe in Darmstadt 2001, 2 Bände, Darmstadt 2001.

Bekanntlich trat Rudorff der Natur vor allem als Ästhet entgegen. Nur sollte man diese Einstellung nicht gleich als „*nur*-ästhetisch" abwerten, im Gegenteil: Der ästhetische Sinn enthält eine besondere Befähigung, die Natur als *Ensemble* wahrzunehmen, statt sich ganz auf eine einzige schutzbedürftige Art zu fixieren. Vielleicht war es für Rudorff von Vorteil, dass er nicht von der bildenden Kunst, sondern von der Musik herkam: da lag es nahe, Natur nicht als Gemälde, sondern als *Prozess* zu begreifen. 1880 schrieb er: „Das Malerische und Poetische der Landschaft entsteht, wo ihre Elemente zu zwangloser Mischung verbunden sind, wie die Natur und das langsame Walten der Geschichte sie hat werden lassen."[14] Charakteristisch für die Natur sind also Prozesseigenschaften: das Langsame und das Zwanglose; und mit der Geschichte steht es ähnlich. Mit seinem historisierten Naturbegriff enthält Rudorffs Gedankenwelt einen verheißungsvollen Ansatz, bei dem sich weiterzudenken lohnt.

Die große Lebensreform-Ausstellung auf der Darmstädter Mathildenhöhe hat vorgeführt, in welchem Maße die Erneuerung der Kunst im Zentrum der Reformbewegungen jener Zeit stand. Das wirkt auf uns heute ganz besonders naiv und zeigt, was wir im Laufe des 20. Jahrhunderts alles an Illusionen verloren haben. Aber vielleicht läuft das Nachdenken über das Schöne in der modernen Öko-Bewegung unter Kurs. Es dürfte schwer sein, über heutige Reformbewegungen in hundert Jahren eine ästhetisch derart reizvolle Ausstellung zu machen, wie sie auf der Mathildenhöhe über die Reformer der Jahrhundertwende präsentiert wurde. Hundertwassers Versuch, der Öko-Ära in großem und knalligem Stil ihre Ästhetik zu geben, hat selbst unter ökologischen Gesinnungsgenossen viel Naserümpfen hervorgerufen, und das nicht nur deshalb, weil Hundertwasser auch die Wiener Müllverbrennungsanlage in einschlägiger Weise drapierte. Dennoch wäre es falsch, mit der Klassifizierung „ästhetisch" die Vorstellung einer Blickverengung zu verbinden. Natur- und Landschaftsideale sind nun einmal ganz wesentlich ästhetischen Ursprungs.

Heikler ist eine andere Frage: nämlich diejenige, wie ernst man Rudorffs *soziale* Motive nehmen soll. Eine endgültige Antwort haben die Autoren dieses Beitrags vorerst nicht zu bieten. Unterstellte er den ländlichen Unterschichten, die mehr und mehr in die Städte abwanderten, eine durch die Verkoppelung frustrierte Heimatliebe, die jene in Wahrheit gar nicht empfanden? Andererseits: Das Heimatrecht war von seinem Ursprung her ein Recht der Armen – derer, die in der Fremde verarmt waren und nur an ihrem Heimatort ein Recht auf Armenunterstützung hatten. Noch heute ist es so, dass der Schwache in der Regel eine Heimat nötiger braucht als der Starke; denn soziale Netze sind räumlich begrenzt. Übrigens war „Heimat" für Rudorff, der in Berlin geboren war, nicht notwendigerweise der Geburtsort; vielmehr setzt das Heimatgefühl einen Lernprozess voraus: „Jeder Mensch sollte lernen sich

---

14 Rudorff, Verhältniß, S. 262.

irgendwo zu Hause zu fühlen."[15] Der Heimatbegriff ist kein archaisches Relikt, sondern stammt bereits aus der modernen Welt der Mobilität! Eine erste Zeitschrift „Aus der Heimat" wurde in der Mitte des 19. Jahrhunderts von Emil Adolf Roßmäßler herausgegeben, einem begeisterten Naturfreund und linken 1848er, der wegen der Beteiligung an der Revolution seine Professur in Tharandt verlor. Ihn hat der DDR-Naturschützer Reimar Gilsenbach wieder entdeckt.[16]

Besonders aufschlussreich ist, wo es um die Ernsthaftigkeit von Rudorffs sozialen Motiven geht, sein Lob der alten Allmende. Es ist das genaue Gegenteil zu Garrett Hardins „Tragödie der Allmende", einem der meistdiskutierten Basistexte der modernen Öko-Bewegung zumindest im angloamerikanischen Raum.[17] Für Rudorff besitzt die Allmende den Reiz einer unregulierten Halbwildnis – einer ökologischen und zugleich einer sozialen Nische. „So lange der gemeinsame Besitz einer Gemeinde an Aengern und Weiden noch nicht geteilt ist, so lange hat jeder Zugehörige, auch der Aermste, wenigstens *einen* unveräußerlichen Besitz: das Recht, sein Vieh, sei es eine Kuh, ein paar Ziegen oder Gänse umsonst zu ernähren."[18] Das war keine pure Sozialromantik, sondern ganz realistisch. Die Aufteilung der Gemeinheiten ging in aller Regel zu Lasten der unterbäuerlichen Schichten. Selbst der Nationalökonom Wilhelm Roscher, der unter dem Aspekt optimalen Wirtschaftens die gemeinen Marken eigentlich missbilligte, zeigte sich doch berührt von der „Liberalität", mit der man auf der Allmende die armen Leute auch ohne Rechtstitel ihre Kuh oder Ziege weiden ließ.[19]

Wurde diese Liberalität mit ökologischer Degradation erkauft? Das ist die herrschende These. Aber sie stammt oft von parteilicher Seite und sollte nicht unbesehen verallgemeinert werden. Nicht wenige Naturschutzgebiete sind aus Überresten alter Allmenden entstanden, die sich durch besonderen Artenreichtum auszeichneten.

„Welch ein unerträgliches Gefühl, die Erde ansehen zu sollen als ein Conglomerat von Einzelbesitzthümern": Dieser Horror Rudorffs lässt sich immer noch nachempfinden.[20] Ähnlich hatte Riehl geschrieben, der „Gedanke, jeden Fleck Erde von Menschenhänden umgewühlt zu sehen", habe „für die Phantasie jedes natürlichen Menschen etwas grauenhaft Unheimliches". „Es wäre alsdann Zeit, daß der Jüngste Tag anbräche."[21] Die Empfindung, dass die Menschheit ökologische Reserven braucht

15 Ebd., S. 272.

16 Vgl. Karl Friedel, Reimar Gilsenbach (Hg.), Das Roßmäßlerbüchlein, Berlin 1956.

17 Garrett Hardin, The Tragedy of the Commons, in: Science 162 (1968), S. 1243–1248.

18 Rudorff, Verhältniß, S. 273. Hervorhebung im Original.

19 Wilhelm Roscher, Nationalökonomik des Ackerbaues, Stuttgart [13]1903, S. 351.

20 Rudorff, Verhältniß, S. 275.

21 Wilhelm Heinrich Riehl, Die Naturgeschichte des deutschen Volkes, Stuttgart 1939 (1. Aufl. 1853), S. 76.

und Freiräume, die nicht restlos unter private Nutzer aufgeteilt sind, lässt sich auch ökologisch-rational begründen. Die Weltmeere, die Atmosphäre, das Grundwasser lassen sich ohnehin nicht privatisieren. Durch das private Interesse allein ist die Umwelt nicht zu retten. Das Schicksal der Menschheit hängt davon ab, ob sie eine vernünftige *Teilhabe* an den Ressourcen lernt: Das lässt sich mit Riehl und Rudorff – und mit Jeremy Rifkin – gegen Hardin festhalten. Dennoch besteht die von Hardin angesprochene Allmende-Problematik ohne Zweifel; man muss nur die Förster fragen, was sie alles an Abfällen aus den Wäldern, die allen offen stehen, aufsammeln lassen müssen. Die historische Allmende allerdings stand nur einem lokal begrenzten und übersichtlichen Nutzerkreis zur Verfügung; aber auch da bestand die Gefahr der Übernutzung.

Bei Riehl ist die Verbindung von Naturliebe und Sozialpolitik gewiss enger und kräftiger als bei Rudorff. Riehl liebt den Wald nicht zuletzt als soziale Nische, wo auch arme Leute ein kerniges Leben fristen und wo der städtische Bürger sich in Freiheit austoben kann. Die Wildnis war ursprünglich der Ort, wo auch der Mensch seinen wilden Trieben freien Lauf ließ. Das ist in den heutigen naturgeschützten Wildnissen in sein Gegenteil verkehrt: Da muss sich der Mensch diszipliniert verhalten und darf nicht von den Wegen abweichen!

Riehl schildert den wilden Wald noch als etwas Gegenwärtiges; für Rudorff ist die Wildnis eine Generation später schon mehr oder weniger eine Vergangenheit, auf die er mit Wehmut zurückblickt. Hatte sich die deutsche Landschaft zwischen den 1850er und 1880er Jahren wirklich so drastisch verändert? Der heutige Umwelthistoriker würde in jener Zeit wohl in den Industriestädten, weit weniger jedoch in der Landschaft eine einschneidende Zäsur erkennen. Auch zu Riehls Zeiten wurden fast alle irgendwie zugänglichen deutschen Wälder auf irgendeine Weise wirtschaftlich genutzt.

Die traditionellen Nutzungsweisen kamen jedoch im Großen und Ganzen der Artenvielfalt der Wälder zugute, wenn auch nicht unbedingt der Nutzholzqualität der Bäume, weshalb die Forstleute die „Nebennutzungen" – alle anderen Waldnutzungen außer der Holzgewinnung – als waldschädlich ansahen. Die Aufforstung von Reinbeständen hat im Laufe des 19. Jahrhunderts große Fortschritte gemacht. Dennoch würde der moderne Naturfreund vermutlich voller Entzücken sein, wenn er sich mittels einer Zeitmaschine in das Deutschland Rudorffs zurückversetzen könnte. Gemessen an den radikalen Eingriffen in die Landschaft, die mit den 1950er Jahren begannen, wirken die Verkoppelungen und wirkt auch der Ausflugstourismus der Zeit Rudorffs noch vergleichsweise harmlos und erscheinen seine Klagen wohl als prophetisch, aber doch nicht als getreulicher Spiegel seiner Gegenwart. Der Zustand der Landschaft im 19. Jahrhundert gilt heute vielfach in Landschaftsschutzgebieten als das anzustrebende Ideal. In der Landschaftsgeschichte ist jedoch noch viel zu erforschen, und auch die Eingriffe des 19. Jahrhunderts sind nicht zu unterschätzen:

Man lese nur Rita Gudermanns großes Werk „Morastwelt und Paradies" über damalige Meliorationen in Brandenburg und Westfalen.[22]

„In dem innigen und tiefen Gefühl für die Natur liegen recht eigentlich die Wurzeln des germanischen Wesens", schreibt Rudorff; bei seiner Naturliebe war er
durchaus imstande, deutschvölkische Register zu ziehen.[23] Aber die Beschwörung
der alten Germanen, die Wotans Eichenhaine verehrten, zielt doch eher auf Kritik an
den neuen Germanen, den Deutschen seiner Gegenwart. Denen stellt er in mancher
Hinsicht die Franzosen und Engländer als Vorbild vor Augen, und ebenso die Ameri-
kaner mit ihren Nationalparks. Wäre es übertrieben zu behaupten, dass die Naturliebe
dann, wenn sie echt ist und sich mit genauem Hinschauen und Sachkenntnis verbindet, eine inhärente Hemmung gegen nationalen Eigendünkel enthält? Denn kein
wirklicher Naturkenner konnte allen Ernstes die deutsche Natur für besonders groß-
artig und einzigartig halten, und Rudorff hatte denn auch kein Problem damit, einige
Seiten vor seinem Ausflug ins Völkische zu erklären, in „manchem Einzelnen" könnten „unsere Nachbarn uns zum Vorbild dienen."[24] Selbst in der NS-Zeit hatten völkische Naturschützer à la Schoenichen stets Schwierigkeiten, aus der deutschen Land-
schaftsnatur eine grandios-imperiale Mission des deutschen Volkes herzuleiten.
Andererseits: Eine Immunität gegen nationalen Größenwahn hat die Naturliebe
offensichtlich nicht hervorgebracht. Eine politische Ethik lässt sich auf die Natur
nicht zuverlässig gründen; das zeigt die historische Erfahrung recht eindeutig.

Aber es fiel Rudorff auch gar nicht ein, einen solchen Anspruch zu erheben. Bei
ihm bilden Naturschutz und Kulturschutz vielmehr eine untrennbare Einheit und
gründet sich Naturschutz auf Kulturbewusstsein. Dieses sein Kulturbewusstsein war
gewiss arg bildungsbürgerlich und zeitgebunden. Dennoch haben Rudorff-Texte
immerhin den Vorzug, dass sie ihre ideologischen Scheuklappen ganz offen legen
und mit keiner Ökologie kaschieren. Auch heute geht es bei dem Naturschutz im
Grunde um die Kultur; aber das wird in der Regel nicht so offen gesagt. Nicht zuletzt
aus diesem Grund ist es reizvoll, in die Gründerzeit des Naturschutzes zurückzuge-
hen. Manche damalige Texte sind geeignet, zu Reflexionen über die kulturellen
Grundlagen der heutigen Öko-Bewegung anzuregen und verschüttete Beweggründe
bewusst zu machen. Auf diese Weise könnte ein Zuwachs an Geschichtsbewusstsein
für den Natur- und Umweltschutz einen Zuwachs an Handlungsfähigkeit erbringen.

Thomas Neiss hat auf der BUND-Jubiläumstagung im Januar 2002 geklagt,
Naturschützer hätten die fatale Neigung, einen Großteil ihrer Energie in Selbstzer-

---

22 Rita Gudermann, Morastwelt und Paradies. Ökonomie und Ökologie in der Landwirtschaft am Beispiel der Meliorationen in Westfalen und Brandenburg (1830–1880), Paderborn 2000.
23 Rudorff, Verhältniß, S. 276.
24 Ebd., S. 270.

fleischung zu vergeuden. Vielleicht könnte auch da ein Mehr an Geschichtsbewusstsein in ganz praktischer Weise von Nutzen sein: indem nämlich die Geschichte bewusst macht, dass aktuelle Fronten doch nur relative Bedeutung besitzen und historisch vieles zusammenhängt – Natur- und Heimatschutz, Ästhetik und Ökologie, anthropozentrisches und nichtanthropozentrisches Verhältnis zur Natur. Für alles dies ist Rudorff das beste Beispiel.

Friedemann Schmoll

Paul Schultze-Naumburg – von der ästhetischen Reform zur völkischen Ideologie

Anmerkungen zum Heimatschutz in der Naturschutzgeschichte zwischen Kaiserreich und Nationalsozialismus

1. Biografische Skizzen

Wenn man Paul Schultze-Naumburg (1869–1949)[1] als Kronzeugen für die Entwicklung des Natur- und Heimatschutzes zwischen Kaiserreich und Nationalsozialismus aufruft, werden unmissverständliche Entwicklungslinien sichtbar. Leichthändig und unzweideutig lässt sich an seiner Person die These völkischer Kontinuitäten im deutschen Natur- und Heimatschutz durchdeklinieren. Da ist im Kaiserreich der bereits renommierte Maler, Architekt und erste Vorsitzende des „Bundes Heimatschutz", der kulturkritisch inspiriert über die „Entstellung" der Landschaft lamentiert und, getragen von einem romantischen Reinheitskult, das moderne Leben als Verfall und Niedergang beklagt. Der „Unkultur"[2] seiner als seelenlos erfahrenen Gegenwart setzt er die „natürlichen Formen" entgegen, um „das Gewohnte und Vertraute wiederfinden" zu können, „um sich nicht in fremder, kalter Umgebung unbehaglich zu fühlen".[3] Deutschen Idealismus setzt er, wie so viele Protagonisten der Kulturreform, gegen den Materialismus der Moderne und ländliche Sittlichkeit gegen industriellen Fortschritt.

Paul Schultze-Naumburg ist als Augenmensch, als Maler und Architekt, ein Allrounder der Praxis, aber er versteht es zugleich, mit feinem Gespür neue gesellschaftliche Fragen aufzunehmen und den Wandel seiner Zeit reflektierend zu begleiten. Seine neunbändigen „Kulturarbeiten"[4], von denen drei Bände der „Landschaft" gewidmet sind, zeichnen das Herausfallen der Moderne aus bislang verbindlichen Einbindungen in eine organische Synthese aus Natur und Kultur. Hier verfeinert der

---

1 Ausführlicher vgl. Norbert Borrmann, Paul Schultze-Naumburg. Maler – Publizist – Architekt 1869–1949, Essen 1989; Andreas Knaut, Paul Schultze-Naumburgs „Kulturtheorie" um 1900, in: Jürgen John (Hg.), Kleinstaaten und Kultur in Thüringen vom 16. bis zum 20. Jahrhundert, Weimar 1994, S. 541–554.

2 Paul Schultze-Naumburg, Heimatschutz, in: Der Kunstwart 18,1 (1904/05), S. 19.

3 Paul Schultze-Naumburg, Aufgaben des Heimatschutzes, in: Der Kunstwart 21,2 (1908), S. 222.

4 Paul Schultze-Naumburg, Die Kulturarbeiten, 9 Bde. und ein Ergänzungsband, München 1901–1917.

noch weltoffene und zukunftsgewandte Reformer seine grobrastrige Geschmacks-
pädagogik im didaktischen Grundmodell von Beispiel und Gegenbeispiel. Eine
immer komplexer erscheinende Welt wird in eingängigen Bildstereotypen reduziert
auf einfache Botschaften; sie wird eingeteilt in „schön" und „hässlich", was unmittelbar in richtig und falsch bzw. gut und böse zu übersetzen ist. Diese einprägsame Bild-
propaganda lässt ihn weit über den Natur- und Heimatschutz hinaus für die gebildeten Mittelschichten zu einem der wichtigsten Geschmacksmodellierer des
wilhelminischen Kaiserreichs werden. Hier entfaltet er sein Credo vom „schön und
praktisch", seine Verknüpfung von Ästhetik und Zweckdienlichkeit, auf die sich, wie
er meint, die Altvorderen doch sehr viel besser verstanden hätten. Sein Programm
freilich zielt nicht auf die Wiederherstellung einer verlorenen Zeit, sondern auf die
Gestaltung der Zukunft.

Paul Schultze-Naumburg amtierte seit dessen Gründung 1904 bis zum Jahre 1913
als Vorsitzender des „Bundes Heimatschutz". Als organisatorisches Haupt des Heimatschutzes und maßgeblicher Stichwortgeber insbesondere in Architekturfragen
gerierte er sich in dieser Zeit weder als romantischer Schwärmer noch als antimodernistischer Naturmystiker. Sein Anliegen war statt dessen die Versöhnung von Tradition und Moderne, die Verknüpfung von Neuem und Altem, von Technik und Natur.
Dennoch freilich war auch seine Vorstellungswelt geprägt von der zeittypischen Verknüpfung von Volk und Natur. Von dieser Grundintention war 1903/04 der Aufruf
zur Gründung des „Bundes Heimatschutz" getragen, und hierzu bekannte sich auch
Schultze-Naumburg in seiner Rede auf der Dresdner Gründungsversammlung: „Wir
dürfen nicht mehr tatenlos zusehen, wie von Jahr zu Jahr das deutsche Land in langsa-
mer Zerstörung seiner besten Kräfte verlustig geht. Eine schleichende, verzehrende
Krankheit hat den Organismus unseres Volkskörpers befallen, an der unser Volk
zugrunde gehen müsse, wenn man ihr nicht entgegenträte. Die Heimat als Gefäß
unserer Volksseele bedürfe der aufmerksamen Pflege, damit nicht eines Tages der
letzte Rest von Heimatliebe – die Wurzel unserer Kultur – verflogen sei."[5]

In diesem radikalen Glauben an die identitätsverbürgende Kraft des Ästhetischen
– die schöne Form gleichsam als Gesundungsmodell, die gesunde Umwelt als sittli-
che Reinigerin des Volkes – gründet der Transfer zu den völkischen Verengungen
nach der Weltkriegsniederlage. Nun wird bei Schultze-Naumburg das Prinzip ästhetischer Erziehung zur Bio-Politik. Sein Anliegen war vormals die Idee der Erziehung;
jetzt wird es die Reinigung der biologischen Erbmasse als Voraussetzung aller kulturellen und gesellschaftlichen Entwicklung. Der „Volkskörper" wird nun zu einem
biologischen Körper.

---

5 Bericht über die Gründungsversammlung im Mitteilungsblatt des Bundes Heimatschutz 1904;
  hier zit. n. Andreas Haus, Foto, Propaganda, Heimat, in: Fotogeschichte. Beiträge zur Geschichte und Ästhetik der Fotografie 14 (1994), H. 53, S. 8.

Der Niedergang des Kaiserreichs leitet auch den biographischen Niedergang Paul Schultze-Naumburgs ein. Dies bekommt er ökonomisch zu spüren als Architekt und Leiter der Saalecker Werkstätten. Schlimmer aber wiegt der Verlust der Meinungsführerschaft in Geschmacks- und Stilfragen. Er ist nicht mehr auf der Höhe seiner Zeit. Architektonisch war er im Kaiserreich beachteter Vertreter einer „konservativen Moderne", eines offenen Heimatstils; jetzt wird sein „Neubiedermeier" nur mehr belächelt. Anstelle des traditionsverpflichteten Heimatstils, der auf Lokalvernunft und Ortsgebundenheit pocht, setzt sich das traditionslose und funktionalistische Bauhaus durch. Wiewohl 1907 Gründungsmitglied des „Deutschen Werkbundes", wird er sich in den 1920er Jahren immer strikter distanzieren. Nun rüsten sich im „Deutschen Block" die Gegenkräfte, die Gruppe konservativer bis reaktionärer Architekten, die dem Internationalismus und der Funktionalität von Bauhaus und Neuer Sachlichkeit das Bekenntnis zu Eigenart, Tradition und Verbundenheit mit dem Boden entgegensetzen.

Die Niederlage des Ersten Weltkrieges radikalisiert, wie so viele, auch Schultze-Naumburg in den militanten Verteidigungsbemühungen der vertrauten Eigenart und Abwehr des Fremden. Längst ist Schultze-Naumburg zum offenen Antisemiten und bekennenden Nationalsozialisten geworden, dessen Wahrnehmung des gesellschaftlichen Wandels auf einem biologistischen Weltbild ruht. In den Briefen an seinen alten Heimatschutz-Weggefährten Carl Johannes Fuchs, mit dem er zu Anfang des Jahrhunderts die Öffentlichkeit für die Erhaltung der Laufenburger Stromschnellen mobilisiert hatte, schreibt er im Oktober 1928 unverhohlen nach Tübingen: „Das alljüdische Netz, das über uns gespannt ist, zieht seine Maschen täglich schärfer an […]."[6] Nach der Entlassung des ehemaligen Geschäftsführers des „Bundes Heimatschutz" Fritz Koch aus dem Staatsdienst 1930 gießt er ein Gebräu aus Gemüt und Rassenantisemitismus über den Vorgang: „Das Judentum der guten dicken Elfriede ist ja auch gerade keine Empfehlung für ihn. Trotzdem tut mir die arme Frau fast noch mehr leid wie er. Was Mischlingstum für üble Früchte hervortut, sieht man an den beiden Kindern."[7] In Thüringen schwärmt er von den Nazis, trifft Goebbels und Göring; in Saaleck verkehren die Blut- und Boden-Prediger Hans F. K. Günther und Richard Walther Darré. Als Leiter der Weimarer Kunsthochschulen ab 1930 ist sein Auftrag unmissverständlich: Kunst als Waffe für die Rasse, Kampf den internationalen Tendenzen, Ausmerzung der fremdartigen Einflüsse in allen Bereichen der Kultur.

Aus einem biederen Heimatfreund und braven Schöngeist ist längst ein glühender Rassist geworden, der die Ursachen von Kulturverfall und Gesellschaftskrise in der

---

6 Brief von Paul Schultze-Naumburg an Carl Johannes Fuchs vom 24.10.1928, Universitätsbibliothek Tübingen, Nachlass Carl Johannes Fuchs, Md 875/329.

7 Brief von Paul Schultze-Naumburg an Carl Johannes Fuchs vom 23.3.1930, Universitätsbibliothek Tübingen, Nachlass Carl Johannes Fuchs, Md 875/329.

biologischen Degeneration ausgemacht hat. Sein Bemühen um die Bewahrung des natürlichen und kulturellen Erbes schließt längst auf der anderen Seite das offene Bekenntnis zu Vernichtungsideologien ein. Die Erhaltung und Bewahrung heimisch-vertrauter Landschaft geht auch bei ihm einher mit der Obsession nationaler Reinigung und Elimination des scheinbar Fremden. Die offizielle und öffentliche Reputation bleibt ihm freilich auch nach 1933 weithin versagt. Er ist als Praktiker und Theoretiker nur noch zweitrangig, eben: nicht mehr auf der Höhe der Zeit. Angetreten als ästhetischer Reformer, gewandelt zum Konservativen, radikalisiert zum Nationalsozialisten spricht er sich selbst nach dem Zweiten Weltkrieg als alter, kranker Mann von seinen Verstrickungen mit dem Nationalsozialismus frei. 1949 stirbt er weitgehend verarmt und von der Öffentlichkeit vergessen.[8]

Es ist dies eine eingängige Geschichte, die mit ihren Brüchen und Entwicklungen repräsentativ für Lebensläufe und Entwicklungen im Heimat- und Naturschutz scheint. Hier wird eine klar konturierte Linie der Kontinuität sichtbar und, so scheint es, eine zwangsläufige Entwicklung von antimodernistischer Zivilisationskritik hin zu militanten Vernichtungspraktiken. Es ist eine Geschichte, die um die Jahrhundertwende einsetzt mit der Thematisierung bildungsbürgerlicher Entfremdungserfahrungen, mit der Artikulation eines diffusen Unbehagens in der modernen Welt. Sie fährt fort mit der Suche nach „Eigenart", mündet in der Idee der ästhetischen Erziehung, die durch Reinhaltung der Umwelt auf kulturelle Erneuerung setzt. Aus einer durch und durch rationalen Sorge um die ästhetische und ökologische Verfassung der Umwelt wird ein ideologisch aufgeladener Reinheitskult. Schließlich wird gesellschaftlicher Wandel nur mehr als biologische Degeneration interpretiert. Die Geschichte mündet in der Obsession einer reinen und biologisch unverfälschten deutschen Rasse, die ihre Entsprechung in der Vorstellung einer ebenso reinen und unverfälschten Natur finden sollte.

Diese Interpretation der Geschichte hat zweifelsohne ihre Berechtigung. Sie wurde des Öfteren geschrieben und wird belegt durch zahllose Biographien deutscher Natur- und Heimatschützer. Zu denken ist an Männer wie Walther Schoenichen oder Hans Schwenkel, deren Wirken im Kaiserreich begann, die der Weimarer Republik mehr als reserviert gegenüberstanden, die im Nationalsozialismus ihre Blütezeit erlebten und deren Viten schließlich weit in die Gründungsära der BRD ragten. Allerdings: Es ist dies auch eine überaus bequeme Geschichte. Bequem, weil sie durch einen scheinbaren Determinismus präzise Eindeutigkeit schafft. Und damit werden eben auch, umgekehrt, andere spannende Fragen überlagert. Die Vieldeutigkeiten, Nuancen, alternativen Suchbewegungen, Ambivalenzen, Brüche und Wider-

---

8 Schultze-Naumburg war 1945 von den sowjetischen Besatzungsbehörden entschädigungslos enteignet und seine Pension gestrichen worden; Borrmann, Schultze-Naumburg, S. 222.

sprüche in der deutschen Naturschutzgeschichte werden aus der Retrospektive allzu voreilig retuschiert und ausgeblendet. Die Fokussierung auf die Kontinuitätslinien lässt andere Fragen weitgehend unbeantwortet: Wie vollzog sich das allmähliche Hinübergleiten des durchaus rationalen Anliegens eines verantwortungsvollen Umgangs mit Natur und Landschaft hin zu einem irrationalen und pervertierten Naturkult? Interessanter also als das hektische Sammeln von Belegen für den unzweideutigen Transfer wilhelminischer Reformbestrebungen und konservativer Sozialutopien zur völkischen Blut-und-Boden-Religion ist die Frage, wie es zu dieser Dämonisierung legitimer und rationaler Anliegen kommen konnte, die schließlich in irrationalen Obsessionen mündeten.[9]

Und im Falle Paul Schultze-Naumburgs verschleiert die – wie gesagt: durch und durch berechtigte und wichtige – Kontinuitätsthese obendrein interessante Ambivalenzen und Widersprüche, die sich in seiner Person, seinen Ideen und Analysen vereinigen: Er war zunächst alles andere als ein reaktionärer Fortschrittsflüchtling, sondern ein Mann mit feinem Sensorium für drängende Gegenwartsfragen seiner Zeit. Wo andere auch schon zu Zeiten des Kaiserreichs sich säkularer Naturmystik hingaben, suchte er Zweckmäßigkeit und Ästhetik zu versöhnen. Wo sich andere wilde Sehnsuchtslandschaften unberührter und unangetasteter Ur-Naturen ausmalten, betrachtete er Landschaft nicht als Ergebnis außermenschlichen Wirkens, sondern als Produkt kultureller Überformung. Er verstand Natur und Landschaft nicht als zeitlos-statische Ordnung, sondern als eine historische Größe und Zeugnis menschlicher Geschichte.

2. Landschaft und ästhetische Kritik

Paul Schultze-Naumburg markiert in den Strömungen des deutschen Natur- und Heimatschutzes die Position ästhetischer Kritik, über die sich um 1900 gesellschaftliches Krisenbewusstsein artikulierte. Über eine ästhetische Kritik an Veränderungen der natürlichen Umwelt wurde im Kaiserreich die Naturfrage als eine gesellschaftliche Frage kommunizierbar: Wem gehört die Landschaft? Ist die Natur Gemeinbesitz oder individuelles Eigentum? Wer hat die Verfügungsgewalt über ihr Erscheinungsbild? Wie soll die Umwelt, in der die Menschen leben, denn eigentlich aussehen? Insofern bedeutete dieser ästhetische Ansatz, Umgangsformen mit Natur zu kritisieren, keine Flucht in die Innerlichkeit und ins Apolitische, sondern eine im Horizont der Zeit durchaus angemessene Form, die Dominanz moderner Nützlichkeitsideolo-

---

9 Vgl. Hermann Bausinger, Zwischen Grün und Braun. Volkstumsideologie und Heimatpflege nach dem Ersten Weltkrieg, in: Hubert Cancik (Hg.), Religions- und Geistesgeschichte der Weimarer Republik, Düsseldorf 1982, S. 215–229.

gien und bestimmte Nutzungsformen von Natur zu kritisieren.[10] Anders als die Naturdenkmalpflege oder der Vogelschutz, die auch die biologische und ökologische Verfassung der Natur thematisierten, legte der Heimatschutz sein Augenmerk vor allem auf die ästhetische Kategorie der Landschaft. Der Beitrag des Heimatschutzes bestand somit vor allem in der Idee des Landschaftsschutzes.

Und dies war denn auch der Ansatz Schultze-Naumburgs.[11] Ihm ging es um die Veränderungen der landschaftlichen „Physiognomie". Schultze-Naumburg scheint in seinem Naturverständnis oft vage, bisweilen widersprüchlich. Wie viele andere auch im Anschluss an Wilhelm Heinrich Riehl und Ernst Rudorff vertrat er natürlich in der frühen Institutionalisierungsphase des Natur- und Heimatschutzes eine ästhetische Ideologie, nach der nur eine unverfälschte Natur in unberührter Integrität und unverfälschter Ordnung moralisch reinigende Wirkungen ausüben könne. Sein diesbezüglicher Virginitätskult wurde durchaus getragen von antimodernistischen Affekten: „Der Mensch braucht neben seiner bewohnten Erde auch noch Stellen, auf denen er sich klein fühlt, die ihm die Gewalt der kosmischen Mächte klarer zum Bewußtsein bringen, als es auf Asphalt und in Kaffeehäusern geschehen kann."[12]

Wo viele andere sich allerdings aus ihrer unbehaglichen Gegenwart in die Wunschwelt mythischer Ur-Naturen oder längst verlorene Idyllen zurückträumten, war es gerade Schultze-Naumburg, der diese Traumlandschaften unbelassener Naturräume herunterdividierte auf die Basis einer historisch gewordenen Größe: Landschaft war bei Schultze-Naumburg vor allem das Ergebnis menschlicher Bearbeitung, ein organischer Zusammenhang aus Menschenwerk und außermenschlicher Natur, das Produkt eines harmonischen und wechselseitigen Wirkens zweier Sphären, von denen allerdings jene der Kultur sich an die der Natur anzupassen hatte. Wiewohl Schultze-Naumburg mit dem Aufbruch in das industrielle Zeitalter den Verlust

---

10 Vgl. zum Heimatschutz und zur ästhetischen Reform z. B. Walther Schoenichen, Naturschutz, Heimatschutz. Ihre Begründung durch Ernst Rudorff, Hugo Conwentz und ihre Vorläufer, Stuttgart 1954; Gerhard Kratzsch, Kunstwart und Dürerbund. Ein Beitrag zur Geschichte der Gebildeten im Zeitalter des Imperialismus, Göttingen 1969; Edeltraud Klueting (Hg.), Antimodernismus und Reform. Beiträge zur Geschichte der Heimatbewegung, Darmstadt 1991; Andreas Knaut, Zurück zur Natur! Die Wurzeln der Ökologiebewegung, (Supplement 1 [1993] zum Jahrbuch für Naturschutz und Landschaftspflege) Greven 1993; William Rollins, A Greener Vision of Home. Cultural Politics and Environmental Reform in the German Heimatschutz Movement, 1904–1918, Ann Arbor 1997.

11 Zur Landschaft bei Schultze-Naumburg vgl. auch Dorothea Hokema, Ökologische Bewußtheit und künstlerische Gestaltung. Über die Funktionsweise von Planungsbewußtsein anhand von drei historischen Beispielen: Willy Lange, Paul Schultze-Naumburg, Hermann Mattern (Beiträge zur Kulturgeschichte der Natur, Bd. 5), Berlin 1996.

12 Paul Schultze-Naumburg, Aufgaben des Heimatschutzes, in: Der Kunstwart 21,2 (1908), S. 225.

dieser organischen Beziehung diagnostizierte, war sein Bezugspunkt nicht die Vergangenheit. Stattdessen akzeptierte er Interessen der Ökonomie als Interessen des Allgemeinwohls. Er lehnte nicht den Anspruch von Funktionalität und Zweckmäßigkeit ab, sondern nur einen auf pure Instrumentalität reduzierten Funktionalismus. Er zählte in „Heimatschutzkreisen" zu den „Realisten", die die praktische Arbeit des Verbandes weitaus stärker diktierten als etwa die Integrationsfigur Ernst Rudorff und die ihre Bewegung vom Ruch des romantischen Schwärmertums befreiten.

Vor diesem Hintergrund wird auch sein Verständnis von Natur- und Heimatschutz plausibel. Er gehörte nicht zu den Protagonisten des Bewahrens, nicht zu den eifrigen und eifernden Sammlern von Relikten. Sein Projekt war stattdessen die Gestaltung, die Korrektur von Entwicklungen, die allzu gerne im zeitgenössischen Vokabular als „Auswüchse", „Übertreibungen" oder „Maßlosigkeiten" des neuen Zeitalters markiert wurden. Er verstand unter dem Heimatschutz des wilhelminischen Kaiserreichs mehr als eine pure Musealisierungs- und Konservierungsagentur, der nichts anderes oblag, als die Überbleibsel der Vergangenheit zu verwalten. Natürlich erachtete er auch im Konservieren des Vorgefundenen eine unabdingbare kulturelle Aufgabe, mehr noch aber in gegenwarts- und zukunftsbezogenen Neuschöpfungen: „Es mag Fälle geben, in denen man ausnahmsweise einmal den Wunsch hegt, ein grösseres Stück Landschaft in vollkommener Ursprünglichkeit zu erhalten, indem man eingehegte Reservate schafft. [...] Hier soll die vorhandene Flora und Fauna in ihren Beständen rein erhalten und jeder Einfluss der menschlichen Kultur ferngehalten werden. Es handelt sich hier also um museale Bestrebungen, die von ausserordentlichem Wert sein können, und die lebhaft Unterstützung verdienen. Man darf sie nur nicht verwechseln mit den Zielen, die sich der Heimatschutz gesetzt hat. Denn der will nicht Schutz vor der Kultur, sondern eine allseitig harmonische Kultur, die Nutzbarmachung der Erde und die Ehrfurcht vor ihr eint."[13]

Hier präsentierte sich also während der Jahre des wilhelminischen Kaiserreichs Schultze-Naumburg als ein Akteur, der sich auf die Suche nach Vermittlung von Tradition und Moderne, auf die Suche nach einer „anderen" Moderne machte. Seine Beziehung zur Natur war nicht, wie bei anderen im Natur- oder Heimatschutz, diejenige des Amateurwissenschaftlers oder des rationalen Naturwissenschaftlers à la Hugo Conwentz, nicht die der passionierten Liebhaberin à la Lina Hähnle oder die des sozial motivierten und verantwortlichen Bürgers à la Wilhelm Wetekamp oder des jungen Hans Klose. Sein Blick auf die Natur war der des Ästheten, der sich recht eigentlich weniger für die natürlichen Dimensionen der Natur, sondern für ihr ästhetisches Erscheinungsbild als Landschaft interessierte. Sein aus der Einsicht, dass Natur nicht beliebig nutz- und ausbeutbar sein könne gewonnenes Credo zielte des-

---

13 Paul Schultze-Naumburg, Kulturarbeiten. Bd. IX. Die Gestaltung der Landschaft durch den Menschen. III. Teil, München 1917, S. 65.

halb auf einen Heimatschutz, der als gesellschaftliche Institution im Entfaltungsprozess der industriellen Moderne Grenzen des Machbaren gegenüber Belangen der Natur aufzeigen sollte: „Der Natur an sich braucht der Mensch ja eigentlich nicht auszuhelfen. Die wächst allein und spottet unserer Hilfe. Wenn wir von Schutz der Natur sprechen, so meinen wir auch im Grunde die Zivilisation des Menschen, vor der wir die Natur schützen wollen. Schon bei diesem Wort werden wir stutzen und werden fühlen, zu welchem Wagnis wir uns anschicken. Die Zivilisation, die die Menschheit in die Natur hineingetragen hat, ist etwas so Großartiges, daß man es sofort als lächerlich empfände, wollten wir dagegen Front machen. Das wird ja nun im Ernst auch kein Mensch wollen, aber es kommt hier wieder darauf hinaus, daß wir die Formen, die die Zivilisation in der Natur annimmt, ja, daß wir sogar die Grenzlinien bestimmen wollen, über die die Zivilisation sich nicht hinauswagen darf."[14]

3. Zum Verhältnis von Natur- und Heimatschutz

Bis zum Ersten Weltkrieg zeigte sich Schultze-Naumburg also als ein weltoffener und innovativer Programmatiker. Während andere, wie Hermann Löns, auch schon vor der Weltkriegsniederlage Natur- und Heimatschutz als „Rasseschutz" verstanden, als einen „Kampf für die Gesunderhaltung des gesamten Volkes, ein Kampf für die Kraft der Nation, für das Gedeihen der Rasse",[15] war Schultze-Naumburg ein vergleichsweise friedlicher Exponent. Ihm ging es natürlich auch um ein Wiederfinden von Natürlichkeit als Voraussetzung für die Erneuerung der Kultur. Er war darin aber weder weltfremd noch technikfeindlich, antimodernistisch oder sonst wie fundamentalistisch. Erst die traumatische Niederlage des Weltkrieges, die Etablierung einer funktionalistischen Architekturmoderne und damit die Etablierung einer für ihn technizistischen und entseelten Zivilisation in den 1920er Jahren sollte in seinem Fall aus einem Exponenten der bürgerlichen Kulturkritik einen rassistischen Kulturkritiker werden lassen.

Paul Schultze-Naumburg führte den „Bund Heimatschutz" in den Jahren, da dieser unduldsam den Anspruch auf Führung einer ganzheitlichen kulturellen Sammlungs- und Erneuerungsbewegung stellte, welcher die Felder des Naturschutzes, der Baupflege, Denkmalpflege und Volkstumspflege umfasste. Aus der kulturreformatorischen Perspektive des Heimatschutzes konnten einzelne Bewahrbemühungen wie Denkmalpflege, Naturschutz oder Brauchtumspflege ihren übergeordneten Sinn nicht isoliert erfüllen, wie Fritz Koch unterstrich: „Er will das ganze Bild der Heimat

---

14 Paul Schultze-Naumburg, Aufgaben des Heimatschutzes, in: Der Kunstwart 21,2 (1908), S. 225.

15 Hermann Löns, Naturschutz und Rassenschutz, in: Ders.: Nachgelassene Schriften. Hg. v. Wilhelm Deimann, 1. Bd., Leipzig u. Hannover 1928, S. 486.

schützen als Vorbedingung für eine wahre eigenartige Kultur. Von dieser Kulturbedeutung ist wenig zu spüren, wenn unzusammenhängende Bemühungen hier ein altes Gemäuer, dort eine wissenschaftliche Rarität erhalten wollen."[16] Diese Praxisfelder müssten vielmehr als unzertrennlicher Zusammenhang, der die natürlichen und kulturellen Dimensionen des Lebens umfasste, verstanden werden: „Es ist weiter auch zu beachten. daß die einzelnen Sachgebiete des Heimatschutzes ineinander greifen und sich nicht reinlich scheiden lassen. So handelt es sich z.B. bei der Erhaltung der Pflanzenwelt nicht nur um die Wahrung botanischer, sondern ebenso ästhetischer Interessen, um Erhaltung der Vegetation, soweit sie für das Bild der Landschaft charakteristisch ist. Es genügen daher zum Schutz der Pflanzenwelt nicht allein naturwissenschaftliche Kenntnisse, sondern es ist ein hohes Maß ästhetischen Gefühls notwendig, und das finden wir bei Naturwissenschaftlern wenig."[17] Entsprechend waren in den Satzungen des „Bundes Heimatschutz" bei dessen Gründung 1904 die Arbeitsfelder festgelegt worden, wobei bereits hier die Trennung eines ästhetisch motivierten Landschaftsschutzes und eines naturwissenschaftlich definierten Naturschutzes festgeschrieben wurde: „Das Arbeitsfeld des Bundes teilt sich in folgende Gruppen: a) Denkmalpflege. b) Pflege der überlieferten und ländlichen Bauweise. Erhaltung des vorhandenen Bestandes. c) Schutz der landschaftlichen Natur einschließlich der Ruinen. d) Rettung der einheimischen Tier- und Pflanzenwelt sowie der geologischen Eigentümlichkeiten. e) Volkskunst auf dem Gebiete der beweglichen Gegenstände. f) Sitten, Gebräuche, Feste und Trachten."[18]

Unter der Regie Schultze-Naumburgs verlagerte der Heimatschutz, dessen Engagement sich unter Einfluss von Ernst Rudorff ja zunächst dezidiert an Veränderungen der natürlichen Umwelt entzündet hatte, die Akzente seiner Arbeit allerdings alsbald vor allem auf das Terrain der Bau- und Denkmalpflege – mit regional durchaus beachtlichen Erfolgen.

Dieser Anspruch auf die Führerschaft unterschiedlicher Reformbewegungen, der mitunter auch rigoros bis aggressiv gegen andere Naturschutzorganisationen wie etwa den 1909 u. a. von Hermann Löns, Konrad Guenther und Carl G. Schillings gegründeten „Bund zur Erhaltung der Naturdenkmäler" durchgesetzt wurde, konnte nach dem Ersten Weltkrieg sicher nicht mehr durchgehalten werden. Jetzt waren die einzelnen Felder Denkmalpflege, Baupflege, Volkstumspflege und Naturschutz von Professionalisierungs- und Verwissenschaftlichungstendenzen geprägt, die sie zu

---

16 Fritz Koch, Von der Heimatschutzarbeit und vom Organisieren, in: Heimatschutz 5 (1909), H. 1/2, S. 3.

17 Ebd., S. 4.

18 Satzungen des Bundes Heimatschutz, festgestellt auf der begründenden Versammlung am 30. März 1904 in Dresden, Geheimes Staatsarchiv Preußischer Kulturbesitz Berlin, I. HA, Rep. 87B, Landwirtschaftsministerium, Nr. 3132, Bl. 25.

eigenständigen und unabhängigen Feldern gesellschaftlicher Betätigung werden ließen. Der Heimatschutz als Sammlungsbewegung mit Anspruch auf Meinungsführerschaft wurde – im Vergleich zum Kaiserreich – bedeutungslos oder in staatlichen Verwaltungen institutionalisiert.

Der Heimatschutz bezog sich nicht auf spezielle Handlungsfelder, sondern verstand sich als ganzheitliche Sammlungsbewegung. „Als höchstes und letztes Ziel", so sollte später der erste Geschäftsführer des „Bundes" Robert Mielke zurückschauen, „galt uns nicht die Erhaltung eines geschichtlichen Werkes oder eines bedrängten Naturwesens, sondern der deutsche Mensch und die Stärkung der inneren Kräfte, die ihn in seiner Wesenheit geschaffen haben. Auf eine Durchdringung und Beseelung aller Lebensformen sollte er arbeiten und nicht am wenigsten die geistige Kultur durchdringen und neue künstlerische Werte schaffen. Verzichtete er darauf, dann würde er nur Episode bleiben, dann beschiede er sich mit der untergeordneten Stellung einer Schutztruppe für Natur- und Denkmalpflege."[19]

„Heimat", das war ein naturhaftes und harmonisches Ordnungsmodell, das eine begriffliche Klammer lieferte, die Sphären Natur und Kultur zu vereinigen – für manche politische Utopie, für andere sentimentale Idylle, für wieder andere kosmischer Lebenszusammenhang. Es handelte sich weniger um eine historische Realität, sondern eher um ein handfestes Krisensymptom, über das Entfremdungserfahrungen und kulturelle Verunsicherungen artikuliert wurden, ein unverbindlicher Gefühls- und Gemütswert und eine Bewältigungshilfe, dem Unbehagen in der modernen Welt ein idealisiertes Gegenbild natürlicher Harmonie entgegenzusetzen. „Jeder Mensch", so hatte Ernst Rudorff schon 1880 naiv pointiert, „sollte lernen, sich irgendwo zu Hause zu fühlen."[20] „Heimat", diese schillernde Formel aus dem Begriffsinventar der Modernitätskritik, stand für eine höchst uneindeutige Suchbewegung nach verlässlicher historischer Herkunft, sozialer Gemeinschaft, kultureller Identität und Eingebundenheit in natürliche Zusammenhänge. Gegenüber irritierenden Modernitätserfahrungen suggerierten die ganzheitlichen Konstrukte „Heimat" und „Landschaft" Stabilität, Verwurzelung, Ordnung und verlässliche soziale Bindungen.

„Heimat", das war weniger ein eindeutiges Programm und schon eher ein diffuser Orientierungsbegriff, ein Konsens für höchst unterschiedliche Such- und Sehnsuchtsbewegungen. Der Anspruch des „Bundes Heimatschutz", nicht nur geistiger Stichwortgeber einer umfassenden Erneuerungsbewegung zu sein, sondern auch ein reichsweit organisierter und effektiv arbeitender Zentralverband, scheiterte weitgehend. Die Idee der Heimat erwies sich nicht zuletzt als entwicklungsgeschichtliches

---

19 Robert Mielke, Meine Beziehungen zu Ernst Rudorff und die Gründung des Bundes Heimatschutz, in: Brandenburgia 38 (1929), S. 8.

20 Ernst Rudorff, Ueber das Verhältniß des modernen Lebens zur Natur, in: Preussische Jahrbücher, 45. Bd. (1880), S. 272.

Charakteristikum der deutschen Nationalstaatsbildung, als kompensatorischer Reflex auf den neuen Zentralismus des kleindeutschen Kaiserreichs.[21] Insofern verstanden sich die regionalen Heimatverbände eher als Verwalter des kulturellen und natürlichen Erbes regionaler Nahwelten und sperrten sich teilweise vehement gegen die Zentralisierungsbemühungen des „Bundes Heimatschutz". Sie sahen sich weniger als Legitimationsinstanz der Nation, sondern in der Tradition einzelstaatlicher und regionaler Traditionen.[22]

Der Naturschutz – trotz des angestimmten Pathos etwa eines Ernst Rudorff – spielte im Heimatschutz alsbald nur noch eine Nebenrolle. Der originäre Beitrag des Heimatschutzes für den Naturschutz bestand vor allem in der Präzisierung ästhetischer Argumentationen für den Schutz von Natur und Landschaft. Hier freilich erwies es sich als schwierig, aus einer normativen Landschaftsästhetik verbindliche Kriterien für die Schutzwürdigkeit von Natur und Landschaft abzuleiten. Über allem kulturellen Erneuerungswillen wurde die Ausarbeitung konkreter Schutzstrategien weitgehend versäumt. Andere Organisationen und Institutionen des Naturschutzes konnten da handfestere Erfolgsbilanzen und überzeugendere Konzepte vorweisen. Unter Schultze-Naumburgs Regie gelang es nicht, den „Bund Heimatschutz" zu einem kompetenten Dachverband auch für Belange des Naturschutzes zu machen. Originäre und für den Naturschutz innovative Konzepte kamen hier vor allem von der Naturdenkmalpflege, vom Vogelschutz oder von Organisationen wie dem „Verein Naturschutzpark", nicht aber vom Heimatschutz, der allenfalls Interessen bündelte. Intern spaltete man das Anliegen des Naturschutzes mit der Einteilung der Arbeitsfelder in einen ästhetisch begründeten „Schutz der landschaftlichen Natur einschließlich der Ruinen" (koordiniert von Carl Johannes Fuchs) und in einen naturwissenschaftlich begründete „Rettung der einheimischen Tier- und Pflanzenwelt sowie der geologischen Eigentümlichkeiten" – unter der Regie des im Heimatschutz immerzu misstrauisch beäugten Hugo Conwentz.

Der Heimatschutz wollte die „Heimaten" in ihrer natürlichen und kulturellen „Eigenart" gegen innere und äußere Kräfte der Zersetzung schützen. Die positive Bezugnahme auf „Eigenart" implizierte immer auch die Abweisung des Gegenteils – des „Entarteten", des „Artfremden". In diesem Kampfbegriff, der die militante Ablehnung des Fremden vordiktiert, sind insofern natürlich die Entwicklungen hin zu den völkischen Verengungen des Heimatschutzes vorgezeichnet. Im Ersten Welt-

---

21 Vgl. Celia Applegate, A Nation of Provincials. The German Idea of Heimat, Berkeley 1991; Alon Confino, The Nation as a Local Metaphor. Württemberg, Imperial Germany, and National Memory, Chapel Hill 1997.

22 So lässt denn auch der Name „Bund Heimatschutz" zunächst jegliche Bezugnahme auf einen nationalen Kontext vermissen; erst 1914 erfolgt die Umbenennung in „Deutscher Bund Heimatschutz".

krieg wurde der Begriff der Heimat radikal aufgeladen. Die Heimat war nun umstellt von einer Welt aus Feinden. Die Verknüpfung von Natur und Kultur ermöglichte nun, im „Weimarer System", eine mühelose Naturalisierung der Gesellschaft; die Integrationsideologie „Heimat" wurde zur Ausgrenzungsideologie. Die Bewegung des Heimatschutzes freilich verlor nach dem Ersten Weltkrieg ihre Rolle als Deutungshoheit, die drängende Fragen der Zeit aufnahm und beantwortete.

Der Begriff der Heimat ist nicht präzise, sondern polyvalent. Die Berufung auf die Instanz „Heimat" ermöglichte im Kaiserreich und in der Weimarer Republik genauso Pluralisierungs- und Demokratisierungstendenzen, wie sie schließlich Autokratisierungstendenzen fördern sollte. Für Letztere steht der Name Paul Schultze-Naumburg. Jene für die Gebildetenreform signifikante Spannung zwischen euphorischem Reformwillen und der melancholischen Trauer um den endgültigen Verlust verlässlicher Eingebundenheiten löste sich auch bei ihm auf im Bekenntnis zur Eindeutigkeit eines biologistischen Weltbildes. Schultze-Naumburg verlegte sich nach dem Ersten Weltkrieg mehr und mehr auf seine Tätigkeiten als Publizist und Architekturtheoretiker und reüssierte mit rassistischen Kunsttheorien. Schließlich endete er konsequent als nationalsozialistischer Parteigänger, ohne freilich – und auch hier mag sein Name stellvertretend für den gesamten Natur- und Heimatschutz stehen – die erhoffte Reputation und Anerkennung seiner Anliegen zu erhalten.

Anna-Katharina Wöbse

Lina Hähnle – eine Galionsfigur der frühen Naturschutzbewegung

Einleitung

Bald nach Ende des Ersten Weltkrieges erhält die Erste Vorsitzende des Bundes für Vogelschutz (BfV)[1] – mit über 40.000 Mitgliedern[2] die größte und erfolgreichste Organisation ihrer Art – Post vom Leiter der Staatlichen Stelle für Naturdenkmalpflege in Preußen. Hugo Conwentz fragt bei Lina Hähnle an, ob sie sich vorstellen könne, die Ziele und Aufgaben ihres Verbandes vom reinen Vogelschutz auf den gesamten Naturschutz auszudehnen. Dem amtlichen Naturschutz müsse eine private, d. h. ehrenamtliche und populär-orientierte Organisation beiseite gestellt werden. Aus dem Bund für Vogelschutz soll ein Bund für Naturschutz werden.[3] Und augenscheinlich ist Lina Hähnle die Person, der Conwentz eine solche Bündelung der Kräfte zutraut. Denn ihr Verband besitzt etwas, was dem amtlichen Naturschutz abzugehen scheint: Breitenwirksamkeit.

Lina Hähnle ist zu diesem Zeitpunkt längst die „Große Dame" des Vogelschutzes. An ihr kommt man zu dieser Zeit, wenn man sich auf dem Parkett des ehrenamtlichen Naturschutzes bewegt, nicht vorbei — sie ist fast omnipräsent.[4] Sie gilt gemeinhin als diejenige, die am effizientesten Menschen für den Vogelschutz wirbt und mobilisiert. Ihr Verband ist das Organ, das es am wirksamsten von allen vergleichbaren Gruppierungen vermag, aus Einzelinteressen und den privaten Leidenschaften von Individuen einen kollektiven Akteur zu formen.

In der Folge soll skizziert werden, welche gesellschaftlichen und biografischen Bedingungen dazu führten, dass Lina Hähnle zu einer *der* Schlüsselfiguren für die Entstehung der sozialen Bewegung Vogel- und Naturschutz wurde.[5]

---

1 Dieser Verband wurde 1965 in Deutscher Bund für Vogelschutz (DBV), 1990 in Naturschutzbund Deutschland NABU, umbenannt.

2 Vgl. Helge May, 100 Jahre NABU – ein historischer Abriß 1899–1999, Bonn 1999, S. 10.

3 Hermann Hähnle, Ideelle Fragen des Vogelschutzes, in: Natur und Landschaft 33 (1958), H. 2, S. 57.

4 Das zeigt sich auch auf visueller Ebene – keine Persönlichkeit der frühen Naturschutzgeschichte ist so umfassend in Foto und Film dokumentiert wie Lina Hähnle; vgl. fotografische Bestände im Archiv, Forum und Museum zur Geschichte des Naturschutzes in Deutschland (AFM), Königswinter.

5 Zur Geschichte der sozialen Bewegung Vogelschutz vgl. Alfred Barthelmeß, Vögel. Lebendige Umwelt. Probleme von Vogelschutz und Humanökologie geschichtlich darge-

***Abb. 1: Famlienbild mit Dame: Lina Hähnle mit ihren fünf Söhnen und dem
Familienhund; undatiert, um 1890. Hähnle-Bestand, AFM Königswinter.***

stellt und dokumentiert, Freiburg/München 1981; Raymond H. Dominick III, The Environmental Movement in Germany: Prophets and Pioneers 1871–1971, Bloomington/Indi-
anapolis 1992. Zum Bund für Vogelschutz und Lina Hähnle vgl. May, 100 Jahre; Dirk
Cornelsen, Anwälte der Natur. Umweltschutzverbände in Deutschland, München 1991;
Horst Hanemann, Jürgen M. Simon, Die Chronik eines Naturschutzverbandes von 1899–
1984, Wiesbaden 1987; Wolfgang Heger, Lina Hähnle, in: Frauen im deutschen Südwes-
ten, Stuttgart/Berlin/Köln 1993; Wilfried Knöringer, Uta Singer, Hundert Jahre Naturschutzbund Deutschland – Ein Rückblick auf die Verbandsgründerin Lina Haehnle und
ihr Umfeld, in: Unsere Stadt, Giengen 2000, S. 53–66.

Lina Hähnle – Eckdaten

1851 wurde Karoline Hähnle in Sulz am Neckar geboren. Ihr Vater, der Salinenbeamter war, vermittelte ihr die Liebe zur Natur, so berichtete sie später . Schließlich ging Lina Hähnle den Weg, den man einer Tochter aus bürgerlichem Hause zuschrieb: Sie wurde Ehefrau und Mutter. In Giengen an der Brenz, einer Kleinstadt nördlich von Ulm, heiratete sie ihren Vetter Hans Hähnle, der einen kleinen wollverarbeitenden Betrieb zum Marktführer der Filzproduktion gemacht hatte.

Lina Hähnle begleitete ihren Mann auf seinem steilen Weg nach oben. Sie bekamen acht Kinder, zwei starben bereits als Kleinkinder, fünf Söhne und eine Tochter zogen sie gemeinsam groß. Der Familie Hähnle ging es zusehends gut: Die Filzfabriken expandierten und erzielten hohe Umsätze. In der boomenden Gründerzeit gehörten der Herr und die Frau Kommerzienrat (dieser Titel wurde für besondere Verdienste auf ökonomischem Gebiet verliehen) zur Spitze der Gesellschaft.

Der Erfolg des Geschäftes drückte sich auch im privaten Umfeld aus. Die Familie lebte in großzügigen Verhältnissen und bewohnte gleichzeitig zwei Villen – eine in Giengen, eine in Stuttgart – inmitten weitläufiger Gärten, mit Hausangestellten,

Abb. 2: Ein offenes Familienleben in großzügigen Verhältnissen – Mitglieder der Familie Hähnle im Garten ihrer Stuttgarter Villa (rechts Hans Hähnle, Lina Hähnle mit der kleinen Tochter Lina Marie auf dem Schoß); undatiert, um 1897. Hähnle-Bestand, AFM Königswinter.

Chauffeuren und Gärtnern und privaten Weinbergen. Lina Hähnle stand den Haushalten vor und managte Anwesen und Familie. In dem Haus Hähnle herrschte ein liberaler, ein demokratischer Geist. Die Photos, die von der Jahrhundertwende überliefert sind, spiegeln ein freundliches, offenes Familienleben wider, geprägt von dem bürgerlichen Selbstbewusstsein eines erfolgreichen Unternehmers der Gründerzeit. Hans Hähnle war zudem erfolgreicher Politiker — er war lange Zeit Abgeordneter der liberalen Demokratischen Volkspartei sowohl im württembergischen Landtag als auch im Reichstag. So gingen in dem Hause Hähnle viele Menschen ein und aus und trafen dort auf Gastfreundschaft, Offenheit und Großzügigkeit.

Große Summen des Privatvermögens flossen in öffentliche Belange zurück: In Giengen, am Ort ihres Stammwerkes, finanzierten die Hähnles vom Turnverein über die Alterskassen und ein Krankenhaus bis zur Kinderkrippe die verschiedensten sozialen Einrichtungen. Von dieser Großzügigkeit profitierte langfristig auch ein Bereich, dem sich Lina Hähnle in den 1890er-Jahren mit großer Leidenschaft zuwandte: der Vogelschutz.

Vogelschutz als „Epizentrum" der sozialen Bewegung Naturschutz

Eben hier ist ein „Epizentrum" bei der Entstehung der sozialen Bewegung Naturschutz zu lokalisieren. Schon seit Mitte des 19. Jahrhunderts gewann die Idee des Vogelschutzes an Bedeutung. Der sowohl durch die fortschreitende Monotonisierung der Landschaft als auch durch die anwachsenden Jagdstrecken bei Sing- und Seevögeln bedingte Rückgang der Vogelwelt wurde von Bauern, Förstern und Ornithologen bemerkt.

Was zunächst nur in Spezialistenkreisen diskutiert wurde, gab längerfristig Anlass für zahlreiche Vereinsgründungen im ganzen Land. Vögel mussten geschützt werden, auch wenn man sich zunächst nicht recht darüber einigen konnte, welcher Arten des Schutzes sie bedurften, welche Vögel dem Menschen „nützlich" seien und welche als „schädlich" eingestuft werden sollten. Es dauerte noch eine Weile, und viele Mageninhalte von Spechten, Meisen und Sperlingen mussten auf ihren Insektenanteil überprüft werden, bis man zu konsensfähigen Formulierungen kam und den Vögeln generell eine wichtige Rolle im Naturhaushalt zugestand.

Neben diese rein utilitaristischen Beweggründe traten zunehmend auch moralisch-ethische Motive. Spätestens mit der Gründung des „Deutschen Vereins zum Schutze der Vogelwelt" durch Theodor Liebe bildete sich 1875 eine Organisation heraus, die das emotionale Element des Vogelschutzes, die Fürsorge und Empathie für die verfolgten „gefiederten Freunde" betonte. Indes – eine Massenbewegung entstand aus diesem neuen Verständnis noch nicht.

Populäre Verbände

In anderen Ländern war die Herausbildung von populären Vogelschutzorganisationen schon weiter vorangeschritten. Der US-amerikanische Vogelschutzverband Audubon Society wurde bereits 1886 gegründet. In England war 1889 die Royal Society for the Protection of Birds (RSPB) ins Leben gerufen worden. Diese Vereinsgründungen gingen auf reine Fraueninitiative zurück. Die Präsidentschaft der RSPB übernahm 1891 bis zu ihrem Tod im Jahr 1954 die Herzogin von Portland. In Österreich agierte äußerst erfolgreich der Bund der Vogelfreunde. Die Zusammensetzung dieses Verbandes las sich wie folgt:

Die Präsidentin stellte Clara Freifrau von Ecker-Eckhofen, ihre Stellvertreterin hieß Mary Wolter Edle von Eckwehr, zu den Ausschussangehörigen zählten eine gewisse Wilhelmine von Guttenberg und Dorothea Edle von Triest. Dem erlesenen Quartett gesellte sich noch ein Herr bürgerlicher Herkunft zu: Rudolf Bergner, seines Zeichens „Cassier".

Abb. 3: Die erfolgreiche Verbandsgründerin mit einem Armvoll ihrer Schützlinge;
undatiert, um 1910. Hähnle-Bestand, AFM Königswinter.

Diesem österreichischen Verein, der, so jedenfalls wird in der zeitgenössischen Literatur kolportiert, 30.000 zahlende Mitglieder hatte,[6] trat Lina Hähnle bei. Als er sich 1898 aufgrund interner Querelen auflöste, machte sie sich daran, in eigener Regie einen entsprechenden Verband in Deutschland zu etablieren. Sie orientierte sich an den Organisationsformen bestehender Verbände. Am 1. Februar 1899 fand dank ihrer Umtriebigkeit die feierliche Gründung des Bundes für Vogelschutz statt.

Frauen und Vogelschutz

Für die erste Phase der Herausbildung der sozialen Bewegung Naturschutz ist der hohe Anteil engagierter Frauen kennzeichnend.[7] Wie kam es dazu, und was machte den Vogelschutz zum attraktiven Betätigungsfeld für die Edlen, Freifrauen, Gräfinnen und Kommerzienrätinnen? Die Frauen versuchten in den letzten Jahrzehnten des 19. Jahrhunderts den ihnen traditionell zugeschriebenen Radius zu erweitern. Es entwickelte sich ein Aktionsfeld im karitativen Bereich, das sich als gänzlich unpolitisch verstand und das ohne weiteres mit dem vorherrschenden Frauenbild kompatibel war. Adlige und bürgerliche Frauen mochten sich wohltätig engagieren. Das konnten sie z. B. im Bereich des Tierschutzes, der Bildungs- und Abstinenzvereine. Und das Mitleiden mit der Kreatur, die Empathie mit „Verfolgten und Geringgeschätzten", den „gefiederten Freunden", gab für viele Frauen den Ausschlag, ihren Mitgliedsbeitrag bei den Vogelschutzverbänden einzuzahlen.

Eine besondere Anziehungskraft für Frauen besaß die erste Kampagne der Vogelschutzbewegung, die sich mit der Federmode beschäftigte. Um die Jahrhundertwende gehörte es zu den modischen Gepflogenheiten, die Hüte mit Teilen der Vogelwelt zu schmücken. Exotische Reiherfedern, ganze ausgestopfte Bälge, Möwen mit seltsam gewundenen Köpfen, Schwalben und Tauben zierten die kunstvollen Aufbauten. Die Mode führte zu einem Boom im Federhandel. Federn wurden zur Massenware, und einige Arten waren aufgrund der Nachfrage des Modistenhandels von der Ausrottung bedroht. Dazu gehörten der Edelreiher und der Paradiesvogel.

Die Wut über das sich abzeichnende Aussterben dieser Arten richtete sich aber nicht nur gegen die Jäger oder gegen die Modistinnen und Modisten, die die Federn auf den internationalen Börsen in London und Paris kiloweise einkauften, sondern vor allem gegen die Frauen, die die Hüte trugen. Ihnen wurde ihre Eitelkeit, ihre Verblendung, ihre äffische Selbstdarstellungssucht zum Vorwurf gemacht – je nach nationalen Vorzeichen wurde betont, eine amerikanische, englische, französische,

---

6 Jahrbuch für Vogelschutz 1927. Offizielles Organ des Bundes für Vogelschutz, Berlin, S. 35.

7 Vgl. Raymond H. III Dominick, Nascent Environmental Protection in the Second Empire, in: German Studies Review, Vol. IX, No. 2, May 1986, S. 277.

Die Vögel des Paradieses in Paris, der Hochburg moderner
Schmuckvogelausrottung! Aber auch in Berlin und anderen
Großstädten kann man ähnliches beobachten. Allein am 14./15. Oktober 1913 wurden auf der Londoner Federauktion angeboten
4508 Stück Paradiesvögel; verkauft wurden 3428 Stück . . .

Abb. 4: Die erste große Kampagne des Bundes für Vogelschutz:
Mit modernen Grafiken machte man auf die Auslöser und Folgen
der Federmode aufmerksam; veröffentlicht um 1913.
Hähnle-Bestand, AFM Königswinter.

deutsche Frau müsse sich solchen barbarischen Ritualen verweigern. Hier wird offenbar, dass es sich keineswegs nur um eine reine Vogelschutzdebatte handelte, sondern gleichzeitig eine ganze Reihe anderer kulturell determinierter Auseinandersetzungen abgebildet wurden.[8] Viele Frauen fühlten sich verpflichtet, ihre „verblendeten" Schwestern, die dem Modediktat folgten, zu bekehren und appellierten an die Endverbraucherinnen. Durch Konsumverweigerung, so die Argumentation, könnten sie die Welt ändern bzw. die Paradiesvögel vor dem drohenden Aussterben bewahren.

Das Thema hatte Zugkraft. Diese Kampagne diente als publikumswirksamer Aufhänger für die Vogelschutzbewegung. Von diesem Beispiel ausgehend versuchte sie, die grundlegende Frage nach dem Umgang mit der Kreatur und der Natur zu diskutieren, Ziele zu formulieren, Vorschläge zu entwickeln und soziale Lernprozesse anzustoßen. Auch für Lina Hähnle war der Kampf gegen die Federmode das Mittel, um Vogelschutz im größeren Stil zu propagieren.[9]

Widersprüche?

Eine Industriellengattin, die sich dem Naturschutz zuwendet, kann widersprüchlich erscheinen. Denn Lina Hähnle war in unmittelbarer Linie Nutznießerin der Industrialisierung, auf die als kritische Reaktion der Naturschutz entstanden war. Was Heinrich Riehl, Wilhelm Wetekamp, Ernst Rudorff und die anderen „großen" Vordenker des Naturschutzes als Inbegriff des Verlustes deklarierten — die Hähnleschen Produktionsstätten verursachten es.

Hans Hähnle war verantwortlich für die schnurgerade Eisenbahntrasse durchs Brenztal, er ließ die Schornsteine der Filzfabriken in den Himmel wachsen. Elektrizitätsmasten zerschnitten die umgebende Landschaft. Um der Stadt Giengen einen besseren Verkehrsfluss zu ermöglichen, ließ der Fabrikant mit den meisten Arbeitsplätzen und den höchsten Steuerzahlungen der Gemeinde die Stadtmauer durchbrechen. Zudem ist anzunehmen, dass die Hähnles mit ihrer expandierenden Wollfilzmanufaktur und den entsprechenden Wäschereien und Färbereien nicht gerade zur ökologischen Stabilität des kleinen kommunalen Gewässers, der Brenz, beitrugen. Und schließlich bezog die Familie nicht nur eine, sondern gleich zwei große Villen — die bis dato unbebaute Fläche verbrauchten. Die Hähnles gehörten zu denen, die die Städte „bis ins Unendliche wuchern" ließen.

---

8 Vgl. dazu Friedemann Schmoll, Vogelleichen auf Frauenköpfen, in: Rheinisch-Westfälische Zeitschrift für Volkskunde, Band XLIV (1999), S. 159ff.

9 Während Lina Hähnle als Initiatorin eines Verbandes zunächst keine Einzelerscheinung ist, gehört sie auch im internationalen Vergleich zu den wenigen, die ihre Spitzenfunktion über Jahrzehnte erhält. Mit zunehmender Professionalisierung nimmt allerdings auch in ihrem Verband der Anteil der Frauen im Vorstand und in ähnlich exponierten Positionen ab.

Lina Hähnles persönlicher Lebensstandard und Wohlstand basierte also ganz konkret auf den industriellen Eingriffen in die traditionelle Kulturlandschaft. Gleichzeitig verstörten sie der Verlust an Natur und vertrauter Landschaft und die Auswirkungen der Moderne auf die wild lebenden Kreaturen. Aber für sie schien das kein Widerspruch. Im Gegenteil: Sie benutzte die Errungenschaften des Fortschritts auch, um die negativen Erscheinungen der Moderne wieder einzudämmen bzw. abzumildern. Lina Hähnle arbeitete hoch professionell, strategisch geschickt und äußerst effizient. So wie ihr Mann einen ganzen Industriezweig erfolgreich auf- und ausgebaut hatte, machte sie den Bund für Vogelschutz zu einem erfolgreichen Unternehmen, indem sie alle Ressourcen in sozialer, finanzieller und technischer Hinsicht nutzte, die ihr zur Verfügung standen.

Kontakte

Dazu gehörten bestehende Netzwerke: Lina Hähnle bediente sich ihrer ausgewählt guten Kontakte zu den zeitgenössischen Eliten. Sie gewann nicht nur die Angehörigen des Adels und Großbürgertums als zahlungskräftige Mitglieder, sondern nutzte den Klang bekannter Namen. Mit der Bandbreite der integrierten Sympathieträger ermöglichte sie unterschiedliche Zugänge zum Vogelschutz. Der Freiburger Biologieprofessor Konrad Guenther repräsentierte zum Beispiel den wissenschaftlichen Anspruch des Bundes, Hugo Conwentz legitimierte — nach Einrichtung der Staatlichen Stelle für Naturdenkmalpflege im Jahre 1906 — den Bund von naturschützerischer Seite her. Der Afrikareisende und Bestsellerautor Carl Georg Schillings verlieh den Kampagnen den Ruch des Verwegenen und Abenteuers und einen gewissen Sex-Appeal. Lina Hähnle animierte die Prominenten dazu, ihre Namen, ihre Popularität, ihr Know-how in den Dienst der Sache zu stellen und selbst als Multiplikatoren zu fungieren. Gerhard Hauptmann, Bertha von Suttner, Ernst Haeckel unterschrieben 1906 den Aufruf des Bundes „An Alle und Jeden!",[10] Robert Bosch spendete regelmäßig hohe Geldsummen, Marie von Ebner-Eschenbach war als Sammlerin des Bundes für Vogelschutz in Nürnberg unterwegs.

Gleichzeitig vermochte es Lina Hähnle, ihrem Verband einen durchaus volkstümlichen Charakter zu geben.[11] Sie schaffte es, innerhalb weniger Jahre den Vogel-

---

10 Flugblatt „An Alle und Jeden", hrsg. vom Bund für Vogelschutz, Stuttgart 1906, NABU-Archiv Bonn.

11 Gerade diese Volksnähe und die Organisationsstruktur des Massenverbandes sind später für die Gleichschaltung und die Ernennung zum einzigen von den Nationalsozialisten legitimierten Reichsbund für Vogelschutz entscheidend. Über die Rolle Lina Hähnles im Nationalsozialismus vgl. Anna-Katharina Wöbse, Lina Hähnle und der Reichsbund für Vogelschutz: Soziale Bewegung im Gleichschritt, in: Joachim Radkau, Frank Uekötter (Hg.), Naturschutz und Nationalsozialismus, Frankfurt/M. / New York 2003.

schutz zu einer Plattform bürgerlichen Engagements zu machen und ihn als einen wesentlichen Bestandteil in die aufkommende Naturschutzbewegung zu integrieren. In Kürze hatte sie die ersten 1.000 Mitglieder beisammen und täglich wuchs der Verband weiter, wie sie selbst erstaunt feststellte. Hähnle nahm das Motto des Aufrufes „An Alle und Jeden" sehr ernst. Zum Verbandsprofil gehörte von Anfang an eine große Offenheit. Im Bund für Vogelschutz brauchte man kein ornithologisches Fachwissen, keine naturwissenschaftliche Ausbildung, keine Reichtümer und keinen bestimmten sozialen Status, um sich zu engagieren. Der legendär niedrige Mitgliedsbeitrag, der über Jahrzehnte 50 Pfennig betrug, war fast von jedermann ohne Schwierigkeiten zu bezahlen. Hähnle bot den Menschen an, für wenig Geld Teil einer sinnvollen, notwendigen Bewegung zu werden. Niemand sollte sich geißeln oder aufopfern, sondern das beitragen, wozu er oder sie in der Lage war. Fürderhin agierte Lina Hähnle als Vermittlerin zwischen den Schichten und Milieus. Daraus erklärte sich aber auch das konsensorientierte Profil des Verbandes, das durch Konformität und Konfliktabstinenz geprägt war.

Finanzkraft

Eine weitere Determinante des spezifischen Hähnleschen Erfolgs war ihre außergewöhnliche ökonomische Potenz – ein im Naturschutz eher seltener Umstand. Hähnles Strategien zur Umsetzung naturschützerischer Vorhaben und zur Sensibilisierung der Bevölkerung zugunsten des Naturschutzes brauchten nicht nur eine nachvollziehbare Botschaft und guten Willen, sondern vor allem Finanzkraft. Die Kommerzienrätin zögerte augenscheinlich nicht, große Teile ihres Privatvermögens in die Kassen des Bundes für Vogelschutz umzuleiten, die aufgrund der niedrigen Beiträge tendenziell leer waren. Nachdem sich der Bund mit ihr als Galionsfigur innerhalb weniger Jahre fest etabliert hatte, wurde ihre eigene Person gezielt zur Einwerbung von Spenden genutzt. 1921 initiierte der Vorstand des Bundes mit Hilfe Hugo Conwentz' einen Aufruf zur Gründung einer Stiftung, die Lina Hähnle „zur freien Verfügung"[12] übergeben werden sollte. Allein zu ihrem 80. Geburtstag wurden Hähnle über 11.000 Reichsmark gespendet – fast soviel wie die Jahressumme der Mitgliedsbeiträge.[13] Zudem veranstaltete der Bund mehrfach zweckgebundene Lotterien „zum Erwerb und zur Erhaltung von Schutzgebieten", die mehrere tausend Reichsmark einspielten.[14]

---

12 Vgl. Schreiben Hermann Hähnles an Hugo Conwentz vom 9. Januar 1921, Bundesarchiv Koblenz, Bestand 265/164, S. 167.
13 Jahresbericht des Bundes für Vogelschutz 1931, S. 3.
14 Vgl. May, 100 Jahre, S.13f.

Abb. 5: Lina Hähnle mit Mitarbeiterinnen der Geschäftsstelle und Sympathisantinnen; undatiert, Ende der 1920er Jahre. Hähnle-Bestand, AFM Königswinter.

Das meiste Geld floss vermutlich in die Professionalisierung und das, was wir heute mit Public Relations bezeichnen. Lina Hähnle hatte keinen Sinn für Dilettantismus und halbe Sachen. Sie setzte gezielt auf eine offensive Öffentlichkeitsarbeit.

Von der Geschäftsstelle aus, die konsequenterweise mit modernster Bürotechnik ausgestattet war, wurden die wachsenden Mitgliedszahlen – bis zum Ersten Weltkrieg stiegen sie auf immerhin 40.000 an – verwaltet. Die Mitgliederbetreuung erschöpfte sich aber nicht in der Zusendung des Mitgliedsausweises oder des Jahresberichtes, sondern umfasste noch ein umfangreiches „Merchandising-Angebot". Hier wurden preisgünstiges Vogelfutter, Nistkästen, Fachliteratur, Postkarten, Aufkleber und Infobroschüren versandt.[15] Ausstellungen wurden beschickt und eine Pla-

---

15 Über Vertrieb und Umsatz werden 1927 allein für die Hauptstelle (ohne die Leistungen der Ortsgruppen) folgende Zahlen genannt: „Es wurden bisher etwa ½ Million Mark verausgabt, 100.000 Nisthöhlen vertrieben, 750.000 Flugblätter hinausgegeben, 45.000 Bücher, 120.000 Aufsätze verbreitet. Jahrbuch für Vogelschutz 1927, S. 41.

katserie entwickelt, die in Zügen, die gen Italien fuhren, auf die Unsittlichkeit des dortigen Singvogelfangs aufmerksam machte.

Für die Federmodenkampagne wurde eigens ein Kunstmaler engagiert, der heute fast poppig anmutende Illustrationen malte, die von 1913 bis 1915 in den Publikationen des Verbandes erschienen. In den 1920er-Jahren wurden in zigtausender Auflage Schulwandtafeln mit Natur- und Vogelabbildungen produziert und im ganzen Land verteilt.

Vor allem wurde das Wunder des bewegten Bildes öffentlichkeitswirksam eingesetzt. Lina Hähnles wichtigster Partner in Sachen Vogelschutz, ihr Sohn Hermann (1879–1965), war während eines Besuches der Weltausstellung in Paris auf die neue Technik des Films gestoßen. Der junge Ingenieur erkannte das Potenzial des Mediums für den Naturschutz, und alsbald investierten die Hähnles in eine entsprechende Ausrüstung. Es entstanden die ersten Naturfilme. Hermann Hähnle und weitere Kameraleute des Bundes dokumentierten nahezu alles, was ihnen vor die Linse kam. Ein extrem kostspieliges Unterfangen, das sich aber in den Augen der Hähnles schnell rentieren würde. Sowohl der Sohn als auch die Mutter zogen durch das ganze Deutsche Reich, bewaffnet mit riesigen Projektoren, Filmrollen und kolorierten Glasplattendias und faszinierten mit den lebenden Laufbildern das Publikum in Kino- und Gemeindesälen. Es gelang ihnen, die Filmvorführungen zu Großveranstaltungen werden zu lassen. Anlässlich des 70. Geburtstages Lina Hähnles veranstaltete der Bund für Vogelschutz am 3. Februar 1921 zum Beispiel in Stuttgart eine „Vorführung von Laufbildern" in fünf Lichtspieltheatern, die von 7.000 Kindern besucht wurde.[16]

Eine ungeheure Materialmenge wurde vom Bund für Vogelschutz hergestellt und verwaltet, deren Reste im Archiv des AFM zu finden sind: Tausende von Glasplattennegativen, endlose Albenreihen mit Naturaufnahmen, Kästen voller Stereoskopbilder. Darüber hinaus finanzierte Lina Hähnle auch die ersten Schallplattenaufnahmen von Vogelstimmen und erkannte damit die Tatsache an, dass ein Großteil der Bevölkerung nicht mehr in unmittelbarer Nähe zur Natur lebte und ein reelles Bedürfnis bestand, sich die Natur ins Wohnzimmer holen zu können.[17] Lina Hähnle setzte gezielt die Mittel und Medien der Massengesellschaft ein. Auch das weist auf eine spezifische Eigenart Hähnles hin – sie ging mit Technik und technischen Neuerungen gänzlich unbefangen um. „Das war kein Widerspruch: sich für die Natur interessieren und dabei technisch versiert zu sein, und immer auf dem Laufenden", so beschreibt ihre Enkelin diese technische Neugier.[18]

---

16 Abschrift eines Schreiben der Ministerialabteilung für Höhere Schulen an den Bund für Vogelschutz vom 26. März 1921, Hähnle-Bestand des AFM, Königswinter.

17 1935 erscheint die von Hähnle finanzierte Schallplatte „Gefiederte Meistersänger" des Berliner Ornithologen Oskar Heinroth.

18 Interview mit Magda Knöringer, 20.2.2000.

Schutzgebiete

Lina Hähnle benötigte weiterhin große Finanzmittel, um Flächen zu sichern: Sie kaufte und pachtete zunehmend Grund, um dort anschließend Schutzgebiete einzurichten. Zum einen schien ihr das die einfachste, unmittelbarste und einleuchtendste Strategie, um Natur zu bewahren, zum anderen wusste sie um die identitätsstiftende Wirkung solcher Gebiete.

Ihre Schutzkonzepte waren unterschiedlicher Art. Zum Teil wurden nur einzelne Hecken als Nistgelegenheiten angelegt, zum anderen richtete sie Reservate ein, in deren Entwicklung nicht weiter eingegriffen wurde und die einem umfassenden Naturschutz dienen sollten. Neben vielen kleinen Gebieten erwarb sie zum Beispiel 1911 Flächen am württembergischen Federsee, „obgleich diese Erwerbung nicht so ganz im Sinne des Vogelschutzes ist", dort aber „Pflanzen und Vogelwelt in gleichen Teilen"[19] gesichert werden konnten. Ähnlich verhielt es sich mit dem 2000 Hektar großen Schutzgebiet Steckby an der Elbe, in dem zum einen Biber geschützt, zum anderen Forschungsreihen zur natürlichen Schädlingsbekämpfung durchgeführt wurden.

Schließlich kaufte und pachtete Hähnle gezielt Flächen an der Küste. Denn Seevogelschutz bedeutete erhöhtes Spendenaufkommen und wachsende Mitgliederzahlen. Als der Hamburger Verein Jordsand zum Schutze der Seevögel 1912 beschloss, Norderoog als Freistätte anzukaufen, und Schwierigkeiten hatte, die dazu notwendigen finanziellen Mittel aufzubringen, bot sich die „Frau Kommerzienrat" an, die Summe zu zahlen. Der Verein Jordsand, der kein Interesse daran hatte, vom Bund für Vogelschutz vereinnahmt zu werden, lehnte ab, musste sich aber darauf einlassen, dass Frau Hähnle zumindest einen großen Teil der Kaufsumme auslegte. Nicht ohne die vertragliche Klausel, dass — falls die Summe nicht rechtzeitig zurückerstattet würde — bestimmte Einflusssphären an sie fielen.[20] Zu ihrem Bedauern aber brachte der Verein die geliehene Summe auf — und Lina Hähnle musste sich nach anderen Einflussbereichen an der Küste umsehen. Schließlich kaufte sie sich auf Trischen, der Mellum und auf Hiddensee in Schutzgebiete ein und beschickte sie mit Vogelwarten. Damit nicht genug — sie finanzierte auch noch die kilometerweise Bepflanzung von Bahndämmen und Steinbrüchen — die Pflanzen kamen aus eigenen Baumschulen. Die Renaturierung bzw. ökologische Aufwertung solcher intensiv genutzten Flächen ist kennzeichnend für ihr „realpolitisches" Verständnis von Naturschutz.[21]

---

19 Abschrift eines Schreibens von Lina Hähnle an Hugo Conwentz vom 1. März 1911, Bundesarchiv Koblenz, Bestand 245/165, S. 410.

20 Schriftwechsel und Verträge über den Kredit und Kauf Norderoogs im Archiv des Vereins Jordsand, Ahrensburg.

21 1927 verzeichnet der Bund für Vogelschutz insgesamt 76 Schutzgebiete, die angekauft oder gepachtet oder durch finanzielle oder sonstige Beteiligung bei anderen Vereinen un-

Abb. 6: Lina Hähnle; undatiert, vermutlich 1920er/1930er Jahre.
Hähnle-Bestand, AFM Königswinter.

Die Schonprämien

Allerdings kamen auch Hähnles finanzielle Ressourcen an ihre Grenzen, zum Beispiel beim vom Bund für Vogelschutz initiierten Schutzprogramm für Greifvögel.
Sie waren lange Zeit die Outlaws, die Geächteten der Vogelwelt. Auch im BfV setzte
sich erst allmählich die Erkenntnis durch, dass aufgrund der Verfolgung durch die
Jäger, Fischwirte und Bauern einige dieser „Räuber" so dezimiert waren, dass sie tatsächlich vom Aussterben bedroht waren. Wie aber sollten die Vögel mit dem miserab-
len Leumund gerettet werden? Mit einer Kampagne wollte der Bund für Vogelschutz eine Neubewertung von Natur und ihren „wilden" Geschöpfen einleiten.
Unter anderem wies er darauf hin, dass man auch sensibler mit der Sprache umgehen

terstützt wurden. Jahrbuch für Vogelschutz 1927, S. 46. 1933 sind es bereits 150 Schutzgebiete. Jahresbericht des Bundes für Vogelschutz, Stuttgart 1933.

müsse. Er forderte, den negativ besetzten Begriff „Raubvögel" durch die sachlichere Bezeichnung „Falkenvögel" zu ersetzen.[22]

Aber Sprachregelungen alleine halfen nicht. Weil solche längerfristigen Bewusstseinänderungen Zeit zu ihrer Entfaltung brauchten, setzte Lina Hähnle auf pekuniäre Anreize.

Der BfV nahm das Prinzip der Prämie auf, die für den Abschuss von so genannten schädlichen Vögeln gezahlt wurde – aber unter umgekehrten Vorzeichen. Prämien sollte in Zukunft nicht derjenige erhalten, der einen toten Vogel lieferte, sondern der, der eine erfolgreiche Brut der Greifvögel nachweisen konnte. Vom BfV wurden vor Ort Vertrauensleute eingesetzt, die den Erfolg und den Wahrheitsgehalt dem entsprechender Aussagen überprüften. Die Kampagne lief also an. Aus dem ganzen deutschen Reich liefen Meldungen über muntere Nachkommenschaft von Käuzen, Kolkraben und Uhus ein.[23] Ein großer Erfolg. Ein zu großer Erfolg, um genau zu sein, denn Lina Hähnle musste bald erkennen, dass sie durch die Prämienzahlungen die Kassen des Bundes für Vogelschutz in kurzer Zeit ruinieren würde. Schließlich musste sie die Aktion auf einzelne Jagdgebiete beschränken. Diese Frühform der Ausgleichszahlungen durch Privatleute verkraftete selbst ihr Budget nicht.

Lina Hähnle setzte ihr Vermögen sehr strategisch ein – mit Geld kann man vieles kurzfristig und konkret regeln, ohne darüber einen breiten gesellschaftlichen und politischen Konsens herstellen zu müssen. Die finanzielle Potenz und der soziale Status allein erklären allerdings nicht den erstaunlichen Erfolg, den der Bund für Vogelschutz in den ersten Jahrzehnten des 20. Jahrhunderts hatte.

Persönlichkeit und Eigenart

Hähnle agierte als Identifikationsfigur und als integrative Kraft. Ihre unangetastete Führungsrolle erklärt sich auch aus der Persönlichkeit und Eigenart Lina Hähnles. Lina Hähnle scheint Charisma besessen zu haben – eine aus schriftlichen Quellen schwer zu rekonstruierende Größe, da diese dazu tendieren, Lina Hähnles Wesen durch Stereotypen und Glorifizierung zu verzerren. In Zeitzeugeninterviews tritt sie deutlicher hervor, wenn Menschen, die als Jugendliche Lina Hähnle begegnet sind, nach über 60 oder 70 Jahren mit großer Intensität und detaillierter Erinnerung von diesen Begegnungen erzählen.

Aber nicht nur ihre besondere Ausstrahlung zeichnete Lina Hähnle aus, sondern auch ihre ausgeprägte Neugier. Diese galt nicht nur Menschen, sondern auch allen Neuerungen auf technischem, sozialem und medizinischem Gebiet: Ihr Mann brachte

---

22 Dr. Wegner, Prämien für Raubvogelschutz, in: Jahrbuch für Vogelschutz 1927, S. 79.

23 Dank an Verena Stoessel für die Hinweise zur Korrespondenz über Raubvogelschutz und Prämienauszahlungen im Hähnle-Bestand des AFM, Königswinter.

Paprikasamen aus Ungarn mit. Lina Hähnle beauftragte den Gärtner mit dem Anbau — in der deutschen Küche war dieses Gemüse zu diesem Zeitpunkt nahezu unbekannt. Gleichzeitig wurden in einem alten Steinbruch in der Nähe der Hähnleschen Villa mexikanische Kakteen gezüchtet, aus denen ein Hustensaft extrahiert wurde, und in Indien bestellte Lina Hähnle schwarzes Wurzelholz, das, als Armreif getragen, Gicht lindert. Die Kinderkrippe, die die Familie in Giengen betrieb, wurde natürlich mit dem Strom aus den Filzwerken beleuchtet, und als die erste Großwaschmaschine auf dem Markt auftauchte, wurde sie umgehend von Lina Hähnle angekauft. Das gleiche galt für moderne Sintertöpfe, in denen – garantiert ohne Anbrennen – der Reisbrei für die Kinder gekocht wurde. Als 1907 ihr Mann starb, beschloss sie gemeinsam mit ihren Söhnen, eine monumentale Grabstätte zu schaffen: es wurde der erste Stahlbetonbau in Giengen überhaupt. Lina Hähnle fürchtete das Neue nicht – sie schätzte es sogar.

Ihre fachliche Neugier drückte sich darin aus, dass sie sich durch eine ganze Bibliothek wissenschaftlicher und fachspezifischer Literatur las. Sie besuchte Kongresse und Tagungen. Lina Hähnle experimentierte selbst mit Mitteln des praktischen Vogelschutzes: „In meinem eigenen Garten habe ich alles ausprobiert, was ich den Vogelfreunden empfahl. Ich machte unendlich viele Versuche mit Nisthöhlen und Futtergeräten. Jeder Strauch schwirrte von Vögeln, und auf den Bäumen saßen sie zuweilen dichter als die Blätter!"[24]

Die Verwaltung ihres „Vogelschutzimperiums" verlangte ein außerordentliches Arbeitspensum. Um den unmittelbaren Kontakt zu ihren Ortsgruppen in Deutschland zu halten, legte sie große Strecken zurück und hielt unzählige Vorträge. Lina Hähnle war ein Nachtmensch. Sie arbeitete oft bis nach Mitternacht. Dafür war sie keine Frühaufsteherin. Gegen neun ließ sie sich ein Glas Milch ans Bett bringen und erledigte dort die neueste Korrespondenz (Tausende von Briefen liefen in einem Geschäftsjahr ein). Es gab keinen Achtstunden Tag — es wurde gearbeitet, bis alles erledigt war. Diese Disziplin erwartete sie auch von ihren Angestellten. Hähnle war respekteinflößend, in gewisser Weise autoritär. Sie war gewohnt, dass getan wurde, was sie anordnete.[25]

Resümee

Was kennzeichnet das besondere Profil Lina Hähnles und ihre Rolle für die soziale Bewegung Vogel- und Naturschutz? Sie hatte Charisma, ein ausgeprägtes Selbstbe-

24 Deutschlands „Vogelmutter". Zum 85. Geburtstag von Frau Lina Hähnle. Artikel (ohne Nennung der Zeitung) vom 23.2.1936 in der Zeitungsausschnittssammlung des Stadtarchivs Stuttgart.
25 Interview mit Magda und Wilfried Knöringer, 20.2.2000.

Abb. 7 u. 8: Ein Bund für Vogelschutz oder für den ganzen Naturschutz? – Lina Hähnle beschränkte sich schließlich auf das ihr vertraute Metier, den Vogel-schutz; undatiert, 1930er Jahre. Hähnle-Bestand, AFM Königswinter.

wusstsein und einen großen Eigensinn, flankiert von erstaunlicher finanzieller Potenz und vorzüglichen gesellschaftlichen Kontakten. Sie war zudem vertraut mit der effizienten Organisation eines großen Unternehmens.

Diese Aspekte werden in den zeitgenössischen Beschreibungen ihrer Person nicht erwähnt. Um das Phänomen ihres Erfolges zu beschreiben, stößt man vielmehr auf eine Firnis geschlechterspezifischer Gemeinplätze. Sie ist zuallererst die „Vogelmutter" – ein sich stetig wiederholendes Idiom. Mit dem „Instinkt einer Mutter" habe sie die Natur zu schützen gesucht. Aufopferungswille, Selbstlosigkeit, Bescheidenheit und Mütterlichkeit sind die Stereotype, die man ihr zuschreibt und für den großen Erfolg ihres Verbandes verantwortlich macht. Diese Zuschreibungen sind per se nicht zu diskreditieren und kennzeichnen vielleicht die hohe Integrationskraft, die Lina Hähnle auszeichnete. Aber erst in Kombination mit ihrem spezifischen Selbstbewusstsein, der Autorität und dem Machtinteresse – Eigenschaften, die einer Frau Kommerzienrat gesetzten Alters nicht zugeschrieben wurden – konnte Lina Hähnle zu der herausragenden Persönlichkeit der sozialen Bewegung Naturschutz werden.

Allerdings hatte das Machtinteresse auch seine Grenzen. Wie eingangs geschildert wurde, hatte sich Hugo Conwentz in der Hoffnung an Lina Hähnle gewandt, mit ihr eine Galionsfigur für eine breit angelegte private Naturschutzorganisation zur Popularisierung der Sache zu finden. Lina Hähnle lehnte dankend ab.[26] Sie sei ausgelastet, und der Verband wolle sich auf den Arbeitsbereich beschränken, auf den er sich am besten verstünde: Vogelschutz.

So bleibt es spekulativ, ob ein breiter angelegter Naturschutz mit Hähnle an der Spitze eine eigene Dynamik in der Weimarer Republik hätte erfahren können — es ist aber denkbar: Die Potenziale dieser Frau bezüglich einer Verbreitung und Popularisierung der Naturschutzidee jenseits des bürgerlichen Horizontes sind deutlich zu erkennen.

---

26 „Der Bund für Vogelschutz als solcher beschränkt sich ja auch nicht auf die Vogelwelt, sondern steht in engster Fühlung mit den Naturschutzbestrebungen überhaupt. Eine Namensänderung halten wir jedoch für nicht erwünscht, da wir eine Verpflichtung zum Naturschutz nicht übernehmen wollen. Wie betätigen uns daher nur auf den Gebieten des Naturschutzes, die wir übersehen zu können glauben." Jahresbericht des Bundes für Vogelschutz 1920, in: Zeitschrift für Vogelschutz 1921, S. 13.

Albrecht Milnik

Hugo Conwentz –
Zur Geschichte der Staatlichen Stelle
für Naturdenkmalpflege in Preußen

1. Hugo Conwentz' Weg zum Naturschutz

Am 12. Mai 2002 jährt sich der Todestag von Hugo Conwentz zum 80. Mal. Das Gedenken an Hugo Conwentz tut Not[1], denn noch immer ist er selbst in Kreisen der Naturschützer weitgehend unbekannt. Dabei sind seine Leistungen für den Naturschutz und seine Persönlichkeit in herausragendem Maße geeignet, als Vorbild beachtet zu werden.

Hugo Conwentz befindet sich als Direktor des Westpreußischen Provinzialmuseums in Danzig in einer ihn vollauf befriedigenden und gesicherten Position, lange bevor er sich dem Naturschutz verschreibt. Wahrscheinlich wäre er auch bis an sein Lebensende in Danzig geblieben, wenn er nicht durch einige über seine ihm obliegenden Aufgaben hinausragenden Leistungen über

Abb. 1: Hugo Conwentz (1855–1922). AFM, Königswinter.

Westpreußen hinaus Aufmerksamkeit erweckt hätte. Dadurch wächst er – anfangs wohl unbewusst – schrittweise in seine späteren Aufgaben hinein.

Die Hinwendung zum Naturschutz beginnt mit der forstbotanischen Inventarisierung der Waldbäume Westpreußens. 1892 erscheint die Schrift „Die Eibe in Westpreußen, ein aussterbender Waldbaum".[2]

---

1 Zu Conwentz' Lebensweg insgesamt s. die Lebensdaten in Anhang 1 und Albrecht Milnik, Hugo Conwentz – Naturschutz, Wald und Forstwirtschaft, Berlin 1997.

2 Hugo Conwentz, Die Eibe in Westpreußen, ein aussterbender Waldbaum, Danzig 1892 (Abhandlungen zur Landeskunde der Provinz Westpreußen, H. 3).

Auch später sorgt Conwentz wiederholt für Maßnahmen zum Schutz der Eibe, bis 1919 das preußische Ministerium für Landwirtschaft, Domänen und Forsten eine Verfügung zum Schutz und Anbau der Eibe erlässt.[3] 1895 folgen die „Beobachtungen über seltene Waldbäume in Westpreußen",[4] eine Ausweitung der vorgenannten Arbeit.

1900 gibt Conwentz das „Forstbotanische Merkbuch – Nachweis der beachtenswerthen und zu schützenden urwüchsigen Sträucher, Bäume und Bestände im Königreich Preußen, I. Provinz Westpreußen"[5] heraus. Der Untertitel lässt bereits zweierlei erkennen:

1. Conwentz geht es nicht allein um die Inventarisierung, sondern bereits um die Erhaltung und den Schutz wertvoller Sträucher, Bäume und Bestände;
2. Conwentz schreibt dieses Buch als Beispiel für alle Provinzen Preußens und überschreitet damit die Grenzen seines Zuständigkeitsbereiches Westpreußen.

Tatsächlich hat des „Forstbotanische Merkbuch" in ähnlicher Form Fortsetzungen in anderen Teilen Deutschlands gefunden, so in den preußischen Provinzen Pommern, Hessen-Nassau, Westfalen, Schleswig-Holstein, Hannover und Schlesien. Auch für die Großherzogtümer Hessen (1904) und Baden (1908) sowie für Württemberg (1911) und Elsaß-Lothringen (1912) werden Bauminventare veröffentlicht. Von hier aus lässt sich die Entwicklung bis zu aktuellen Publikationen über „Alte liebenswerte Bäume" von Hans Joachim Fröhlich verfolgen.[6]

Dem Naturschutz im Wald misst Conwentz zeitlebens primäre Bedeutung zu. Er begründet das im Vorwort zum „Forstbotanischen Merkbuch" wie folgt:

„Zu den am meisten bedrohten Gebieten gehört der Wald, zumal er seit Menschengedenken in besonderem Maße der Nutzung unterworfen ist. Vornehmlich mit Beginn einer planmäßigen Wirtschaft geht der natürliche Wald beständig zurück, und statt seiner erhebt sich die Forst, mit nur wenigen ertragreichen Holzarten, meist in künstlich erzogenen Stämmen. Durch den in Deutschland jetzt vorherrschend geübten Kahlschlag werden die urwüchsigen Bäume und Sträucher nahezu gänzlich ver-

---

3 Vgl. Arthur Brande, Thomas Scheeder, Die Bedeutung der Eibenforschung von Hugo Conwentz für die Geschichte des Naturschutzes, in: Archiv für Naturschutz und Landschaftsforschung 36 (1997), S. 295–304.

4 Hugo Conwentz, Beobachtungen über seltene Waldbäume in Westpreußen mit Berücksichtigung ihres Vorkommens im Allgemeinen, Danzig 1895 (Abhandlungen zur Landeskunde der Provinz Westpreußen, H. 9).

5 Hugo Conwentz, Forstbotanisches Merkbuch – Nachweis der beachtenwerthen und zu schützenden urwüchsigen Sträucher, Bäume und Bestände im Königreich Preußen. 1. Provinz Westpreußen, hrsg. Auf Veranlassung des Ministers für Landwirtschaft, Domänen und Forsten, Berlin 1900.

6 Hans Joachim Fröhlich, Alte liebenswerte Bäume in Deutschland, Hamburg ²2000.

nichtet und gleichzeitig schwindet ein Teil der übrigen Pflanzen- und Tierwelt, deren Lebensbedingungen mehr oder weniger an jene geknüpft sind."

In seinem Vortrag „Über Geschichte und Aufgaben der Naturdenkmalpflege in Preußen" fügt er hinzu:

„Die Staatsforstverwaltung ist einer der Hauptträger der Naturdenkmalpflege, da sie über einen ausgedehnten Landbesitz mit Naturdenkmälern verfügt."[7]
Conwentz besaß ein ungebrochenes Verhältnis zum Wald und zur Forstwirtschaft.[8]

Wie weit man sich heute in dieser Hinsicht von Conwentz entfernt hat, beweist eine 1990 vorgelegte Dissertation über Forstwirtschaft und Naturschutz, in der Conwentz mit keiner Silbe erwähnt wird.[9]

2. Die Entstehung der Staatlichen Stelle für Naturdenkmalpflege

1898 hält Wilhelm Wetekamp als Abgeordneter des Preußischen Landtages seine programmatische Rede über die Notwendigkeit des Schutzes der Landschaft und ihrer Tier- und Pflanzenwelt. Ministerialdirektor Friedrich Althoff, 1882 bis 1907 der bedeutendste und entscheidende Mann im preußischen Kultusministerium und Studienfreund Wetekamps, erkennt die weit reichende Bedeutung dieses Aufrufes. Er beruft eine Konferenz ein, auf der Wetekamp seine Gedanken ausführlicher darlegen kann. Daraufhin erhält Wetekamp den Auftrag, eine Denkschrift auszuarbeiten. Sie wird ein Vorläufer der Conwentzschen Denkschrift von 1904.

Auf Friedrich Althoff geht auch der Auftrag an Conwentz zurück, die Denkschrift „Die Gefährdung der Naturdenkmäler und Vorschläge zu ihrer Erhaltung"[10] auszuarbeiten.

Conwentz wird daraufhin für zwei Jahre von seine Verpflichtungen als Museumsdirektor in Danzig freigestellt, um Untersuchungen und Überlegungen über den Schutz der Natur anzustellen. Ihm wird dazu die großzügige Unterstützung seitens

---

7 Hugo Conwentz, Über Geschichte und Aufgaben der Naturdenkmalpflege in Preußen, in: Beiträge zur Naturdenkmalpflege 2 (1911), S. 112–135, hier: S. 125.

8 An diesem Ort ist anzumerken, dass Conwentz es wohl nicht akzeptiert hätte, in einem Museum zur Geschichte des Naturschutzes die Geschichte der Beziehungen zwischen Naturschutz, Wald und Forstwirtschaft unberücksichtigt zu lassen. Im Sinne von Conwentz erscheint ein Nachtrag zur Gestaltung dieses Museums unverzichtbar. Bei dieser Gelegenheit wäre wohl auch die kurze Würdigung der Bedeutung Conwentz' zu korrigieren. Die abschätzige Äußerung über seine Ablehnung von Großschutzgebieten ist im Hinblick auf seine Lebensleistung nicht gerechtfertigt. Conwentz besaß einen ausgeprägten Sinn für das in seiner Zeit Machbare.

9 Joachim Bayer, Naturschutz und Forstwirtschaft, Diss. Göttingen 1990.

10 Hugo Conwentz, Die Gefährdung der Naturdenkmäler und Vorschläge zu ihrer Erhaltung, Berlin 1904 (s. Abb. 2).

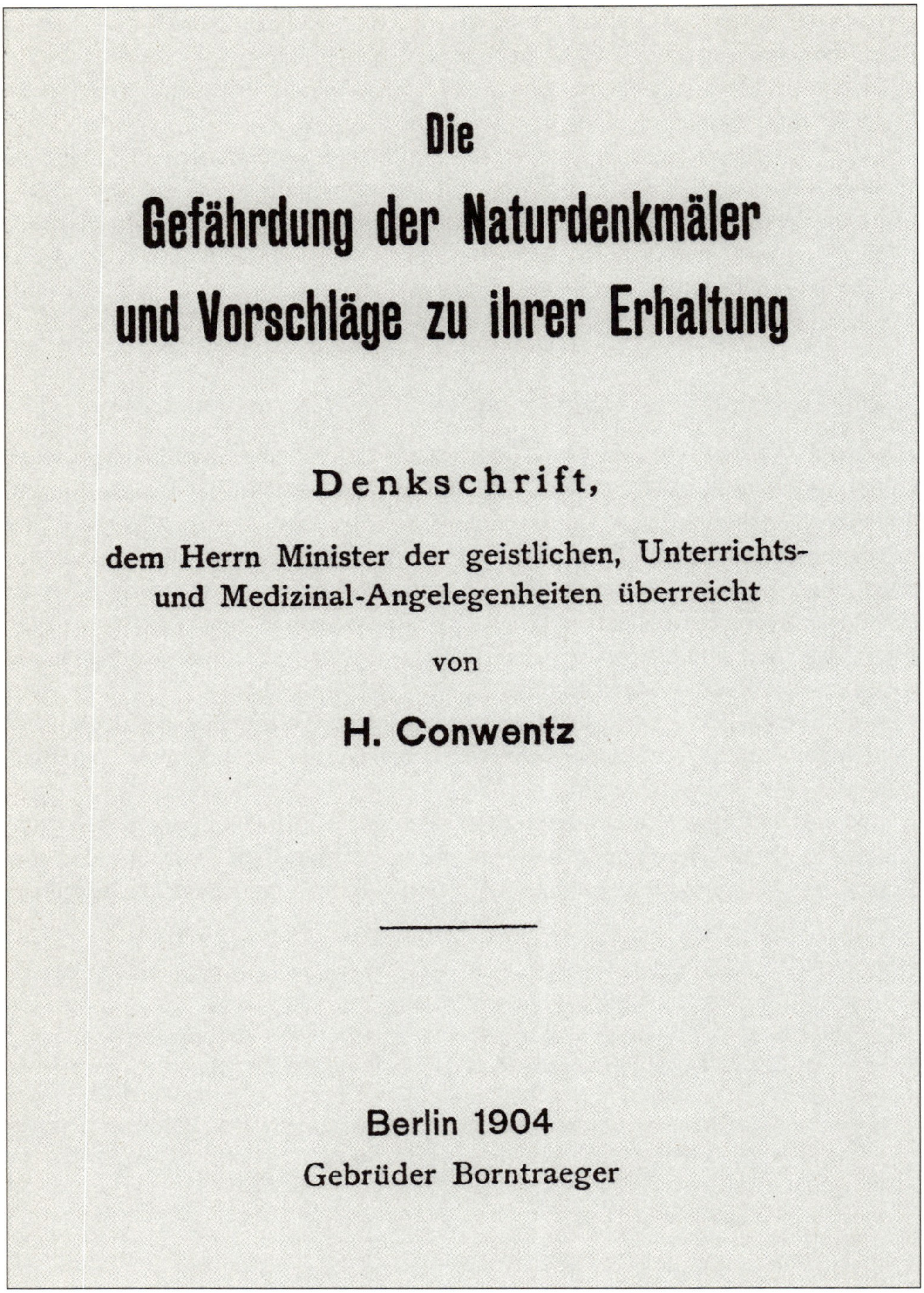

Die
Gefährdung der Naturdenkmäler
und Vorschläge zu ihrer Erhaltung

Denkschrift,

**dem Herrn Minister der geistlichen, Unterrichts-
und Medizinal-Angelegenheiten überreicht**

von

H. Conwentz

Berlin 1904
Gebrüder Borntraeger

Abb. 2: Titelblatt der Denkschrift von 1904.

des Ministeriums zuteil. Conwentz unternimmt zahlreiche Reisen durch Deutschland, Holland, Dänemark und Schweden und trägt dabei umfangreiches Material zusammen; dreimal so viel, wie er schließlich veröffentlicht.

Für die Entwicklung des Naturschutzes entscheidende Schlussfolgerungen zieht Conwentz in den abschließenden Abschnitten seiner Denkschrift, so zur Gesetzgebung (Begründung der Notwendigkeit eines eigenständigen Naturschutzgesetzes). Es braucht aber noch drei Jahrzehnte, bis ein solches Gesetz für Deutschland zustande kommt.

Ein durchschlagender Erfolg ist Conwentz indessen mit seinem Vorschlag zur Einrichtung einer staatlichen Stelle für Naturschutz (Naturdenkmalpflege) beschieden, dem er in seiner Denkschrift ein eigenes Kapitel widmet.[11]

„Aus vorstehender Darstellung ergibt sich, dass Teilnahme für Erhaltung der Naturdenkmäler in den weitesten Kreisen vorhanden ist und dass auch schon vielfach Maßnahmen zur Durchführung eines geeigneten Schutzes bestehen. Jetzt kommt es darauf an, diese Einzelbestrebungen zusammenzufassen und zu organisieren. […] Deshalb müsste in der Staatsverwaltung ein fester M i t t e l p u n k t für diese Bestrebungen geschaffen und dem Kultusministerium eingeordnet werden."[12]

Conwentz führt aus, welche Aufgaben „diese neue amtliche Stelle für Naturdenkmalpflege" wahrzunehmen hätte. Dabei vergisst er nicht zu bemerken, dass „es auch nützlich wäre, eine Zeitschrift zur Pflege der Naturdenkmäler" herauszugeben.[13]

Er beschließt dieses Kapitel mit der Forderung, „dass der neuen Stelle eine möglichst freie Bewegung bewahrt bleibt, um schnell und bestimmt handeln zu können; denn, falls beim Vorgehen zur Sicherung von Naturdenkmälern jedes Mal erst umständliche Beratungen im Instanzenweg gepflogen werden sollen, kann dabei leicht der rechte Zeitpunkt zur wirksamen Hilfe versäumt werden."[14]

Am 22.10.1906 erlässt der preußische Kultusminister die „Grundsätze für die Wirksamkeit der Staatlichen Stelle für Naturdenkmalpflege in Preußen", eine mustergültig kurzgefasste, klare und verständliche Anweisung für die Tätigkeit der neuen Behörde, die in dieser Art einmalig in Deutschland ist (s. Anhang 2).[15]

Im Staatshaushalt für 1906 erscheint zum ersten Mal eine Position zur Förderung der Naturdenkmalpflege in Preußen.

„Diesem Gründungsakt ist in der Geschichte des Naturschutzes eine beträchtliche Bedeutung beizulegen", schreibt Walther Schoenichen. „War es doch das erste Mal innerhalb des Deutschen Reiches, ja innerhalb von ganz Europa, daß der Naturschutz

---

11 Ebd., S. 190–196.
12 Ebd., S. 190.
13 Ebd., S. 195.
14 Ebd., S. 195f.
15 Abgedruckt in: Beiträge zur Naturdenkmalpflege 1 (1910), S. 42–44.

offiziell als eine Aufgabe der staatlichen Fürsorge anerkannt wurde, und zwar als eine Kulturaufgabe, wie sich aus der Unterstellung der neuen Behörde unter das Kultusministerium eindeutig ergibt. Damit war in aller Klarheit ausgesprochen, daß die Naturdenkmalpflege eine Angelegenheit des öffentlichen Interesses ist, womit zugleich das Tor zu ihrer späteren gesetzlichen Regelung und Fundierung aufgestoßen war."[16]

Gleichzeitig wird die Staatliche Stelle für Naturdenkmalpflege mit dem vorläufigen Sitz in Danzig eingerichtet und Conwentz zum n e b e n a m t l i c h e n Staatlichen Kommissar für Naturdenkmalpflege bestellt.

Conwentz bleibt zunächst in einer Doppelfunktion als Museumsdirektor und als Kommissar für Naturdenkmalpflege in Danzig. Es darf aber angenommen werden, dass er seine Arbeitskraft von nun an größtenteils auf die Tätigkeit als Kommissar konzentriert hat. Er ist völlig auf sich allein gestellt, verfügt aber im Übrigen über ideale Bedingungen für die Entfaltung seiner schöpferischen und organisatorischen Fähigkeiten, die er sich in der Denkschrift von 1904 gewünscht hat. So ist er befugt, von sich aus unmittelbar mit anderen Ministerien und sonstigen Verwaltungsstellen zu verhandeln, was sonst in preußischen Behörden durchaus nicht üblich ist. Deshalb bezeichnet man ihn in Beamtenkreisen nicht ganz neidlos als den „größten Freiherrn".

3. Die Eröffnung der Staatlichen Stelle für Naturdenkmalpflege in Berlin

Mit Wirkung vom 1. April 1910 wird Conwentz schließlich zum h a u p t a m t l i c h e n Direktor der Staatlichen Stelle für Naturdenkmalpflege in Preußen berufen und gleichzeitig zum Geheimen Regierungsrat ernannt. Er hat das 55. Lebensjahr überschritten, als er Danzig verlässt und die bedeutendste Leistung seines Lebens in Angriff nimmt: die Organisation des Naturschutzes in Preußen, in Deutschland und im internationalen Rahmen.

Conwentz ist preußischer Beamter, aber die Grenzen Preußens bedeuten ihm wenig bei seiner Tätigkeit. Seiner geistigen Haltung nach ist er nicht nur Europäer, sondern in der Tat ein Weltbürger. Von Anfang an betrachtet er den Naturschutz als eine internationale Aufgabe. Zu den von ihm veranstalteten Konferenzen für Naturdenkmalpflege lädt er Teilnehmer aus der ganzen Welt von Skandinavien bis Japan und Neuseeland ein, und er lässt sie Vorträge über den Naturschutz in ihren Ländern halten.

---

16 Walther Schoenichen, Naturschutz, Heimatschutz. Ihre Begründung durch Ernst Rudorff, Hugo Conwentz und ihre Vorläufer, Stuttgart 1954, S. 231.

Abb. 3: Sitz der Staatlichen Stelle für Naturdenkmalpflege ab 1911,
Berlin-Schöneberg, Grunewaldstraße 6/7. Natur und Landschaft 1951, S. 58.

Im Herbst 1910 sind schließlich die Voraussetzungen gegeben, dass Conwentz von Danzig nach Berlin umziehen kann. In Berlin-Dahlem war 1909, dem botanischen Garten folgend, ein neues Botanisches Museum geschaffen worden. Im alten, 1878-1880 erbauten Botanischen Museum im Stadtbezirk Schöneberg, Grunewaldstraße 6/7, werden Conwentz im ersten Stock ausreichende Räumlichkeiten zur Verfügung gestellt: Arbeitszimmer für ihn, für seinen Mitarbeiter Professor Bock und für eine Schreibkraft, dazu Platz für die bereits mehrere Tausend Bände umfassende Bibliothek, für die umfangreiche Sammlung von Karten der Preußischen Landesaufnahme, geologische und Forstkarten und die reichhaltige Foto-Sammlung, auch eine Dunkelkammer für fotografische Arbeiten und nicht zuletzt ein 77 qm großer Konferenzsaal (s. Abb. 3 u. 4).

„Das war nun das Reich, in dem Hugo Conwentz, selbständig und frei wie ein König, zwölf Jahre lang geherrscht hat, das ihm gewissermaßen ein Heim war, in dem er, wenn die Mitarbeiter das Haus verlassen hatten, gern allein weilte – sinnend und arbeitend."[17]

---

17 Ebd., S. 234.

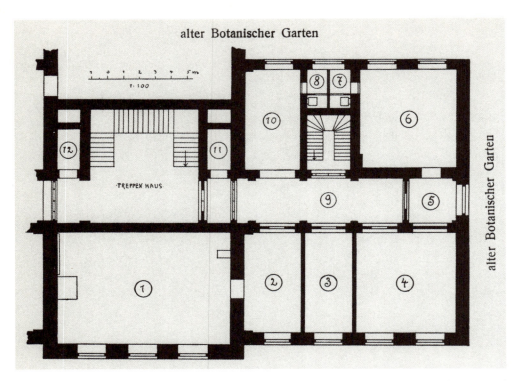

Abb. 4: Grundriss der Räume der Staatlichen Stelle für Naturdenkmalpflege in Preußen im Alten Botanischen Museum zu Berlin-Schöneberg, Grunewaldstraße 6/7.
1. Konferenzsaal 2. Schreibzimmer (Sekretärin) 3. Registratur
4. Arbeitszimmer Prof. Bock 5. Vorzimmer 6. Arbeitszimmer Hugo Conwentz
9. Flur 10. Magazin 11. Werkzeugkammer 12. Dunkelkammer.
Beiträge zur Naturdenkmalpflege 2 (1912), S. 140–143.

Nach einigen Monaten des Umbaus und der Einrichtung kann Conwentz zum 3. Februar 1911 zur feierlichen Eröffnung des neues Dienstsitzes einladen.

„Der Tag der Eröffnung der Staatlichen Stelle zu Berlin […] war für Hugo Conwentz ein glänzender Tag der Ehrung. Es war der Höhepunkt seines Lebens. Sein Ziel, auf das er unter Einsatz aller seiner Kräfte in Treue und Zähigkeit so viele Jahre hindurch hingearbeitet hatte, war nun erreicht. […] Und er erlebte die freudige Genugtuung, daß seiner überragenden Leistung von allen Seiten uneingeschränkte Anerkennung zuteil wurde.

Ein exklusiver Kreis geladener Gäste war zu der schlichten Eröffnungsfeier erschienen: in erster Linie Vertreter zahlreicher preußischer Ministerien, allen voran

Ministerialdirektor Schmidt-Ott, der an dem Aufbau der neuen behördlichen Stelle so wesentlichen Anteil gehabt hatte."[18]

Über die vielfältige Arbeit, die in den folgenden Jahren in diesen Räumen geleistet wird, kann in den von Conwentz erstatteten Berichten zu den Konferenzen für Naturdenkmalpflege in den „Beiträgen zur Naturdenkmalpflege" nachgelesen werden. Das ergäbe mehr als einen eigenständigen Vortrag.

1920 wird die Pflichtpensionierung der Beamten ab dem 65. Lebensjahr eingeführt. Conwentz erhält eine Ausnahmegenehmigung, drei Jahre länger im Amt zu bleiben, also bis 1923.

Als Hugo Conwentz am 12. Mai 1922 unerwartet im Alter von 67 Jahren verstirbt, hinterlässt er als Wegbereiter des Naturschutzes ein Werk von großer Tragweite und eine Organisation des Naturschutzes, auf der seine Nachfolger aufbauen können.

4. Die Staatliche Stelle nach dem Tod von Hugo Conwentz

Nach Conwentz' Tod leitet zunächst Professor Franz Moewes die Staatliche Stelle.

Im Dezember 1922 wird Walter Schoenichen zum Direktor berufen.

1936 wird die Institution in „Reichsstelle für Naturschutz" umbenannt, aber dem Kultusministerium entzogen und dem Reichsforstamt als neuer Oberster Naturschutzbehörde unterstellt. Ihren Sitz behält sie aber bis 1945 in Schöneberg.

1938 tritt Hans Klose, der bereits am 1. April 1935 zwecks Ausarbeitung des Reichsnaturschutzgesetzes zum Reichsforstamt beordert worden war, an die leitende Stelle Schoenichens.

Der Zweite Weltkrieg trifft auch die Reichsstelle für Naturschutz schwer. Ein Bomben-Volltreffer zerstört am 30. Januar 1944 60 % der Diensträume. Zuvor ausgelagerte Bestände fallen andernorts weitgehend der Vernichtung anheim.

Im März 1945 wird der Rest der Reichsstelle nach Egestorf in der Lüneburger Heide verlagert, wo sie bis 1952 unter bescheidenen Bedingungen fortbesteht.

1949 wird sie als Zentralstelle für Naturschutz und Landschaftspflege eingebunden in die Abteilung IV – Forsten des Bundesministeriums für Ernährung, Landwirtschaft und Forsten, schließlich ab 1953 als Bundesanstalt für Naturschutz und Landschaftspflege auf sichere Grundlage gestellt. Hans Klose tritt 1957 im Alter von 74 Jahren in den Ruhestand.

Das für die Geschichte des Naturschutzes bedeutende Gebäude in Berlin-Schöneberg dient heute dem Stadtbezirk Tempelhof-Schöneberg als Kulturamt und Musikschule.

---

18 Ebd., S. 236. Schmidt-Ott (1861–1956) leitete seinerzeit das Referat Naturdenkmalpflege im preußischen Kultusministerium; s. Hans Klose, Fünfzig Jahre Staatlicher Naturschutz. Ein Rückblick auf den Weg der deutschen Naturschutzbewegung, Gießen 1957, S. 28.

Somit hat sich infolge des Zweiten Weltkrieges das deutsche Zentrum des behördlichen Naturschutzes von Berlin nach Bonn verlagert.

„Doch zurück zu unserer Staatlichen Stelle", schreibt Hans Klose. „Dieser hatte das Jahr 1922 durch den am 12. Mai erfolgten Tod ihres Geheimrats Conwentz einen schweren Verlust gebracht. Über 16 Jahre hindurch hatte er mit vollem Einsatz seiner ganzen Persönlichkeit, mit beispielhaftem Pflichtgefühl und unerhörtem Fleiß dem Naturschutz bis zum letzten Atemzuge gedient. Er hatte es verstanden, als erster die Gedanken der Naturdenkmalpflege in die Amtsstuben der Behörden zu tragen, ein den Anforderungen der Wissenschaft genügendes zentrales Institut sowie eine fachliche Gliederung freiwilliger Mitarbeiter in den Provinzen und Bezirken des preußischen Staates aufzubauen sowie begeisterte Anhänger auch im übrigen Vaterlande für die verheißungsvolle Idee zu gewinnen und zu schulen. [...] Der deutsche Naturschutz [...] wird seines wissenschaftlichen Begründers und Organisators in Treue und Dankbarkeit für alle Zeiten verbunden bleiben."[19]

---

19 Klose, Staatlicher Naturschutz, S. 27.

Anhang 1

Lebensdaten Hugo Conwentz'

20.1.1855	Geburt in St. Albrecht bei Danzig.
1873	Reifeprüfung an der Realschule in Danzig.
1873–1876	Studium in Breslau und Göttingen (Naturwissenschaften).
5.8.1876	Promotion in Breslau; Assistent bei Professor H. R. Goeppert.
1.1.1880	Direktor des Westpreußischen Provinzialmuseums in Danzig.
1890	*Monographie der baltischen Bernsteinbäume.*
21.6.1890	Ernennung zum Professor.
1892	*Die Eibe in Westpreußen.*
1895	*Beobachtungen über seltene Waldbäume in Westpreußen.*
1900	*Forstbotanisches Merkbuch.*
30.3.1904	Gründung des Deutschen Bundes Heimatschutz; Conwentz im Vorstand.
1904	Denkschrift *Die Gefährdung der Naturdenkmäler und Vorschläge zu ihrer Erhaltung.* Reisen nach Schweden, Dänemark und Holland.
21.4.1906	Erster Internationaler Kongress für Landschaftsschutz in Paris; Conwentz leitet die 1. Sitzung.
22.10.1906	Staatlicher Kommissar für Naturdenkmalpflege in Preußen (Dienstsitz: Danzig).
1907	Nordlandreise, Reisen nach Österreich und England.
1909	Reisen nach Frankreich, Österreich, Russland und der Schweiz
1.4.1910	Hauptamtlicher Direktor der Staatlichen Stelle für Naturdenkmalpflege in Preußen; Geheimer Regierungsrat.
30.9.1910	Übergabe des Direktorats des Westpreußischen Provinzialmuseums.
1910	Umzug nach Berlin. Erster Band der *Beiträge zur Naturdenkmalpflege.*
3.2.1911	Eröffnung der Staatlichen Stelle für Naturdenkmalpflege in Berlin-Schöneberg, Grunewaldstraße 6/7.
12.–15.6.1912	2. Internationaler Kongress für Heimatschutz in Stuttgart; Conwentz im Vorstand.
Juni 1913	Reise nach Tiflis (Tblissi).
17.–19.11.1913	1. Internationale Naturschutz-Konferenz in Bern; Conwentz vertritt Deutschland.
3.–4.12.1915	VII. Jahreskonferenz für Naturdenkmalpflege zum Thema Schutz der Moore.
4.8.1919	Eheschließung mit Greta Ekelöf.
12.5.1922	Tod Hugo Conwentz'.
8.10.1933	Tod Greta Conwentz'.

Anhang 2

Grundsätze

für die Wirksamkeit der Staatlichen Stelle für Naturdenkmalpflege in Preußen.

§ 1.

Die Staatliche Stelle für Naturdenkmalpflege, die einstweilen ihren Sitz in Danzig hat und von dem Direktor des Westpreußischen Provinzial-Museums Professor Dr. CONWENTZ ebendort als dem Staatlichen Kommissar für Naturdenkmalpflege verwaltet wird, bezweckt die Förderung der Erhaltung von Naturdenkmälern im Preußischen Staatsgebiet.

§ 2.

Unter Naturdenkmälern im Sinne dieser Grundsätze sind besonders charakteristische Gebilde der heimatlichen Natur zu verstehen, vornehmlich solche, welche sich noch an ihrer ursprünglichen Stätte befinden, seien es Teile der Landschaft oder Gestaltungen des Erdbodens oder Reste der Pflanzen- und Tierwelt [1]).

§ 3.

Zu den Aufgaben der Staatlichen Stelle für Naturdenkmalpflege gehört insbesondere:

1. die Ermittelung, Erforschung und dauernde Beobachtung der in Preußen vorhandenen Naturdenkmäler,
2. die Erwägung der Maßnahmen, welche zur Erhaltung der Naturdenkmäler geeignet erscheinen,
3. die Anregung der Beteiligten zur ordnungsgemäßen Erhaltung gefährdeter Naturdenkmäler, ihre Beratung bei Feststellung der erforderlichen Schutzmaßregeln und bei Aufbringung der zur Erhaltung benötigten Mittel.

Die Erhaltung von Naturdenkmälern selbst und die Beschaffung der dazu notwendigen Mittel bleibt Sache der Beteiligten. Fonds für derartige Zwecke stehen der Staatlichen Stelle nicht zur Verfügung.

§ 4.

Die Staatliche Stelle für Naturdenkmalpflege wird es sich angelegen sein lassen, die auf die Erhaltung der Naturdenkmäler gerichteten Bestrebungen in gesunden Bahnen zu erhalten.

§ 5.

Die Staatliche Stelle wird in Sachen der Naturdenkmalpflege Behörden und Privatpersonen auf Anfragen jederzeit Auskunft geben, insbesondere darüber, ob ein bezeichneter Gegenstand als Naturdenkmal anzusehen ist und welche Maßnahmen zu seiner Erhaltung zu empfehlen sind.

Wo es sich um die Erhaltung eines gefährdeten Naturdenkmals handelt, wird sie sich mit den für die Übernahme des Schutzes in Frage kommenden Stellen (Behörden, Gemeinden, Vereinen, Privatbesitzern pp.) in Verbindung setzen, auch je nach Lage des Falles den beteiligten Aufsichtsbehörden (Landrat, Regierungspräsident pp.) von dem Sachverhalt Mitteilung machen. Sofern es zur Erreichung des Zieles erforderlich erscheint, wird sich der Staatliche Kommissar an Ort und Stelle begeben.

§ 6.

Die Staatliche Stelle für Naturdenkmalpflege steht unter der Aufsicht des Ministers der geistlichen, Unterrichts- und Medizinal-Angelegenheiten, dem sie unmittelbar berichtet und alljährlich einen Verwaltungsbericht vorlegt.

§ 7.

Dem Minister der geistlichen, Unterrichts- und Medizinal-Angelegenheiten steht bei Ausübung der Aufsicht als beratendes Organ ein Kuratorium zur Seite, in welches seitens des Ministeriums der geistlichen pp. Angelegenheiten, für Landwirtschaft, Domänen und Forsten, für Handel und Gewerbe, des Innern und der öffentlichen Arbeiten je ein Kommissar abgeordnet wird. Sofern im Einzelfall andere Preußische Ressorts als die genannten oder Reichsressorts in Frage kommen, bleibt vorbehalten, die betreffenden Ministerien oder Reichsämter um Entsendung eines Kommissars zu den Sitzungen des Kuratoriums zu ersuchen.

Der Minister der geistlichen, Unterrichts- und Medizinal-Angelegenheiten.

Im Auftrage: SCHMIDT.

Quelle: Beiträge zur Naturdenkmalpflege 1 (1910), S. 42–44.[20]

---

20 Für die Wiedergabe hier wurden die Seiten der Vorlage zusammengefügt. Die Fußnote 1, § 2 lautet: „Als Beispiele seien genannt: die Schneegruben im Riesengebirge, das Bodetal im Harz, Heidefläche im Lüneburgischen, Hochmoor in Ostpreußen (Teile der Landschaft); Basaltfelsen mit säulenförmiger Absonderung im Rheinland, der Muschelkalk mit Gletscherschrammen bei Rüdersdorf, die Kreidesteilküste auf Rügen, der Waldboden der Braunkohlenzeit in der Lausitz, Endmoränen und erratische Blöcke im Flachland (Gestaltungen des Erdbodens); die Salzflora bei Artern, die Steppenflora im Weichselgebiet, die Zwergbirkenbestände in der Lüneburger Heide und im Harz, der Buchenbestand bei Sadlowo Ostpr., der Eibenbestand in der Tucheler Heide, die Mistel bei Segeberg in Schleswig-Holstein, die Wassernuß bei Saarbrücken, Habmichlieb im Riesengebirge (Reste der Pflanzenwelt); marine bzw. nordische Reliktformen in Binnengewässern, der Biber und andere schwindende Arten in Altwässern der Elbe, das Möwenbruch bei Rossitten, die Kormorankolonie in Westpreußen, der Lummenfelsen auf Helgoland (Reste der Tierwelt)."

Willi Oberkrome

Hans Klose, Walther Schoenichen und der Erlass des Reichsnaturschutzgesetzes

Einleitung

Im Frühjahr 1937 platzte dem Amtsarzt des Kreises Lemgo der sprichwörtliche Kragen. Der Mediziner hatte die gleichnamige Stadt im lippischen Norden besucht und dabei nicht bloß die Renaissancefassaden der malerischen Bürgerhäuser in den Blick genommen. Sein Interesse wurde auch nicht von Reminiszenzen an Lemgos legendäre Hexenzeit abgelenkt; es blieb professionell, d. h. diagnostisch. Aus der Sicht des geschulten, gleichsam gesundheitspolizeilich bestellten Arztes bestand im gesamten innerstädtischen Bereich akute Typhusgefahr.

Sie ging – ausweislich seiner enragierten Gutachten – auf katastrophale hygienische Verhältnisse zurück. In Lemgos Rinnsteinen habe sich eine „morastartige Jauche" aus Urin und „sonstigen Klosettabgängen" gestaut, die als chronischer Seuchenherd ernst zu nehmen sei. Das gelte auch für die eklatante Verschmutzung des altstädtischen Feuergrabens. Seine Untersuchung habe „niederschmetternde" Ergebnisse gezeitigt. Konsterniert vermerkte der Amtsarzt, in seinem ganzen Leben noch nie „so etwas von Verschmutzung eines Wasserlaufs und von Gestankbelästigung" erlebt zu haben, wie bei der Visite des fauligen Bassins innerhalb der mittelalterlichen Stadtmauern. Sein insgesamt prekärer Eindruck wurde darüber hinaus noch von unzähligen Ratten verstärkt, die sogar bei Tageslicht durch die Straßen der Altstadt huschten, um sich an den fauligen Küchenabfällen gütlich zu tun, die auf den privaten Mülldeponien der Hinterhöfe regelmäßig angesammelt wurden.

Es charakterisiert die umweltpolitische Intransigenz deutscher Kommunalverwaltungen der dreißiger Jahre, dass sich die Adressaten der zwischen 1937 und 1939 mit zunehmender Eindringlichkeit verfassten amtsärztlichen Mahnschreiben völlig unbeeindruckt zeigten. Namentlich der Lemgoer Bürgermeister wies die medizinischen Interventionen zurück. Mit einer an Sturheit grenzenden Lakonik machte er die angespannte Haushaltslage der Gemeinde geltend. Sie ließe den Ausbau eines zeitgemäßen Kanalsystems unter keinen Umständen zu. Obendrein hielt das Stadtoberhaupt die Hinweise auf Typhuserreger für übertrieben und seine Mitbürgerinnen und Mitbürger grundsätzlich für schmutz- und gestankresistenter, als die externe ärztliche Sicht nahe legte.

Die unerbittliche Haltung der städtischen Administration konnte erst durch eine Expertise des Oberfeldarztes des Lemgoer Lazaretts aufgeweicht werden. Er untersagte seinen Patienten sommerliche Bäder in der örtlichen „Flussbadeanstalt", weil ihr unzureichend geklärte Abwässer einer in der Nähe gelegenen ‚Pflegeanstalt' für Schwerbehinderte zugeführt würden. Erst daraufhin – um der soldatischen Gesundheit willen – gaben die Lemgoer Stadtverordneten ihre Vorbehalte gegen abwasserhygienische Verbesserungsmaßnahmen auf.[1]

Diese nicht nur umweltgeschichtlich bemerkenswerte Episode habe ich nicht etwa vorangestellt, weil Hans Klose, der spätere Leiter der Reichsstelle für Naturschutz, 1917 – von einer schweren Hüftverwundung genesend – in Lemgo Garnisonsdienst leistete und von da an ein gewisses Faible für die niederdeutsche Hanse- und Hexenstadt kultivierte. Sie ist in unserem Zusammenhang deshalb von Interesse, weil sich kein Naturschützer in den geschilderten Konflikt einmischte. Wenn wir der breiten Quellenüberlieferung vertrauen können – und vieles spricht dafür –, rührten sich weder der lippische Landesbeauftragte, noch der Lemgoer Kreisbeauftragte, geschweige denn die Mitglieder der Naturschutzfachgruppe des Lippischen Heimatbundes in der aus heutiger Sicht zweifellos anstößigen Angelegenheit. Die öffentlich-sanitären Zustände in der zweitgrößten Stadt des ehemaligen Freistaats Lippe ließen sie unberührt. Offenbar entzog sich der einschlägige Streit ihrer Aufmerksamkeit; er lag anscheinend – auch Jahre nach dem Erlass des RNG – außerhalb des Wahrnehmungshorizonts behördlicher und ehrenamtlicher Naturschützer.

Aus moderner ökologischer Sicht ist das natürlich ein Rätsel ersten Ranges. Es wirkt um so verwirrender als Hans Klose, der unangefochten weiter amtierende Direktor der Naturschutz-Reichstelle, unmittelbar nach dem Ende des Zweiten Weltkriegs lediglich zwei der von ihm überprüften Landesstellen als vorbildlich und für die nähere Zukunft als beispielhaft einzustufen wusste: Es handelte sich um die westfälisch-provinzielle und – ebenfalls ganz ausdrücklich – ihre lippische Nachbarorganisation.

Um dieses vermeintliche Paradoxon aufzuklären, müsste man die Schwerpunkte und Parameter der deutschen Naturschutzgeschichte eigentlich vollständiger beleuchten, als es hier möglich ist. Aber vielleicht lässt bereits eine isolierte Betrachtung des Reichsnaturschutzgesetzes und seiner Protagonisten einige Antworten auf unser vorderhand stupendes Problem zu. Ich möchte mich ihm auf drei Wegen nähern. Erstens werde ich aufzeigen, mit welchen – nach seinem eigenen Dafürhalten – essentiellen Herausforderungen der Naturschutz infolge der nationalsozialistischen

---

1 Korrespondenz zwischen dem Amtsarzt und dem Bürgermeister von Lemgo zwischen April 1937 und Juni 1939 in: NRW-Staatsarchiv Detmold (= STAD), D 1 Lemgo, Nr. 1857; vgl. auch ebd., Nr. 1855; 1856; 1860; zur Person des damaligen Lemgoer Bürgermeister Gräfer, Arnd Bauerkämper u. a., Wilhelm Gräfer in Lemgo. Eine Fallstudie zur Stellung des Bürgermeisters im Nationalsozialismus, in: Wolfgang Emer u. a. (Hg.), Provinz unter dem Hakenkreuz. Diktatur und Widerstand in Ostwestfalen-Lippe, Bielefeld 1984, S. 101–124.

‚Machtergreifung' konfrontiert war. Zweitens möchte ich das Naturschutzgesetz des ‚Dritten Reiches' unter dem Gesichtspunkt diskutieren, wieso es – trotz leicht nachweisbarer Defizite – von den prominenten Naturschützern relativ einmütig begrüßt wurde. Drittens wird das allseits bekannte Personalrevirement im Reichsforstamt und der höchsten Naturschutzstelle als Konsequenz des RNG knapp skizziert werden müssen.

Naturschutz nach dem nationalsozialistischen Machtantritt

Der Leiter der preußischen Naturschutzstelle Walther Schoenichen hat den Regierungsantritt der Nationalsozialisten mit „lebhafter Genugtuung" erlebt und gewürdigt. Er erhoffte sich von der Regierung Hitlers eine rasche Erfüllung der drei Kardinalforderungen des – wie leicht zu erkennen ist, auch 1933 noch sehr heimatideologisch grundierten – deutschen Naturschutzes. Sie zielten in erster Linie darauf ab, jene „Sintflut undeutscher, ja deutschfeindlicher Kulturströmungen" einzudämmen, die das ‚Wesen', nach Schoenichen „das Bluterbe", des ‚Deutschtums' seit den letzten Dekaden des Kaiserreichs fast ungebremst erodierte und unterhöhlte. Demgemäß appellierte Preußens ranghöchster Naturschützer in etlichen Aufsätzen und Essays für eine umgehende „Beseitigung der Landschaftsreklame, die Austilgung des Kitsches aus der Landschaft und die Verdrängung fremdstämmiger Bauweisen aus dem Landschaftsbilde".

Diese – auch in anderen Regionen von kongenialen Persönlichkeiten – erhobenen Forderungen verhallten weithin ungehört. In einem Staat, der in expansions- und vernichtungspolitischer Absicht auf die maximale Ausschöpfung natürlicher Ressourcen drängte – der, nebenbei bemerkt, auch der massenkulturellen Moderne erheblich mehr Spielräume ließ, als uns eine erstaunlich zählebige Geschichtslegende über *die* nationalsozialistische Weltanschauung glauben machen will –, wurden Schoenichens Plädoyers von mächtigen Antipoden hintertrieben.[2] Dazu wiederum drei, an Schoenichens Hervorhebungen orientierte, Hinweise:

1. Eine im Juni 1934 vom Preußischen Wissenschaftsministerium verfügte „straffere Ordnung" der Naturschutzorganisationen, die expressis verbis als „Träger einer staatlichen Aufgabe" bezeichnet wurden, änderte wenig daran, dass die Unternehmen auch weiterhin landschaftliche Plakat- und städtische Leuchtwerbung betrieben. Die eben erlassenen ‚Richtlinien für den Aufbau der Naturschutzorgane' postulierten zwar eine endgültige Abkehr von der herkömmlichen, passivmusealisierenden ‚Naturdenkmalpflege' und versprachen, „der im heutigen Staate

---

2 Walther Schoenichen, ‚Das deutsche Volk muß gereinigt werden' – und die deutsche Landschaft?, in: Naturschutz 14 (1932/33), S. 205–209, 206; ders., Bereicherung oder Vermanschung?, in: ebd. 16 (1934/35), S. 73–77, 73.

besonders bedeutungsvollen Tätigkeit der Naturschutzorgane zu größerer Wirksamkeit" zu verhelfen.[3] Diese Zusicherung entbehrte jedoch realistischer Grundlagen. Weder die „unter Führung des Reichsverbandes der Deutschen Industrie" gegründete ‚Arbeitsgemeinschaft für Außenreklame' noch der mit dem Reichspropagandaministerium verzahnte ‚Werberat der Deutschen Wirtschaft' zeigten sich geneigt, Rücksicht auf die von Reklamegegnern monoton beschworenen „seelischen Erfordernisse des deutschen Volkes" zu nehmen.

Vor allem der Werberat, „ein Ideenpool modernster Massenverführungstechniken", dem die „politische Verfügungsgewalt" über die Werbung im Reichsgebiet zugesprochen worden war, erwies sich als ein hartnäckiger Kontrahent der Plakatkritiker. Er ließ die „Entschandelungsarbeit" der Naturschützer zu einem „hart umstrittene[n], heiße[n] Boden" werden.[4] Mit Rückendeckung des Reichsministers Goebbels bündelte der Rat die Interessen des Deutschen Industrie- und Handelstages, des Reichsverbandes des deutschen Groß- und Überseehandels, der Hauptgemeinschaft des deutschen Einzelhandels, des Reichsverbandes der Privatversicherung und anderer Korporationen. Er ließ die Naturschutzstellen im November 1933 lapidar wissen, dass die Entfernung von Werbeschildern „im Widerspruch zum Reichsrecht" stehe. Überdies verwies er auf die enorme volkswirtschaftliche Bedeutung einer Produktinformation, die „der Konsument […] gar nicht entbehren kann". Selbst die vom Heimatschutz stets mit Erbitterung angefeindete Reklame für Motorräder, Automobile und Kraftstoffe sei absolut berechtigt, weil sie im Einklang mit „der vom Führer geforderten Motorisierung" erfolge. Somit stehe die Reklame im Dienst der neuen ‚Volksordnung'. Diese Schlussfolgerung blockierte Schoenichens gegenläufige Interpellationen. Widerwillig mussten die Naturschutzgremien und mit ihnen eine eigens aus der Taufe gehobene ‚Arbeitsgemeinschaft gegen die Auswüchse der Außenreklame' zuse-

---

3 Der erste Artikel der Richtlinien stellte fest: „Die Kommissare für Naturschutz (bisher Kommissare für Naturdenkmalpflege) sind die Geschäftsführer der Provinzial-, Bezirks-, Landschafts- oder Kreisstellen für Naturschutz (bisher Provinzial- usw. Stellen für Naturdenkmalpflege). Den Vorsitz in den Provinzialstellen führt der Oberpräsident unter geeigneter Beteiligung der Verwaltung des Provinzialverbandes, in den Bezirksstellen der Regierungspräsident, in den Kreisstellen der Landrat, in den Landschaften bestimmte führende Persönlichkeiten der Staats- oder Kommunalverwaltung." Sie sollten „im Einvernehmen mit den Kommissaren örtliche Vertrauensleute zu ihren Helfern" ernennen; vgl. Westfälischer Heimatbund-Archiv (= WHB), F 10 NUN 1934–1941.

4 Theda Behme, Stellungnahme der deutschen Industrie zur Außenreklame, in: Naturschutz 14 (1932/33), S. 225; Rudolf Stein, Heimatpflege in der Großstadt, in: Heimatleben, Jg. 1939, S. 28–41, 41; Uwe Westphal, Werbung im Dritten Reich, Berlin 1989, S. 30; zum Werberat auch Hans-Ulrich Thamer, Geschichte und Propaganda. Kulturhistorische Ausstellungen in der NS-Zeit, in: GG 24 (1998), S. 349–381, 361.

hen, wie der Werberat „bis ins kleinste Dorf hinein" Litfaßsäulen aufstellen ließ. Auf Ihnen prangten fortan die Veranstaltungsankündigungen der NSDAP in ebenso grellen Farben wie die Anpreisung eines Magenbitters der Firma Underberg.[5]

2. Niederlagen des klassischen Naturschutzes zeichneten sich auch auf anderen Konfliktfeldern ab. Während die organisierten Naturliebhaber zu Beginn des ‚Dritten Reiches' einige Erfolge im Tier- und Pflanzenschutz verbuchen konnten, sahen sie sich in Angelegenheiten des ungleich bedeutsameren, im umfassenden Sinn verstandenen Landschaftsschutzes ständig von wirtschaftlichen Lobbyisten in die Defensive gedrängt. Die dutzendfach travestierten „Naturschützler" hatten sich sogar des Vorwurfs zu erwehren, mit „ihren übertriebenen Forderungen" die „Wehrhaftmachung Deutschlands" zu sabotieren.[6] Solche Anschuldigungen wurden z. B. von privaten und öffentlichen Waldbesitzern erhoben, die kaum davon zu überzeugen waren, dass eine „wahre Volkswirtschaft [...] nicht darin" bestehen könne, „daß einzelne verdienen und Kapitalien häufen." Viele Forstämter und unzählige Förster stimmten Göring zu, der anlässlich der ersten ‚großdeutschen Reichstagung der Forstwirtschaft' bemerkt hatte, „der nationalpolitische und nationalwirtschaftliche Aufbau" erfordere „Holz in riesigen, ja geradezu unvorstellbaren Mengen."

---

5 STAD, L 80 Ia, XXX, 1, Nr. 7, 8; ebd., D 107 B, IV, Nr. 10; ebd., L 104, Nr. 23; vgl. Thüringisches Hauptstaatsarchiv Weimar (= THSTAW), Landesamt für Denkmalpflege und Heimatschutz, Nr. 398; zur Entstehungsgeschichte der Arbeitsgemeinschaft Münkers vgl. die Eloge von Ellen Scheuner, Wilhelm Münker und sein Werk, in: Münker-Stiftung (Hg.), Wilhelm Münker und sein Werk. 25 Jahre Wilhelm-Münker-Stiftung. Festansprache, Vorträge und Berichte (Studien und Beiträge zur Lebensqualität, Walderhaltung und Umweltschutz, Volksgesundheit, Wandern und Heimatschutz, Heft 7), S. 22–42.

6 Hans Schwenkel, Presse und Naturschutz, in: Naturschutz 18 (1937), S. 117ff., 117; zum gesetzlichen Tier- und Pflanzenschutz nach 1933 vgl. Walther Schoenichen, Vom Naturschutz im neuen Staat, in: Naturschutz 16 (1934/35), S. 2ff.; Wilhelm Münker, Zum 80. Geburtstag von Dr. Hans Klose, in: Natur und Landschaft 35 (1960), S. 26; sowie die auf „Grund des § 14 des Tierschutzgesetzes vom 24. November 1933" ergangene ‚Verordnung über das Schlachten und Aufbewahren von lebendigen Fischen und anderen kaltblütigen Tieren', in: Nachrichtenblatt für Naturschutz 13 (1936), o. S.; Verfügung des Reichsführers der Schutzstaffeln der NSDAP zum Schutz von Natur und Wild, in: ebd. 12 (1935), S. 114; Walther Schoenichen, Die Verordnung zum Schutze der wildwachsenden Pflanzen und der nichtjagdbaren wildlebenden Tiere (Naturschutzverordnung vom 18. März 1936), in: Naturschutz 17 (1936), S. 97f.; H. von Boetticher, Zur ‚Ehrenrettung' der Verfemten, in: ebd. 18 (1937), S. 191ff.; Erich Schönnagel, Die ‚Abteilung Naturschutz' auf der Internationalen Jagdausstellung Berlin 1937, in: ebd., S. 259–262.

Dass der Reichsforstmeister gleichzeitig dazu aufgerufen hatte, natürliche Wald-
bestände zu „erhalten", da sie „für die Gesunderhaltung deutscher Art und Rasse
allezeit von schicksalhafter Bedeutung" seien, überhörten die Forstleute in aller
Unschuld.[7] Auch die sachverständigen Ausführungen des habilitierten, natur-
schutzverbundenen Forstwirts Arnold Freiherr von Vietinghoff-Riesch drangen
selten zu ihnen vor. Vietinghoff, der sich glaubhaft von jeder „Urwaldromantik"
distanzierte, wollte der notorischen Landschaftszerstörung durch schnellwüchsige
Flachwurzler und landesfremde Gehölzarten, die auf deutschem Boden so wenig
verloren hätten wie „Känguruhs, Bronzeputer und Steinhühner", mit Hilfe einer
penibel umgesetzten forstlichen Landschaftsgestaltung begegnen. Er trat für die
topographisch ausgelotete Aufzucht standortgerechter Baumsorten ein. Sie seien
dazu imstande, sozial zuträgliche „Umweltfaktoren", etwa einen gesicherten Was-
serhaushalt, ein adäquates Landschaftsantlitz und eine biodiversifizierte Fauna, zu
sichern. Der von ihm wissenschaftlich unterbreitete „Ideengehalt" einer erst längerfristig rentablen, „biologisch orientierten organischen Wirtschaftsweise, die
raumplanend und zieltypusprägend ist", wurde von der forstwirtschaftlichen Praxis der Autarkieökonomie regelmäßig außer Acht gelassen oder als akademisches
Denkspiel abgetan. Er wurde aber von Klose und weiteren vorausschauenden
Naturschutzfachleuten mit großer Aufmerksamkeit studiert.[8]

3. Die insbesondere von Wilhelm Münkers agiler ‚Arbeitsgemeinschaft zur Rettung
    des Laubwaldes' beklagte naturschutzpolitische Indifferenz der deutschen Forst-
    wirtschaft wuchs zu einem kaum überwindlichen ‚umweltpolitischen' Hemmnis
    aus. Trotz seiner Reichweite wurde es aber von einigen Entwicklungstendenzen
    auf dem Gebiet der Landwirtschaft und des staatlichen Landesausbaus noch in den
    Schatten gestellt. Nach 1933 sahen sich die Naturschützer mit einer erschrecken-
    den Situation konfrontiert. „Die naturzerstörenden Kräfte" begannen sich „ins
    Unermeßliche zu steigern. Für Millionen Arbeitsloser sollte Beschäftigung gefun-
    den werden; der Arbeitsdienst wurde auf die Landschaft losgelassen […]."[9] Klo-
    ses rückblickendes Lamento weist auf das notorisch spannungsgeladene Verhält-

---

7 Hermann Göring, Ansprache, in: Naturschutz 20 (1939), S. 166–169, 166; Günther Schle-
   singer, Natur und Volk. Probleme um Naturschutz, Wirtschaft, Volkstum und Beruf,
   Wien 1940, S. 60.

8 Arnold Freiherr von Vietinghoff-Riesch, Naturschutz. Eine nationalpolitische Kulturaufgabe, Neudamm 1936, S. 23, 132; ders., Forstliche Landschaftsgestaltung, Neudamm
   1940, S. 9, 238f.; vgl. Allgemeine Verfügung 3a des Reichsforstmeisters über Landschaftspflege und forstliche Betriebsführung vom 3. Februar 1940 – II/I 1196, in: ebd.,
   S. 241–244; WHB-Archiv, M 6 Sternbergkreis 1941–1950.

9 Hans Klose, Fünfzig Jahre staatlicher Naturschutz. Ein Rückblick auf den Weg der deutschen Naturschutzbewegung, Gießen 1957, S. 32.

nis zwischen den Naturschützern und dem RAD hin, der im ‚Dritten Reich' von einer Freiwilligeneinrichtung zum paramilitärischen Zwangsinstitut mutierte. Teils im öffentlichen Auftrag, teils von bäuerlichen Privatbetrieben engagiert, hatte der Arbeitsdienst nach eigenen Angaben zwischen 1933 und 1937 im Reichsgebiet auf 733.000 ha Entwässerungsarbeiten, für 266.000 ha Hochwasserschutzarbeiten, auf 37.000 ha Bodenarbeiten, auf 185.000 ha Forstkultivierungen und zusätzlich 4.200 km Wirtschaftswegebau geleistet.[10]

Diese Bilanz listete Ernst Rudorffs schlimmste Alpträume minuziös auf. Niemals zuvor, so versicherten sich die aufgebrachten Naturfreunde, sei das Erscheinungsbild der deutschen Landschaft solchen Veränderungen ausgesetzt worden, wie unter den Spatenstichen und Spitzhackenhieben jener ‚Arbeitsmänner', die von den Funktionären des Agrarwesens als Hilfstruppen der immer obsessiver geführten ‚Erzeugungsschlachten' ins ‚Feld geführt' wurden. Obwohl die Oberfeldmeister des RAD ihre Tätigkeit als Beitrag zur ‚Volkstumsbildung' begriffen und deshalb der Diskussion mit den vordergründig gleich gesinnten Naturschutzkommissaren ihrer Arbeitsgaue nicht auswichen, markierten die von ihnen angeleiteten Heckenrodungen, Dränagen, Erdaushübe, Ödlandkultivierungen usw. die umweltlich fatalen ‚Auswüchse' einer jäh dynamisierten Landwirtschaft.[11]

Es bleibt bemerkenswert, dass sich die Kritik der Naturschützer an der vermeintlich ausufernden Mechanisierung und Rationalisierung des Agrarsektors primär auf den RAD bezog. Da sie „ja schließlich nicht auf dem Monde" wohnten,[12] wussten sie, dass die Flurbereinigung der Landeskulturämter, die Verwendung von Maschinen und chemischen Düngemitteln als notwendige Übel anzusehen seien, die Deutschlands ‚Wiederaufstieg' beschleunigen würden. „Die wirtschaftliche Not, die schwer auf unserem Lande lastet, gilt es zu lindern; den furchtbaren

---

10 Will Decker, Der deutsche Arbeitsdienst. Ziele, Leistungen und Organisation des Reichsarbeitsdienstes Berlin 3/1941, S. 16; vgl. die borniert Rechtfertigungsschrift des ‚Reichsarbeitsführers' Konstantin Hierl, Im Dienst für Deutschland 1918-1945, Heidelberg 1954, bes. S. 101.

11 Dazu etwa o. A., Protokoll der Konferenz der Regierungsdezernenten und Bezirkskommissare für Naturschutz am 29. Juni 1935 im Vortragssaal des Landesmuseums in Hannover, in: Nachrichtenblatt für Naturschutz 12 (1934/35), S. 91; Christoph Hölz, Reichsarbeitsdienstlager, in: Winfried Nerdinger (Hg.), Bauen im Nationalsozialismus, München 1993, S. 178–213, 185.

12 Hans Klose, Die Naturschutzgesetzgebung des Reiches mit besonderer Berücksichtigung des Landschaftsschutzes, in: Tagungsbericht, Tag für Denkmalpflege und Heimatschutz Dresden, Berlin 1936, S. 42–60, 51; grundlegend zur Intensivierung der Landwirtschaft und den trotzdem vergeblichen ‚Erzeugungsschlachten' Gustavo Corni, Horst Gries, Brot, Butter, Kanonen. Die Ernährungswirtschaft unter der Diktatur Hitlers, Berlin 1997, bes. 394; Karl-Joseph Hummel, Deutsche Geschichte 1933–1945, München 1998, S. 105.

Fluch der Arbeitslosigkeit gilt es zu bannen." Diese Imperative stellte Schoenichen seinem viel beachteten „Appell der deutschen Landschaft an den Arbeitsdienst" ganz selbstverständlich voraus. Wenn er aber im Folgenden empfahl,
erstens Ödlandkultivierungen nur im Falle erwiesener ökonomischer Zweckmä
ßigkeit vorzunehmen, zweitens bei Landschaftseingriffen „die Harmonie des
Ganzen so weit als möglich ungestört zu erhalten", drittens die Betonierung der
Landschaft nur soweit voranzutreiben, dass sie das „Naturempfinden des deutschen Menschen" nicht allzu weit beeinträchtigten, viertens landschaftsgestalterisch bewusst vorzugehen, fünftens landschaftliche Schandflecke aus früheren
Jahrzehnten zu beseitigen, sechstens Naturdenkmäler unbedingt unangetastet zu
lassen und siebtens alle Arbeitsschritte mit Kennern der „wissenschaftlichen Heimatkunde und des praktischen Naturschutzes" zu koordinieren, dann wandte er
sich für alle Eingeweihten erkennbar an die deutsche Landwirtschaft in toto.
Sie bedurfte dieser Belehrung nicht weniger als die meist ortsfremden Arbeitsdienstleistenden. Auch ohne deren Beteiligung machten sich die Bauern nämlich
einer „völligen Geometrisierung" der Feldflur schuldig und schufen „undeutsche
Maschinenlandschaften", wo sie sich doch eigentlich auf die – behutsam mechanisierte – Bearbeitung „deutscher Landschaften" im vertrauten Wald- und Wiesenhabit beschränken sollten.[13]
Die zunehmend belasteten Beziehungen zwischen der exponentiell intensivierten
Landwirtschaft und den amtlichen bzw. heimatbündischen Naturschützern entspannten sich erst, als die Konzeption einer naturräumlichen Landschaftsgestaltung
– die gleichsam als Pendant der Forstökologie Vietinghoffs anzusehen ist – probate
Vermittlungsmöglichkeiten offerierte. Ihre Rezeption unter Spitzenvertretern des
Reichsnährstandes änderte gewiss nichts an den in allen deutschen Regionen klar
umrissenen und de facto unaufhebbaren Konfliktlagen zwischen Naturfreunden und
agrarisch-forstlichen Produzenten, aber die Wortführer der antagonistischen Parteien kamen auf der Basis von kompromissverheißenden Raumordnungsentwürfen
ins Gespräch. Die Bestellung des renommierten thüringischen Landschaftsexperten
Hinrich Meyer-Jungclaussens zum bedingt vetoberechtigten ‚Landschaftsberater
der Reichsleitung des Reichsarbeitsdienstes' war somit mehr als eine lediglich vage
Konzession in Richtung eines von immer mehr Naturschützern angestrebten großflächigen Landschaftsschutzes.[14]

---

13 Walther Schoenichen, Appell der deutschen Landschaft an den Arbeitsdienst, in: Naturschutz 14 (1932/33), S. 145–149; Alfons Kirchenmaier, Sinnvoller und sinnwidriger Arbeitsdienst, in: ebd., S. 38ff.; Hans Klose, Landtechnik und Feldflur, in: ebd., 20 (1939),
S. 49–52, 50f.

14 Vgl. Hinrich Meyer-Jungclaussen, Vortrag auf der ersten Reichstagung für Naturschutz,
in: Nachrichtenblatt für Naturschutz 13 (1936), S. 121; Hans Schwenkel, Reichsminister
Dr. Todt und die deutsche Landschaft, in: Naturschutz 23 (1942), S. 62–66, 65.

Meyers Berufung verstärkt den Eindruck, dass die Zahl derjenigen einschlägig verantwortlichen nationalsozialistischen Funktionsträger wuchs, die sich von der Vorstellung einnehmen ließen, nationale „Leistungslandschaften" (Wiepking-Jürgensmann) bräuchten eines ethnogenetisch förderlichen, natürlichen Ambientes nicht zu entraten.[15]

Die Annahme, eine ‚Erlösung' des eigenen Ethnos von ‚Degenerations'- und ‚Entartungsgefahren' könne aus den kulturschöpferischen, volkstumsstabilisierenden Potentialen der rational komponierten Landschaft erfolgen, teilten mit der Zeit sogar die agrartechnokratischen ‚Lenker' der nationalsozialistischen Ernährungswirtschaft. Wenngleich ihre Bevollmächtigen an den in- und schließlich auch ausländischen ‚Erntefronten' spezifische Naturschutzansinnen mehrheitlich zurückwiesen, kamen Beamte des Landwirtschaftsministeriums, darunter der einflussreiche Staatssekretär Herbert Backe und sein – 1933 kurzzeitig als lippischer Staatsminister eingesetzter – Ministerialrat Hans-Joachim Riecke, den Verteidigern der Landschaft schrittweise entgegen.[16] Riecke verlangte von den in einem festen „Netz von Anbauvorschriften, Preisregulierungen und Abnahmegarantieen" eingebundenen Bauern eine kontinuierliche Steigerung der Ertragsziffern, hielt sie aber im gleichen Atemzug dazu an, das „Landschaftsbild auch von der Seite der Schönheit her zu sehen".

Natürlich wisse er, dass nicht jede Baumgruppe stehen bleiben könne, und dass die unter den Bedingungen veränderter Anbau-, Lese- und Mähmethoden erforderlichen, von Naturschützern heftig beklagten, Umlegungsverfahren mit gebietsästhetischen Beeinträchtigungen einhergingen. Nichtsdestoweniger verlangte er, für jeden gefällten Baum zwei neue zu pflanzen, Bachbegradigungen nicht als sterilen Kanalbau zu betreiben und das Land mit Hecken zu durchgrünen.[17]

---

15 Ders., Biologisches Denken und Naturschutz, in: ebd. 17 (1936), Beilage, S. 9ff.; vgl. ders.; Warum brauchen wir Naturschutzgebiete?, in: ebd. 15 (1933/34), S. 71–76, 74; Konrad Guenther, Deutsches Nationalgefühl und Naturschutzgedanken, in: Reichszeitung der deutschen Erzieher/Nationalsozialistische Lehrerzeitung, Jg. 1937, S. 290ff.

16 Joachim Lehmann, Herbert Backe – Technokrat und Agrarideologe, in: Ronald Smelser, Enrico Syring, Rainer Zitelmann, Die braune Elite, Band II, Darmstadt 1984, S. 1–12; Arnold Ebert, Die Memoiren des letzten lippischen Staatsministers. ‚Erlebnisse und Begegnungen' des Hans-Joachim Riecke, in: Lippische Blätter für Heimatkunde Nr. 1 (1988); Hans-Jürgen Sengotta, Der Reichsstatthalter in Lippe 1933–1939. Reichsrechtliche Bestimmungen und politische Praxis, Detmold 1976, bes. 285ff.; Brief Wilhelm Münkers vom 23.2.1942 in: WHB-Archiv, M 6 Sternbergkreis 1941–1950.

17 Hans Joachim Riecke, Naturschutz bei Umlegungen und Bachregulierungen, in: Naturschutz 20 (1939), S. 159; Der Reichsminister für Ernährung und Landwirtschaft, Naturschutz und Denkmalpflege bei Umlegungen, in: Nachrichtenblatt für Naturschutz 16 (1939), S. 111f.; Norbert Frei, Der Führerstaat. Nationalsozialistische Herrschaft 1933 bis 1945, München 1987, S. 93.

Die Mahnungen „des Detmolders" (Münker) im Landwirtschaftsministerium fanden anscheinend das Gehör von immer mehr „Männern der Landeskulturverwaltung". Oftmals bestätigten die Kulturamtsleiter von sich aus, dass der „deutsche Volksboden nicht nur die Aufgabe" habe, „einen möglichst hohen Ertrag an Bodenerzeugnissen zu geben". Denn „in erster Linie" sahen sie in ihm „den Lebensraum und die Lebensgrundlage für das deutsche Volk." Aus diesem Grund wollten sie „die Maßnahmen des Umlegungsverfahrens darauf abstellen", dass das kultivierte Land „dieser Aufgabe immer besser gewachsen sein kann". Dieses Vorhaben mache es erforderlich, „die vier Grundsätze des Naturschutzes zu beachten [...]: Bedrohten Pflanzen und Tieren die Lebensmöglichkeiten erhalten; Naturdenkmäler erhalten und pflegen; Rücksicht auf Naturschutzgebiete nehmen und – vor allem – die Umlegungsmaßnahmen einfügen in das Landschaftsbild."[18]
Die von vielen Beteiligten zunächst für unmöglich gehaltene, schließlich aber doch eingetretene theoretische Annäherung zwischen Funktionären des landwirtschaftlichen Apparats und den gestaltungsorientierten Naturschützern verlief auf drei tendenziell konvergierenden Ebenen. Einen wichtigen Antriebsfaktor bildete die weithin konforme ethnozentrische Ideologie, der sich beide Seiten ohne Abstriche verschrieben hatten. Ein zweiter Impuls ging von identischen Interessen auf dem seit 1939 gewaltsam eröffneten Feld der ‚Ostraumplanung' aus. Auf ihm sind, um einen umstrittenen Terminus von Götz Aly und Susanne Heim aufzugreifen, nicht bloß Backe und Riecke zu „Vordenkern der Vernichtung" geworden, sondern auch anerkannte Kapazitäten der Landschaftsgestaltung.[19] Ein weiterer Impetus bestand in dem von allen Natur- und Heimatfreunden beifällig aufgenommenen Erlass des ‚Reichsnaturschutzgesetzes vom 26. Juni 1935'. Wegen seiner „offen zutage" tretenden „nationalsozialistischen Grundhaltung" vermochte es – nicht nur nach Ansicht Kloses – dem Werberat, der Forstwirtschaft und den Agrarökonomen neben anderen Naturfrevlern einen mitunter entlarvenden Spiegel vorzuhalten.[20]

---

18 K. W. Nolda, Umlegung und Naturschutz, in: Naturschutz 19 (1938), S. 104–108, 106.

19 Götz Aly, Susanne Heim, Vordenker der Vernichtung. Auschwitz und die deutschen Pläne für eine neue europäische Ordnung, Hamburg 1991, S. 386; Lehmann, Herbert Backe, S. 8; Gert Gröning, Joachim Wolschke, Naturschutz und Ökologie im Nationalsozialismus, in: Die Alte Stadt 10 (1983), S. 1–17, 11.

20 Hans Klose, Das RNG und die Forstwirtschaft, in: Jahresbericht des Deutschen Forstvereins, Jg. 1935, S. 314–333, 315; vgl. Walther Schoenichen, Das Reichsnaturschutzgesetz vom 26. Juni 1935, in: Naturschutz 16 (1934/35), S. 241ff.; zur Chronologie des Gesetzentwurfs Walter Mrass, Zum 75-jährigen Bestehen der Bundesforschungsanstalt für Naturschutz und Landschaftsökologie, in: Natur und Landschaft 1981, S. 199f.

Zur zeitgenössischen Bewertung des Reichsnaturschutzgesetztes

Zu sehr viel mehr war das RNG allerdings nicht befähigt. Es sollte zum einen den rüstungs- und kriegswirtschaftlichen Aufschwung mit seinem exzessiven Rohstoffverschleiß keinesfalls bremsen. Zum anderen wies es einige auf den ersten Blick auszumachende strukturelle Mängel auf. Dass ihm gleichfalls einige Vorzüge eigen waren, sollte nicht zu der Annahme verleiten, das Gesetz habe die ‚grüne' Metamorphose der ‚braunen Diktatur' eingeleitet. Mochte auch zwischen 1936 und 1939, wie Klose im unaufgelösten Widerspruch zu seiner Beurteilung des Arbeitsdienstes meinte, „die hohe Zeit des deutschen Naturschutzes" angebrochen sein, so war doch bald zu erkennen, dass er keineswegs allgemein „als unabdingbare Selbstverständlichkeit anerkannt" wurde.

Die Behauptung, eine gewissenhafte „Berücksichtigung" des Naturschutzes gehöre „letzten Endes ebenso zum heutigen Deutschland [...] wie etwa die Raumordnung oder KdF oder die Kunstpflege", traf in der Gesamtschau kaum zu.[21] Das ‚Dritte Reich' gerierte sich nicht als normenstrenger Leviathan, sondern als Behemoth, dem am „Substanzverlust geregelter Staatsorganisation" gelegen war. Der Nationalsozialismus lockerte die „Bindung des Richters an das geschriebene Recht" und leistete seiner Beugung, Missachtung oder Brechung auch in Bezug auf das RNG aktive Beihilfe.[22]

Ein folgenschwerer ‚Geburtsfehler' des Naturschutzgesetzes bestand darin, dass es unter der Kuratel Hermann Görings verfasst und verabschiedet wurde. Der designierte Beauftragte für den Vierjahresplan wollte heimatbewegten Traditionalisten und naturschwärmerischen Gegnern der anstehenden Wirtschaftspolitik den Wind aus den Segeln nehmen. Deshalb eignete er sich als Reichsforstmeister die Ressortzuständigkeit für den Naturschutz handstreichartig an. Mit einem einzigen – unter deutschen Naturschutzbeauftragten legendären – Telefonat hatte er den bisher zuständigen Bildungsminister Bernhard Rust soweit eingeschüchtert, dass dieser den Naturschutz ohne Protest und Gegenleistung an den ‚übergewichtigen' Kabinettskollegen abtrat. Für das Projekt eines reichsübergreifenden Naturschutzgesetzes wurde Göring anschließend von seinem Jagdfreund, dem deutschnationalen Generalforst-

---

21 Hans Klose, Der Weg des deutschen Naturschutzes, Egestorf 1949, S. 15; ders., Naturschutz als Selbstverständlichkeit, in: Naturschutz 20 (1939), S. 1–4, 2.

22 Wolfgang Benz, Partei und Staat im Dritten Reich, in: Martin Broszat, Horst Möller (Hg.), Das Dritte Reich. Herrschaftsstrukturen und Geschichte, München 1983, S. 64–82, 74; Lothar Gruchmann, Rechtssystem und nationalsozialistische Justizpolitik, in: ebd., S. 83–103, 98; Ralph Angermund, ‚Recht ist was dem Volk nutzt'. Zum Niedergang von Recht und Justiz im Dritten Reich, in: Karl Dietrich Bracher, Manfred Funke, Hans-Adolf Jacobsen (Hg.), Deutschland 1933–45. Neue Studien zur nationalsozialistischen Herrschaft, Bonn 1992, S. 57–75; Franz Neumann, Behemoth. Struktur und Praxis des Nationalsozialismus 1933–1944, Frankfurt a. M. (Tb.) 1984.

meister Walter von Keudell, gewonnen. Auf dessen Initiative hin waren bereits im Vorfeld einschlägig vorgebildete Naturschutzkenner, u. a. der Leiter des Berliner Volksbundes Naturschutz, Klose, in den Dienst des Reichsforstamtes gestellt worden. Keudell, der, obwohl er wegen Unterstützung des Kapp-Putsches 1920 seines Landratspostens enthoben worden war, 1927 als Reichsinnenminister der ‚bürgerlichen‘ Koalition unter dem Zentrumspolitiker Wilhelm Marx amtiert hatte,[23] forcierte eine zügige Niederschrift des Gesetzesentwurfs, die in der kurzen Frist zwischen Februar/März und Juni 1935 zum Abschluss gebracht werden konnte. Ältere Vorarbeiten aus der Feder Schoenichens sind von dem Autorenteam um Klose nach eigener Auskunft nicht berücksichtigt worden.[24]

Mit dem RNG gingen insbesondere organisatorische Reformen einher. Es löste die preußische Naturschutzstelle durch eine ‚Reichsstelle‘ ab,[25] die im Auftrag der

---

23 Axel Schildt, Konservatismus in Deutschland. Von den Anfängen im 18. Jahrhundert bis zur Gegenwart, München 1998, S. 154.

24 Vgl. STAD, L 80 Ia, XXX, 2, Nr. 4; Bundesarchiv Koblens (= BAK), B 245, Nr. 196; Walther Schoenichen, Die Reichsnaturschutzverordnung vom 18. März 1936, in: Naturschutz 17 (1936), S. 269; Hans Schwenkel, Der Landschaftsschutz nach dem Reichsnaturschutzgesetz, in: ebd. 21 (1940). Beilage, S. 4-8; Hans Klose, Zur Geschichte des Reichsnaturschutzgesetzes, in: Nachrichtenblatt für Naturschutz und Landschaftspflege 25 (1954), S. 23f.; Carl Duve, Das Ethos des Naturschutzes in Gesetz und Rechtsprechung, in: Konrad Buchwald u. a. (Hg.), Festschrift für Hans Schwenkel zum 70. Geburtstag, Ludwigsburg 1956, S. 544–563, 549f.; Hans Schwenkel, Prof. Dr. W. Schoenichen zum Gedächtnis, in: Natur und Landschaft 32 (1957), S. 58f.; Heinrich Fr. Wiepking-Jürgensmann, Gruß und Dank an Dr. Hans Klose, in: ebd. 35 (1960), S. 23.

25 Die Reichsstelle gliederte sich in sechs Abteilungen:

Abteilung	Aufgaben	Leiter
Leitung	Ausrichtung der übrigen Naturschutzstellen; Internationale Vertretung des deutschen Naturschutzes; Arbeitstagungen und Lehrgänge; volkstümliche Veröffentlichungen; Erforschung von Naturdenkmalen und Naturschutzgebieten; geologische Naturdenkmale; Presse und Rundfunk.	Dr. Hans Klose
Vertretung des Direktors	Schriftleitung der Zeitschrift ‚Naturschutz‘ und des ‚Nachrichtenblattes für Naturschutz‘; Ausstellungswesen, Gewässerkunde.	Dr. Effenberg
Pflanzenkunde u. a.	Pflanzensoziologie; geschützte Pflanzen, Heilpflanzen; Naturdenkmale und Naturschutzgebiete; wissenschaftliche Veröffentlichungen	Dr. Hueck
Vogelwelt	Vogelschutz und Vogelhege; wissenschaftliche Vogelberingung	Dr. Glasewald
Übrige Tierwelt	u. a. Fang und Beringung von Stubenvögeln; Lichtbild und Film	Dr. Herbert Ecke
Landschaftspflege	Landschaftsschutz und Landschaftsgestaltung	Direktor Klose

Quelle: Lutz Heck, Die derzeitige Gliederung des deutschen Naturschutzes, in: Naturschutz 23 (1942), S. 73–75, 73.

von Lutz Heck, dem bekannten Berliner Zoologen und vorgeblichen Göring-Intimus,[26] geleiteten Naturschutzabteilung des Reichsforstamtes selbstständig tätig wurde. Ferner nahm es eine luzide Trennung zwischen Naturschutzbehörden und nebenamtlich besetzten Naturschutzstellen vor. Deren Kommissare wurden jetzt ebenso wie ihre Kollegen in den Provinzen, Bezirken und Kreisen als Naturschutzbeauftragte bezeichnet. Sie waren mit einem Dienstausweis ausgestattet; exekutive Befugnisse kamen ihnen allerdings nicht zu.[27] Im Vergleich zu vorausgegangenen Regelungen komprimierte und hierarchisierte das Gesetz den institutionellen Aufbau des deutschen Naturschutzes.

Die Kritiker des Naturschutzgesetzes haben seine Schwachstellen anhand der organisatorischen Bestimmungen austariert. Sie machten auf den im Ergebnis unzureichenden ‚Beratungsauftrag' der Naturschutzstellen aufmerksam und reklamierten zu Recht, dass es den bislang praktizierten „Feierabendnaturschutz" sogar legislativ verankert habe. Dem RNG wurde somit angelastet, dass es die untergeordneten ‚Stellen' mit ‚ökologisch' unerfahrenen Museumsdirektoren, Studienräten oder sonstigen – weniger professionellen als passionierten – Laien besetzte. „Angehörige planender und gestaltender Berufe wie Architekten, Garten- und Landschaftsarchitekten und Ingenieure sowie auch Landwirte waren im staatlichen Naturschutz wie unter den Beauftragten" selten zu finden. „Die Frage", ob dadurch tatsächlich „ein Irrweg beschritten wurde, unter dem […] die Realisierung landespflegerischer Aufgaben zu leiden" hatte, drängt sich infolge dieses Befundes unwillkürlich auf.[28]

So berechtigt diese Annahme wegen der fortschreitenden – eben auch landschaftlichen – Umweltzerstörung in der NS-Zeit erscheint, so entschieden wäre sie von den zahlreichen Anhängern und Verfechtern des Gesetzes zurückgewiesen worden. Aus ihrer Perspektive begünstigte das RNG die Kooperation zwischen den Naturschützern, den Kulturämtern der Flurbereinigung und den mehr und mehr etablierten Lan-

---

26 Dazu WHB-Archiv, M 6 Sternbergkreis 1941–1950; bes. die scharfe Kritik des WHB-Vorsitzenden Kolbow, der glaubte, dass Heck danach trachte, seine Untergebenen Schwenkel und Klose „an die Leine" zu legen.

27 Den Naturschutzbeauftragten war es auch ausdrücklich untersagt, das Reichsdienstsiegel zu führen. Vgl. die entsprechende Mitteilung des Reichsforstmeisters in: Natur und Heimat 4 (1937), S. 23.

28 Wolfram Pflug, 200 Jahre Landespflege in Deutschland. Eine Übersicht, in: Alfred C. Boettger, Wolfram Pflug (Hg.), Stadt und Landschaft – Raum und Zeit. Festschrift für Erich Kühn, Köln 1969, S. 237–289, S. 258f.; Wolfgang Erz, Zur zeitgeschichtlichen Entwicklung von Naturschutz und Landschaftspflege, in: Jahrbuch des Rheinischen Vereins für Denkmalpflege und Landschaftsschutz, Neuss 1981, S. 367–388, 378; ders., 75 Jahre Bundesforschungsanstalt für Naturschutz und Landschaftsökologie im Spiegel deutscher Naturschutzgeschichte, in: Jahrbuch Naturschutz und Landschaftspflege 33 (1983), S. 177–193, 185f.

desplanungseinrichtungen. Vor allem auf der juristisch pointiert als „Treuhänder[in]
der Reichsstelle" für Naturschutz herausgestellten Provinzialebene bahnten sich
demnach einträgliche Kontakte zwischen verschiedenen Instanzen einer naturnahen
Landschaftsgestaltung an, die angeblich manchen alten „Heimatfreund" in einen the-
rapeutisch begabten „Landschaftsarzt" verwandelten.[29]

Dieser Optimismus zeitgenössischer Naturschutzfachleute gründete auf vier Faktoren. Erstens erlaubte das RNG die Ausweisung neuer Naturschutzgebiete in allen
deutschen, nach 1938 auch österreichischen und sudetendeutschen Regionen.[30]
Darüber hinaus verlieh es dem zuvor weithin unbekannten Terminus ‚Landschaftsschutz' gesetzgeberisch Gestalt. Im Gegensatz zu Naturschutzgebieten, die wegen
ihres wissenschaftlichen, ‚ökologischen' und gleichzeitig museal-weiheräumlichen
Wertes von der wirtschaftlichen und baulichen Nutzung ausgeschlossen waren,[31]
standen Landschaftsschutzgebiete einer ökonomischen, infrastrukturellen und architektonischen Erschließung unter bestimmten Auflagen offen. Vor allem war sicherzustellen, dass ihr überliefertes Erscheinungsbild nicht durch krasse Eingriffe verändert würde.[32]

Zweitens wurden mit dem RNG eine ganze Reihe von Durchführungsverordnun-
gen, Verfügungen und Bestimmungen in Kraft gesetzt, die zur Beachtung des Naturschutzes bei der Errichtung von Verkehrs- und Wasserwegen, bei Meliorationen und
Umlegungen, bei forstlichen Maßnahmen und sogar bei der Plakatwerbung anhiel-

---

29 Hans Klose, Über die besonderen Aufgaben einer Provinzstelle für Naturschutz, in: Der
   märkische Naturschutz, Jg. 1940, H. 42, S. 256–260, 258; ders., Fünf Jahre Reichsnaturschutzgesetz, in: Naturschutz 21 (1940), S. 85–88, 87; vgl. auch Hans Schwenkel, Die
   Aufgaben der Naturschutzstellen, in: ebd., S. 13–17; Walther Schoenichen, Die Naturschutzbehörden nach dem Reichsnaturschutzgesetz, in: ebd. 17 (1936), S. 25ff.
30 Vgl. Gesetz über die Regelung des Landbedarfs der öffentlichen Hand vom 29. März
   1935, in: Nachrichtenblatt für Naturschutz 12 (1935) o. S.; Gesetz über Landbeschaffung
   der Wehrmacht vom 29. März 1935, in: ebd., o. S.; Adolf Merkel, Die Gegenwartslage des
   Naturschutzes in Österreich, in: Naturschutz 19 (1938), S. 73–76.
31 Dazu Heinrich Feuerborn, Vortrag auf der Ersten Reichstagung für Naturschutz, in: Nachrichtenblatt für Naturschutz 13 (1936), S. 124; o. A., Der Verein Naturschutzpark, in: Naturschutz 16 (1934/35), S. 8f.
32 Hans Klose, Der Schutz der Landschaft nach § 5 des Reichsnaturschutzgesetzes, in: Der
   Schutz der Landschaft nach dem Reichsnaturschutzgesetz. Vorträge auf der ersten Reich-
   tagung für Naturschutz in Berlin am 14. November 1936, Neudamm 1937, S. 5–20; bes. 5;
   ders., Naturschutzgebiete – Landschaftsschutzgebiete, in: Naturschutz 21 (1940), S. 61–
   65; Werner Weber, Die Bedeutung des dritten Gesetzes zur Änderung des Reichsnaturschutzgesetzes, in: ebd. 19 (1938), S. 49f.; Knut Haarmann, Objektschutz, in: Gerhard Olschowy, Natur- und Umweltschutz in der Bundesrepublik Deutschland, Hamburg/Berlin
   1988, S. 772–776, 773.

ten.[33] Drittens bestimmte der Paragraph 20 der „Magna Charta des deutschen Naturschutzes" (Klose), dass die Naturschutzstellen bei sämtlichen Planungsverfahren und siedlungspolitischen Vorhaben sowohl von Privatleuten als auch von öffentlichen Einrichtungen „anzuhören" seien. Viertens schien mit dem RNG endlich auch die für die gesamte frühere Natur- und Heimatschutzgesetzgebung verdrießliche Entschädigungsfrage gelöst werden zu können. Von einem Staatswesen erlassen, „das die inneren Zusammenhänge von Blut und Boden, Volkstum und Heimat" erkannt habe, „das wirklich Gemeinnutz über Eigennutz" stellte, rammte das Gesetz das widerständige „Bollwerk liberalistischer Eigentumsbehauptung" teilweise ein.[34]

Allerdings warnte der Jurist Werner Weber, dem der Naturschutz ausführliche Kommentare zum RNG verdankte, vor überbordenden Erwartungen. Das Verfügungsrecht privater Eigner über Objekte des Natur- und Kunstschutzes sei noch nicht völlig vom Tisch, da eine drastische Einschränkung „dem nationalsozialistischen Rechtsdenken nicht entsprechen würde." Natürlich, so ergänzte Weber, sei jeder „Volksgenosse von vornherein ausgerichtet [...] auf die völkische Gemeinschaftsordnung, innerhalb deren ihm eine bestimmte volksgenössische Gliedstellung zugewiesen ist. Diese völkische Gemeinschaftsordnung ist alles andere als eigentumsfeindlich. Aber sie sieht in dem, was der einzelne Volksgenosse zu eigen hat, nicht einen Gegenstand, über den der Volksgenosse nach Belieben und unumschränkt herrscht, sondern Gemeingut, zu dessen eigenverantwortlicher Verwaltung er gegenüber Volk und Reich verpflichtet ist."[35]

---

33 Vgl. exemplarisch o. A., Durchführung des Reichsnaturschutzgesetzes, in: Nachrichtenblatt für Naturschutz 14 (1937), S. 10ff; MEuL, Berücksichtigung des Naturschutzes bei Meliorationsarbeiten, in: ebd., S. 115; Reichsumlegungsordnung vom 16. Juni 1937, in: ebd., S. 73f.; o. A., Verfügungen und Erlasse über Landschaftsgestaltung, in: Heimatleben, Jg. 1940, S. 211–217; Oberste Naturschutzbehörde, Vereinbarung über Zusammenarbeit zwischen Naturschutz- und Planungsbehörden, in: Nachrichtenblatt für Naturschutz 18 (1941), S. 33f.; Runderlaß des Generalinspektors für Wasser und Energie und des Reichsministers für Ernährung und Landwirtschaft vom 11. 9. 1941, in: ebd., S. 34f.; ferner Oberlandforstmeister Prof. Eberts, Vortrag auf der Ersten Reichstagung für Naturschutz, in: ebd. 13 (1936), S. 117f; Erfolge gegen die Außenreklame bilanziert Hubert Iven, Landschaftspflege am Rhein, in: Heimatleben, Jg. 1940, S. 93ff.; allgemein Hans Schwenkel, Lebensbild von Dr. Hans Klose, in: Nachrichtenblatt für Naturschutz und Landschaftspflege 25 (1954), S. 21ff.; Max Bromme, Hans Klose ein Achtzigjähriger! in: Natur und Landschaft 35 (1960), S. 21f.

34 Hans Klose, Adolf Vollbach, Einleitung, in: dies. (Hg.), Das Reichsnaturschutzgesetz, Neudamm 1936, S. 8–14, 13; Werner Weber, Der Naturschutz im Rahmen der völkischen Gestaltungsaufgaben, in: O. A., Der Schutz der Landschaft nach dem Reichsnaturschutzgesetz, Neudamm 1937, S. 40–48, 40.

35 Ders., Der Eigentümer im Naturschutzrecht, in: Naturschutz 17 (1936), Beilage, S. 7f.; vgl. ders., Der Naturschutz im neuen Umlegungsrecht, in: ebd. 18 (1937), S. 153f.; ders.,

Gemessen an herkömmlichen positivistischen Rechtsvorschriften erschienen die völkisch-nebulösen Generalklauseln Webers zwar wachsweich, es zeigte sich freilich bald, dass sie nicht ohne Einfluss blieben. Als „Treuhänder der Volksgemeinschaft" erfuhren Besitzer von denkmalinventarisierten Gütern in der Regel eine „heute unbekannt harte Sozialbindung", die zu umgehen nicht unbedingt ratsam war.[36]

Formell dehnte das RNG die Margen des bürokratischen und ehrenamtlich-heimatbewegten Naturschutzes also aus. Vor allem die legislativen Implantate der ,volksgemeinschaftlichen' Eigentumsbeschränkungen und des ,Landschaftsschutzes' blieben nicht ganz folgenlos. Die von den Naturschützern in Ausstellungen, Vorträgen und Filmen öffentlich herausgestellte „Verantwortung" ihres Faches „dem Volksganzen gegenüber" war 1935 freilich noch nicht so weit gediehen, dass sie aus eigenem Antrieb die forstliche und kulturlandschaftliche Umsetzung innovativer Konzepte einer sowohl ökonomisch als auch landespflegerisch motivierten Landschaftsgestaltung hätte leisten können.[37] Dazu mussten zusätzlich externe Impulse auf die Naturschutzinstitutionen einwirken. Zudem erwies sich ein Revirement in der Führungsspitze der Reichsstelle als Voraussetzung dafür, dem Gestaltungsansatz als Widerpart der alten archivierenden Naturdenkmalpflege die Bahn zu ebnen.

Zur Bürokratie des Reichsnaturschutzgesetzes

Sein prominentes Opfer war Walther Schoenichen. Der lang gediente oberste Naturschutzbeauftragte Preußens bzw. des Deutschen Reiches hatte zwischen 1933 und 1938 die Mehrheit seiner Kollegen gegen sich aufgebracht. Er galt einerseits als Fossil der puristischen Conwentzschen Naturdenkmalpflege, der er, trotz scharfer Dementi, in der Tat die Treue hielt.[38] Andererseits hatte er sich unbeliebt gemacht, als er aus der Erbmasse des ,Reichsbundes Volkstum und Heimat', einen eigenständigen

---

Das Recht des Landschaftsschutzes, Neudamm 1938, S. 69; Staatsanwalt Dr. Hartmann, Über die Notwendigkeit die strafrechtliche Verfolgung des Naturfrevels zu zentralisieren, in: Naturschutz 17 (1936), S. 105ff.

36 Michael Siegel, Denkmalpflege als öffentliche Aufgabe. Eine ökonomische, institutionelle und historische Aufgabe, Göttingen 1985, S. 59; vgl. generell Rudolf Esterer, Heimatpflege – Denkmalpflege, in: Heimatleben, Jg. 1941, S. 119f.

37 Herbert Ecke, Grundsätzliches zum Naturschutzfilm, in: Naturschutz 20 (1939), S. 59ff., 59; Hans Schwenkel, Die Naturschutzausstellung der Reichsstelle für Naturschutz, in: ebd., S. 22f.

38 Walther Schoenichen, Die Entwicklung des deutschen Naturschutzes, in: Reichszeitung der Deutschen Erzieher/Nationalsozialistische Lehrerzeitung, Jg. 1937, S. 293ff.; ders., Geleitwort, zu: Hans Schwenkel, Grundzüge der Landschaftspflege, Neudamm 1938, o. S.; BAK, B 245, Nr. 170, Bl. 545.

‚Deutschen Naturschutzbund' in Konkurrenz zum DBH zu gründen versuchte. Schoenichens Unterfangen, sich an die Spitze eines souveränen Dachverbandes der „Wander- und Gebirgsvereine, Heimatvereine, Vogelschutz-, Aquarien- und Terra- rienkunde-Vereine u. a." zu stellen, wurde im März 1935 von Vertretern des Rust- Ministeriums sowie dem nachhaltig verstimmten Heimatbundvorsitzenden Haake vereitelt.[39]

Es bot verärgerten Naturfreunden dennoch einen Anlass, teils offen, teils im Ver- borgenen „gegen die Reichsstelle für Naturschutz zu wühlen." Diese Ranküne schwächten ihr bereits durch die Ablösung von Keudells angeschlagenes Direkto- rat.[40] Der in Personalfragen entscheidungsrelevanten Naturschutzadministration um Heck war der Prestigeverlust der Nachbarinstitution augenscheinlich willkommen. Sie betrieb die baldige Pensionierung ihres Leiters in egoistischer Absicht. Eine Absetzung Schoenichens bot die Chance, den eigenwilligen, von Heck als Rivalen wahrgenommenen Klose mit der Führung der Reichsstelle zu betrauen und ihn somit in eleganter Weise aus dem inneren Zirkel des Forstamts hinauszukomplimentieren. Diese Erwägungen besiegelten Schoenichens Schicksal. „Die Versetzung in den Ruhestand am 1.10.1938 erfolgte […] in allen Ehren ohne Gehaltskürzungen und unter Belassung in folgenden Funktionen: Honorarprofessor an der Universität Ber- lin, Vertreter Deutschlands in der Organisation des internationalen Naturschutzes."[41]

Die Entlassung des Conwentz-Schülers ließ die Befürworter einer weit gefassten Landschaftsgestaltung aufatmen. Sie setzten ihre Hoffnungen auf Klose, dem die „neue Aufgabe" fraglos „besser auf den Leib geschrieben" war als seinem Vorgän- ger. Von Klose ging dann auch der von vielen als überfällig empfundene „Schritt zur Landschaftspflege mit ihren zum Teil gewaltigen Gegenwarts- und Zukunftsper- spektiven" aus.[42]

---

39 WHB-Archiv, F 10 NUN 1934–1941.

40 Heinrich Rubner, Forstgeschichte, Berlin 1967, S. 197f.; ders., Naturschutz, Forstwirt- schaft und Umwelt in ihren Wechselbeziehungen bes. im NS-Staat, in: Hermann Kellen- benz (Hg.), Wirtschaftsentwicklung und Umweltbeeinflussung (14.–20. Jahrhundert). Be- richte der 9. Arbeitstagung der Gesellschaft für Sozial- und Wirtschaftsgeschichte, Wies- baden 1983, S. 105–123, 114.

41 Hans Schwenkel, Prof. Dr. Walther Schoenichen zum 80. Geburtstage am 18. Juli 1956, in: Nachrichtenblatt für Naturschutz und Landschaftspflege 27 (1956), S. 17f.,17; BAK, B 245, Nr. 196, Bl. 396; ein detaillierter Bericht Kloses über diese Vorgänge in: ebd., Nr. 237, Bl. 24f.; zu den internationalen Verpflichtungen Schoenichens etwa ebd., Nr. 170, Bl. 602; Nr. 196, Bl. 2f.; vgl. den Lebenslauf Schoenichens in: ebd., Nr. 254, Bl. 292f.

42 Walther von Keudell, Naturschutz–Landschaftsschutz–Landschaftspflege durch Hans Klose geformt, in: Natur und Landschaft 35 (1960), S. 19f.; Karl Asal, Dem getreuen Ek- kehard des deutschen Naturschutzes, in: ebd., S. 25.

Mit dieser 1960 durch von Keudell niedergelegten Ehrenerklärung für Hans Klose möchte ich mein kursorisches Fazit einleiten: Das RNG wurde von engagierten Naturschutzfachleuten als ein Beitrag zur Erweiterung der klassischen Naturdenkmalpflege in Richtung einer aktiven Landschaftsgestaltung gedeutet. Namentlich die Generation der Frontkämpfer – Klose, Wiepking, Meyer-Jungclaussen – sowie die der zwischen 1900 und 1910 nachgeborenen Experten – zu denken wäre an Erhard Mäding und manche der regionalen Landschaftsanwälte Alwin Seiferts – machten sich diese Sinnzuschreibung zu Eigen. Von ihrem Standpunkt aus erschien die ‚naturentsprechend‘ planifizierte und kenntnisreich gestaltete, gleichzeitig produktionsintensive Kulturlandschaft als Voraussetzung einer deutschen ‚Volkwerdung‘, die das Unterpfand der mörderischen ethnischen ‚Neuordnung‘ Deutschlands und Europas liefern sollte. Aus diesem Blickwinkel spielten städtische und ballungsräumliche Umweltprobleme eine untergeordnete, im Zuge späterer politischer Maßnahmen fast automatisch zu lösende Rolle.

Joachim Wolschke-Bulmahn und Gert Gröning

Zum Verhältnis von Landschaftsplanung und Nationalsozialismus

Dargestellt an Entwicklungen während des Zweiten Weltkriegs in den „eingegliederten Ostgebieten"

1. Vorbemerkung

Die erste Hälfte des 20. Jahrhunderts ist in der Geschichte der Landschaftsarchitektur eine wichtige Phase, in der die Disziplin von dem Aufgabengebiet der Gartenarchitektur hin zur heutigen Landschaftsarchitektur mit Aufgabenbereichen wie Gartenarchitektur, kommunale Grünplanung, Landschaftsplanung und Naturschutz ausdifferenziert wurde. Der folgende Beitrag soll einige Facetten dieser Entwicklung aus der Zeit des Nationalsozialismus am Beispiel der Tätigkeit eines Planungsstabes des Reichsführers SS, Heinrich Himmler, in seiner Funktion als Reichskommissar für die Festigung deutschen Volkstums beleuchten.[1]

Die Entwicklung von der Gartenarchitektur zur Landschaftsplanung setzte in Deutschland lange vor 1933 ein und erreichte in der Weimarer Republik unter einer demokratischen Perspektive einen Höhepunkt. Die Entstehung und die landschaftsplanerischen Aktivitäten des Ruhrsiedlungsverbandes z. B. beruhten auf einer sozia-

---

1 Zu dieser Thematik haben die Autoren zahlreiche Beiträge veröffentlicht. Die wichtigste gemeinsame Publikation zur Thematik ist das Buch „Der Drang nach Osten. Zur Entwicklung der Landespflege im Nationalsozialismus und während des Zweiten Weltkriegs in den ‚eingegliederten Ostgebieten'", München 1987. Weitere Publikationen der Autoren dazu sind u. a. „Regionalistische Freiraumgestaltung als Ausdruck autoritären Gesellschaftsverständnisses – Ein historischer Versuch, in: Kritische Berichte 12 (1984), H. 1, S. 5–46; „The National Socialist Garden and Landscape Ideal: *Bodenständigkeit* (Rootedness in the Soil)", in: Richard Etlin (Hg.), Art, Cultur, and Media under the Third Reich, Chicago und London 2002, 73–97.
Siehe auch z. B. Mechtild Rössler und Sabine Schleiermacher (Hg.), Der ‚Generalplan Ost'. Hauptlinien der nationalsozialistischen Planungs- und Vernichtungspolitik, Berlin 1993; Matthias Burchardt, Der Generalplan Ost: Ein finsteres Kapitel Berliner Wissenschaftsgeschichte, Working Paper Nr. 38, Wirtschafts- und Sozialwissenschaften an der Landwirtschaftlich-Gärtnerischen Fakultät, Humboldt-Universität zu Berlin, Berlin 1997. Zur Auseinandersetzung mit dem ‚Drang nach Osten' siehe Wolfgang Wippermann, Der ‚deutsche Drang nach Osten'. Ideologie und Wirklichkeit eines politischen Schlagwortes, Darmstadt 1981.

len Orientierung, die die Interessen der im Ruhrgebiet lebenden Bevölkerung zum
Ausgangspunkt hatten. Diese soziale Orientierung sollte nach 1933 verloren gehen.
In der Zeit des Nationalsozialismus wurden landschaftsplanerische Entwicklungen
vor allem von zwei Fachleuten vorangetrieben, von Alwin Seifert, der unter der Führung des Generalinspektors für das deutsche Straßenwesen, Fritz Todt, mit der Landschaftsplanung beim Bau der Reichsautobahnen betraut war, und von Heinrich Friedrich Wiepking-Jürgensmann.[2] Im Zusammenhang dieser Thematik ist vor allem
Heinrich Wiepking von Bedeutung.

Der Phase der nationalsozialistischen Diktatur kommt für die fachspezifische
Geschichtsforschung aus verschiedenen Gründen besondere Bedeutung zu. Einer
davon ist, dass sich an dieser – zeitlich gesehen kurzen Phase – deutlich herausarbei-
ten lässt, wohin Landschaftsarchitekten wie Heinrich Friedrich Wiepking-Jürgensmann und Alwin Seifert, die nach der Befreiung vom Nationalsozialismus weiter
eine führende Rolle im Fach spielten, das Fach unter den besonderen diktatorischen
Planungsbedingungen des Nationalsozialismus entwickeln wollten. Denn diese
schienen ihnen nach dem Überfall auf Polen und dem Beginn des Krieges gegen die
Sowjetunion ideale Umsetzungsmöglichkeiten ihrer landschaftsplanerischen Vorstellungen zu bieten – ohne Rücksicht auf bestehende Besitzverhältnisse und ohne
Rücksicht auf die in den besetzten Gebieten lebenden Menschen.

2. Nationalsozialistische Landschaftsplanung
   in den „eingegliederten Ostgebieten"

Nach dem Überfall auf Polen begann das nationalsozialistische Deutschland sehr
schnell eine systematische Besitzergreifung der eroberten Gebiete. Das durch die am
28. September 1939 vereinbarte deutsch-sowjetische Demarkationslinie an Deutschland gefallene Gebiet wurde von den Nationalsozialisten aufgeteilt in die „eingegliederten Ostgebiete" (als Zone der Neuordnung und Eindeutschung) und das „Generalgouvernement" (als Zone der Abkapselung und Ausbeutung von Polen und Juden).[3]
Das Generalgouvernement sollte die aus den einzugliedernden Gebieten vertriebe-
nen Menschen aufnehmen und als riesiges Arbeitslager dienen; den „eingegliederten
Ostgebieten" war die Aufgabe zugedacht, so schnell wie möglich ‚eingedeutscht' zu
werden, um als neuer Siedlungsraum für deutsche Siedler aus dem so genannten Alt-

---

2 Zu biographischen Angaben zu Seifert, Wiepking und anderen Landschaftsarchitekten
   siehe Gert Gröning und Joachim Wolschke-Bulmahn, Grüne Biographien. Biographi-
   sches Handbuch zur Landschaftsarchitektur des 20. Jahrhunderts in Deutschland, Berlin
   und Hannover, 1997.
3 Vgl. Martin Broszat, Nationalsozialistische Polenpolitik 1939 – 1945 (Schriftenreihe der
   Vierteljahreshefte für Zeitgeschichte 2), Stuttgart 1961, S. 32.

reich und für sogenannte Volksdeutsche aus dem Ausland zu dienen. Dieses Gebiet von ca. 90.000 km² und 10 Millionen Einwohnern wurde untergliedert in die Reichsgaue Posen (ab 29. Januar 1940 Reichsgau Wartheland) und Danzig-Westpreußen sowie die Regierungsbezirke Zichenau in Süd-Ostpreußen (ein Gebiet mit damals weniger als zwei Prozent deutscher Bevölkerung) und Kattowitz in Oberschlesien.[4]

In den „eingegliederten Ostgebieten" sahen führende Landschaftsarchitekten, Landschaftsplaner, Stadtplaner und Architekten ein schier unerschöpfliches Aufgabenfeld, in dem sich vermeintlich die Möglichkeit bot, Landschaft in idealtypischer Weise als Lebensraum des deutschen Volkes zu gestalten. Dies klingt z. B. bei Alwin Seifert (Abb. 1) an, einem der führenden Landschaftsarchitekten des Nationalsozialismus. Er hatte sich u. a. als „Reichslandschaftsanwalt" unter dem Generalinspektor für das deutsche Straßenwesen, Fritz Todt, auch intensiv mit Planungen im Osten beschäftigt. Seifert schrieb 1941: „Wenn der Osten Heimat für Deutsche aus allen Gauen werden und wenn er ebenso blühen und schön werden soll wie das übrige Reich, so genügt es nicht, die Städte von den Folgen polnischer Wirtschaft zu befreien und saubere, gefällige Dörfer zu bauen; dann muß auch die Landschaft wie-

Abb. 1: „Reichslandschaftsanwalt" Alwin Seifert wird Adolf Hitler vorgestellt; links Fritz Todt, Generalinspektor für das deutsche Straßenwesen. Die Straße 3 (1936), S. 642.

4 Vgl. Broszat, Polenpolitik, S. 34ff.

der eingedeutscht werden".[5] Für die systematische Planung in den Ostgebieten – und damit auch für die Entwicklung der Landespflege – ist aber nicht so sehr die Tätigkeit der Landschaftsanwälte unter Todt, sondern die eines landschaftsplanerischen Arbeitsstabes unter dem Reichsführer SS, Heinrich Himmler, von Bedeutung.

Ein geheimer Führererlass vom 7. Oktober 1939 betraute Himmler als „Reichskommissar für die Festigung deutschen Volkstums" (im Weiteren RKF abgekürzt) mit den folgenden Aufgaben:

„1. Die Zurückführung der für die endgültige Heimkehr in das Reich in Betracht kommenden Reichs- und Volksdeutschen im Ausland,

2. die Ausschaltung des schädigenden Einflusses von solchen volksfremden Bevölkerungsteilen, die eine Gefahr für das Reich und die deutsche Volksgemeinschaft bedeuten,

3. die Gestaltung neuer deutscher Siedlungsgebiete durch Umsiedlung, im besonderen durch Seßhaftmachung der aus dem Ausland heimkehrenden Reichs- und Volksdeutschen."[6]

Von diesem Aufgabenkatalog ist Himmler die unter 3. genannte „Gestaltung neuer Siedlungsgebiete" mit besonderem Engagement angegangen. Die „Gestaltung neuer Siedlungsgebiete" bedeutete eine bis dahin unbekannte Aufgabe, für die es kein Vorbild gab. So betonte Himmler auch das Revolutionäre dieses Vorgangs: „Die Umsiedlung erfolgt aus Grund [vermutlich: auf Grund, d. Verf.] neuester Forschungsergebnisse und wird revolutionäre Ergebnisse erbringen, weil sie nicht nur Volkstumskontingente verpflanzt, sondern auch die Landschaft völlig umgestaltet wird."[7] Zur Erfüllung derartiger umfassender Gestaltungsaufgaben zog Himmler einen Stab aus Raumplanern, Landschaftsarchitekten, Stadtplanern, Architekten und Fachleuten anderer Disziplinen zusammen, der im Stabshauptamt des Reichskommissariats in der Amtsgruppe C, einer von drei Amtsgruppen, die dem Stabshauptamt des RKF untergeordnet waren, angesiedelt war. Dieser Planungsstab stand unter der Leitung von SS-Oberführer Konrad Meyer (Abb. 2), seit 1932 NSDAP-Mitglied, seit 1933 SS-Mitglied, seit November 1934 ordentlicher Professor für Ackerbau und Landpolitik an der Universität Berlin. 1956 konnte Meyer trotz seiner NS-Vergangenheit Lehrstuhlinhaber für Landbau und Landesplanung an der TU Hannover werden.

Meyer, der Leiter der Planungsabteilung Himmlers im Reichskommissariat, betonte die „weltgeschichtliche Einmaligkeit" der vor ihnen liegenden Planungsaufgabe: „Die Größe und weltgeschichtliche Einmaligkeit unserer künftigen Aufgabe muß uns ebenfalls befähigen, schöpferisch zu neuen Formen und Gestaltungen zu

---

5 Alwin Seifert, Die Zukunft der ostdeutschen Landschaft, in: Flüssiges Obst 12 (1941), H. 1–2, S. 108.

6 Bundesarchiv Berlin, im Folgenden BA abgekürzt, R 49/2, fol. 3.

7 BA, R 49/20, fol. 29, Abschrift vom 22.10.1940.

Abb. 2: Konrad Meyer, 2. v. l., erläutert dem Gauleiter des Gaues Oberschlesien,
Bracht, ein Dorfmodell auf der Ausstellung „Planung und Aufbau im Osten".
Bundesarchiv, Bild 146/83/12/32.

kommen".[8] In einer Ende der 1960er Jahre verfassten Selbstbiographie hob Meyer
ausdrücklich das besondere Interesse Himmlers (Abb. 3) an Fragen der Landschaftsplanung hervor: „Hier gebietet es die Wahrheit, daß Himmler nicht einfach die ihm
vorgelegten Entwürfe unterschrieb, sondern jedesmal mich ins Hauptquartier befahl
und mit mir Satz für Satz den Text durchging [es handelte sich um Entwürfe zu Land-
schaftsplanungs-Richtlinien, d. Verf.]. Wir haben dann oft um die richtige Formulierung gemeinsam gerungen. Diese Besuche dauerten oft mehrere Tage, an denen ich
meistens erst spät abends zum Vortrag kam und tagsüber das Kommen und Gehen in
seinem Sonderzug ‚Heinrich' beobachten konnte. Die Ostkolonisation war ein
besonderes Anliegen Himmlers. Wenn ich dann in später Nacht bei ihm vorgelassen
wurde, war ihm die Aussprache über die zukünftige Gestaltung der Ostgebiete eine
Art Erholung von den sich drängenden Tagesaufgaben und -entscheidungen."[9]

---

8 Konrad Meyer, Der Osten als Aufgabe und Verpflichtung des Germanentums, in: Neues
  Bauerntum 34 (1942), H. 6, S. 208.
9 Konrad Meyer, Über Höhen und Tiefen. Ein Lebensbericht, vervielf. Mskr., o.O., o. J.,
  S. 108.

Abb. 3: Heinrich Himmler erläutert Rudolf Hess (links) und Martin Bormann (rechts neben Himmler) das Modell eines Bauernhofes für Gebirgsgegenden in den „eingegliederten Ostgebieten"; 2. Reihe rechts Konrad Meyer, im Hintergrund Mitte Josef Umlauf. Bundesarchiv, Bild 146/83/12/26.

Ein weiteres wichtiges Mitglied des Planungsamtes war Heinrich Friedrich Wiepking-Jürgensmann, der von Himmler als Sonderbeauftragter für Fragen der Landschaftsgestaltung berufen war. Wiepking war tätig als freischaffender Gartenarchitekt. 1934 übernahm er an der Landwirtschaftlichen Hochschule Berlin, der seinerzeit einzigen akademischen Ausbildungsstätte für Gartenarchitektur in Deutschland, den Lehrstuhl für Gartengestaltung. Diesen Lehrstuhl hatte von 1929 bis 1933 Prof. Erwin Barth, der vormalige Gartendirektor von Berlin, inne. Barth wurde durch die Nationalsozialisten in den Freitod getrieben. Mit der Übernahme Wiepkings als Institutsdirektor setzte eine Erweiterung des Aufgabenspektrums auf landschaftsplanerische Themenstellungen ein. Dies spiegelt sich sowohl in einer Schwerpunktverlagerung von Diplomarbeitsthemen wie auch in der Umbenennung des Instituts von „Institut für Gartengestaltung" in „Institut für Landschafts- und Gartengestaltung" wider.[10] Unter Barth überwogen Themen wie die Planung von Volks-

---

10 Die Umbenennung des Instituts erfolgte vermutlich nicht zufällig im November 1939, direkt

parks, Friedhöfen, Kleingartenanlagen in Groß- und Mittelstädten. Unter Wiepking setzte früh eine Schwerpunktverlagerung zu landschaftsplanerischen Themenstellungen ein, so z. B. das Dorf Werpeloh im Hümmling landschaftlich, siedlungstechnisch und bodenwirtschaftlich zu betreuen (Juli 1936), das Gebiet des Messtischblattes Hohenzieritz auf vor- und frühgeschichtliche Landschaftswerte zu untersuchen (Juli 1936) u. a. m. Während des Krieges dann setzte Wiepking seine Studierenden auch für Aufgaben der Planungsabteilung ein und die besetzten polnischen Gebiete kamen zunehmend ins Blickfeld. So sollte z. B. Grodno im Bezirk Bialystok landschaftsplanerisch untersucht werden. Und am 19. August 1943 stellte Wiepking als Diplomhausaufgabe, „die neue Stadt Auschwitz in Oberschlesien landschaftlich zu betreuen". Dabei betonte er ausdrücklich die besonderen diktatorischen Planungsmöglichkeiten: „Der engen Begrenztheit bisherigen städtebaulichen Planens auf (meist nicht ausreichendem) stadteigenen Gelände ist die Möglichkeit gegenüberzustellen, Stadt- und Landbau als eine Einheit zu sehen und sie bis in die Einzelheiten gestalten zu können, wobei die Eigentumsverhältnisse an Grundstücke [sic!] keine besondere Rolle spielen".[11]

Die Bedeutung, die man der Landschaftsplanung beimaß, geht aus zahlreichen Äußerungen von Mitgliedern des Planungsamtes hervor. So betonte Meyer das Neuartige dieser Aufgabe: „Jetzt ist dem deutschen Architekten, Landschaftsgestalter und Baumeister in dem Aufbau der Dörfer, bei der Formung der Landschaft, beim Neubau der Städte ein Feld der Betätigung und Bewährung gegeben von unendlicher Mannigfaltigkeit. [...] In der Landschaftsgestaltung und Landschaftspolitik ist eine neue Wissenschaft im Entstehen".[12] Noch überschwänglicher drückte Wiepking seine Begeisterung über die neuen Aufgaben aus. Er schrieb im Oktober 1939, wenige Wochen nach dem Überfall Deutschlands auf Polen: „Heute aber glaube ich, daß nach der endgültigen Sicherung des Reiches eine Blütezeit für den deutschen Landschafts- und Gartengestalter einsetzen wird, die alles das übersteigt, was selbst die heißesten Herzen unter uns erträumten".[13]

---

nach dem Überfall Deutschlands auf Polen, sondern basierte auf den großen Hoffnungen auf neue Aufgaben in der Landschaftsgestaltung, die Wiepking und andere sich durch die Eroberung Polens und die Vertreibung der ansässigen Bevölkerung für die Disziplin erhofften.

11 Heinrich Friedrich Wiepking-Jürgensmann, Diplom-Hausaufgabe für den Kandidaten der Landschafts- und Gartengestaltung, Max Fischer, 19. August 1943.

12 Konrad Meyer, Bodenordnung als volkspolitische Aufgabe und Zielsetzung nationalsozialistischen Ordnungswillens, Festrede am Leibniztag der Preußischen Akademie der Wissenschaften, 27. Juni 1940, Akademie der Wissenschaften, Vorträge und Schriften, H. 2, Berlin, 1940, S. 23.

13 Heinrich Friedrich Wiepking-Jürgensmann, Der deutsche Osten. Eine vordringliche Aufgabe für unsere Studierenden, in: Die Gartenkunst 52 (1939), H. 10, S. 193. Es ist bemerkenswert, dass Wiepking bereits 1920 Vorstellungen über die Notwendigkeit erneuter

Abb. 4: Erhard Mäding, rechts hinten, auf der Ausstellung „Planung und Aufbau im Osten"; Heinrich Himmler (Mitte), rechts davon Konrad Meyer, links Architekt Frank. Zur Verfügung gestellt von Prof. J. Umlauf.

Bei Erhard Mäding (Abb. 4), dem Referenten des Planungsamtes für Landschaftsgestaltung und Landschaftspflege beim RKF, wurde die Gestaltung der Landschaft „zur lebensentscheidenden Kulturaufgabe der Gegenwart". „Die gestaltende Tätigkeit reicht weit über die physischen und organischen Lebensbedingungen hinaus. Die Deutschen werden als erstes abendländisches Volk in der Landschaft auch ihre seeli-

---

Ostsiedlung, verbunden mit der Abqualifizierung der Slawen, der Ablehnung parlamentarischer Demokratie sowie der Hoffnung auf einen „neuen Führer", unter dem Titel „Friedrich der Große und Wir" veröffentlichte. Damit soll nicht behauptet werden, er habe 1920 schon an einen Führer im Sinne Adolf Hitlers gedacht, doch lassen seine Ablehnung demokratischer Entscheidungsprozesse vor 1933 (siehe z. B. den o. g. Aufsatz) und seine uneingeschränkte Befürwortung des Nationalsozialismus bzw. dessen „Führers" sowie seine begeisterte Beteiligung an der Ostplanung dies als nicht unwahrscheinlich erscheinen. So schrieb er 1942: „Wer die Geschichte unseres Volkes in ihren großen Zügen zu überblicken vermag, muß erkennen, daß die Einmaligkeit unserer Zeit und unseres Führers eine seltene, gottgegebene, geradezu volksbiologische Gelegenheit ist, dem Schicksal ganz zu vertrauen, ein Werk zu zimmern, das Möglichkeiten solcher Größe offenbart, daß wir alles tun sollten, um es jeder an seinem Teile, ganz zu vollbringen." (Das Landschaftsgesetz des weiteren Ostens, in: Neues Bauerntum 34, 1942, H. 1, S. 5f.).

sche Umwelt gestalten und damit in der menschlichen Geschichte zum ersten Male eine Lebensform erreichen, in der ein Volk bewußt die standörtlichen Bedingungen seines leiblichen und seelischen Lebens umfassend selbst bestimmt."[14]

Des Besonderen, d. h. des diktatorischen Charakters der Planungsgrundlagen für diese „lebensentscheidende[n] Kulturaufgabe der Gegenwart"[15] waren sich die Planer bewusst. Dass die Landschaftsplanung in den „eingegliederten Ostgebieten" keinerlei Rücksichtnahme auf die ansässige Bevölkerung erforderte, verdeutlicht die folgende Definition Konrad Meyers von „echter Planungsfreiheit":

„Es gehört zum Wesen echter Planungsfreiheit, daß

1. Menschen des eigenen Volkes in ausreichender Zahl und entsprechender Eignung zur Besitznahme neuen Raumes zur Verfügung stehen und

2. Grund und Boden, der sich nicht im Besitz von Angehörigen des eigenen Volkstums befindet, in erforderlichem Umfang verfügbar ist."[16]

Wie u. a. aus den – „nur für den Dienstgebrauch" bestimmten – vom RKF veröffentlichten „Planungsgrundlagen für den Aufbau der Ostgebiete" hervorgeht, war die Vertreibung der Bewohner in den „eingegliederten Ostgebieten" als einzukalkulierende ‚Planungsgrundlage' bekannt und wurde entsprechend berücksichtigt. Diese „Planungsgrundlagen" teilte der Leiter des Planungsamtes, Meyer, am 24. Januar 1940, also bereits wenige Monate nach dem Beginn des Überfalls auf Polen, auf einer vom Reichskommissariat veranstalteten Besprechung in Posen den für die „eingegliederten Ostgebiete" zuständigen Landesplanern und den örtlichen Beauftragten des Reichskommissars mit.[17] Es heißt in dem Dokument unter anderem: „Es wird im Folgenden vorausgesetzt, daß die gesamte jüdische Bevölkerung dieses Gebietes von rund 560.000 bereits evakuiert ist bzw. noch im Laufe dieses Winters das Gebiet verläßt. Es ist daher praktisch mit einer Bevölkerung von 9 Mill. zu rechnen."[18] Um den Bevölkerungsbestand von 1914, d. h. einen Anteil der deutschen Bevölkerung von 50 Prozent wiederherzustellen, sollte „die Zahl der jetzt in diesem Gebiet lebenden 1,1 Mill. Deutschen um 3,4 Mill. auf 4,5 Mill. vermehrt und Zug und Zug 3,4 Mill. Polen" abgeschoben werden.[19]

Es war weiterhin geplant, zunächst einen durch deutsche Bauern zu besiedelnden „Wall deutschen Volkstums" zwischen dem Reich und dem Generalgouvernement

14 Erhard Mäding, Die Gestaltung der Landschaft als Hoheitsrecht und Hoheitspflicht, in: Neues Bauerntum 35 (1943), H. 1, S. 24.

15 Mäding, Gestaltung, S. 24.

16 Konrad Meyer, Reichsplanung und Raumordnung im Lichte der volkspolitischen Aufgabe des Ostaufbaus, o. O., o. J., S. 12.

17 Vgl. Staatsarchiv Hamburg, A 148, Abschrift Reichsstelle für Raumordnung vom 30.1.1940.

18 BAB, R 113/10, fol. 14.

19 Ebd.

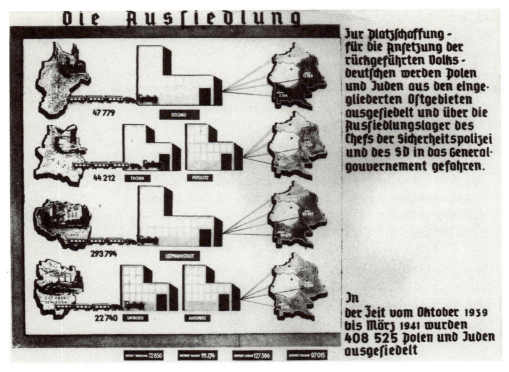

Abb. 5: Graphische Darstellung der Deportationen (vermutlich auf der Ausstellung „Planung und Aufbau im Osten"). Bundesarchiv, Bild 146/74/78/18.

zu schaffen, um die im Reich verbliebenen Polen von den im Generalgouvernement Lebenden abzutrennen. Durch zwei „Volkstumsbrücken" sollte der „Grenzwall" mit dem Altreich verbunden werden; durch den Wall und die zwei Querverbindungen zum Reich sollten „polnische Inseln" geschaffen werden, die später ebenfalls durch die aus dem Siedlertum hervorgehenden biologischen und wirtschaftlichen Kräfte eingedeutscht werden sollten. Die ländlichen Besitzverhältnisse sollten so entwickelt werden, dass neben einer großen Anzahl von Bauernhöfen (155.000) und Landarbeiterstellen (72.000) 11.700 Wehrbauernhöfe entstanden, die für eine aus SS-Mitgliedern bestehende Führungselite vorgesehen waren, der ein Drittel der gesamten landwirtschaftlichen Nutzfläche zugedacht war.[20]

---

20 Vgl. Staatsarchiv Hamburg, A 148, Abschrift Reichsstelle für Raumordnung vom 30. Januar 1940.

Bestandsaufnahme

Die Planungstätigkeit beim RKF umfasste verschiedene Bereiche, so z. B. eine umfassende Bestandsaufnahme, die Entwicklung gesetzesähnlicher Planungsanweisungen in Form von Richtlinien, Musterplanungen sowie erste Ansätze zur Realisierung der Planungen nach dem Ende des Zweiten Weltkriegs. Zur Ermittlung der wissenschaftlichen Planungsgrundlagen diente eine Bestandsaufnahme in den „eingegliederten Ostgebieten", die neben der Erfassung der städtebaulichen Situation vor allem die für die Land- und Forstwirtschaft relevanten Faktoren betraf. So waren bis zum Dezember 1940 verschiedene Maßnahmen zur detaillierten Erfassung der Boden-, Vegetations- und Klimaverhältnisse durch die Hauptabteilung Planung und Boden durchgeführt worden. Daraus resultierte u. a. der Plan, rund eine Million ha, also ein Neuntel der Gesamtfläche, aufzuforsten, der gleichzeitig dokumentiert, dass man sich bei der Umgestaltung der Landschaft kaum Beschränkungen auferlegte.

Eine Bestandsaufnahme hinsichtlich der Bevölkerung, ihrer Anzahl, Sozialstruktur u. a. m. war aus Meyers Sicht nicht erforderlich. Er stellte dazu fest: „In den neuen Siedlungsgebieten des Ostens wird durch die Umsiedlung und den wirtschaftlichen Aufbau die künftige volkliche und wirtschaftliche Grundlage so weitgehend unabhängig vom gegenwärtigen Bestand verändert, daß die Bestandsaufnahme in bevölkerungsmäßiger Hinsicht wesentlich an Bedeutung verliert. Nur der Raum bleibt auch dort für die Planung eine gleich wichtige und aktive Kraft wie im Altreich".[21]

Planungsrichtlinien als Grundlage der Landschaftsgestaltung

Neben der Bestandsaufnahme war die Erarbeitung von Planungsrichtlinien die wichtigste Arbeit der Planungsabteilung des RKF. Für den Anspruch, den gesamten ‚Lebensraum' zu planen, konnte man auf keine vergleichbaren Erfahrungen und übertragbaren Beispiele zurückgreifen. Die Landschaftsgestaltung beim Reichsautobahnbau z. B. war auf die landschaftliche Eingliederung der Straße begrenzt, sie konnte nur praktische Erfahrungen beim Aufbau der Anlage von Pflanzungen oder ähnlichen Maßnahmen liefern. Auch an gesetzlichen Handhaben mangelte es. So konnte das Reichsnaturschutzgesetz nicht als Grundlage der Landschaftsgestaltung dienen, da es weitgehend auf Abwehr und Erhaltung, nicht aber auf gestalterische Maßnahmen und deren Durchsetzung ausgerichtet war.[22] Dieser Mangel war aller-

---

21 Meyer, Reichsplanung, S. 40.
22 Vgl. Erhard Mäding, Regeln für die Gestaltung der Landschaft. Einführung in die Allgemeine Anordnung Nr. 20/VI/42 des Reichsführers SS, Reichskommissars für die Festigung deutschen Volkstums, über die Gestaltung der Landschaft in den eingegliederten Ostgebieten, Berlin 1943, S. 26.

dings für die Ostgebiete nicht gravierend, da der RKF, gleichzeitig Reichsführer SS, weitgehend über Grund und Boden verfügen konnte; doch im Hinblick auf eine weiterreichende, später ggf. auf das Altreich zu übertragende Planung war auch dieser Aspekt für eine zukünftige Gesetzgebung zu berücksichtigen.

Die wesentlichen Richtlinien für die Gestaltung der Ostgebiete betrafen den ländlichen Aufbau, die Planung und Gestaltung der Städte sowie vor allem die Landschaftsgestaltung. Sie wurden in der Form der „Allgemeinen Anordnung" herausgegeben.

Die Planungsrichtlinien für den ländlichen Aufbau

Die Allgemeine Anordnung Nr. 7/II betr. „Grundsätze und Richtlinien für den ländlichen Aufbau in den neuen Ostgebieten" vom 26. November 1940 stellte den ersten Rahmen für die vorläufige Siedlungsplanung dar. Danach sollten die Vertreter für Raumordnung auf Gauebene, die sog. „Generalreferenten für Raumordnung", Kreisraumordnungsskizzen erarbeiten, nach denen sich die Dorfplanung zu richten hatte. Grundsätzliches Planungsmodell für die künftige Siedlungsstruktur des Ostens war die maßgeblich von Walter Christaller erarbeitete Zentrale-Orte-Theorie. Diese Theorie, an der zwar wahrscheinlich auch schon vor 1933 gearbeitet worden ist, wurde vor allem von Christaller und Isenberg in den Ostgebieten erstmals in größerem Ausmaß angewandt, soll aber hier nicht weiter Gegenstand der Analyse sein.

Im Zusammenhang mit der Landschaftsgestaltung wird in der Allgemeinen Anordnung Nr. 7/II u. a. auch die Bedeutung des Naturschutzes hervorgehoben; es heißt dazu: „Über die Grünausstattung des Dorfes hinaus ist auf die Landschaftsgestaltung größter Wert zu legen. Das Ziel ist hierbei der Aufbau einer gesunden deutschen Kulturlandschaft, in der Schönheit und Wirtschaftlichkeit miteinander in Einklang gebracht und so die Lebensgesetze der Natur wie die Ansprüche des Menschen berücksichtigt sind. Die Durchsetzung der Feldflur mit Baum und Strauch in Form von Wallhecken und Schutzpflanzungen sowie die Bepflanzung bzw. Aufforstung von Bodenflächen, die durch Wind und Wasser besonders gefährdet sind (z. B. Steilhänge) müssen in den neuen Siedlungsgebieten nach den Grundsätzen einer deutschen, wehrhaften Landschaftsgestaltung erfolgen. Dazu gehört auch, daß künftig alle Kulturbaumaßnahmen den biologischen Gesichtspunkten im Dienste des Naturschutz entsprechen".[23]

---

23 Allgemeine Anordnung Nr. 7/II des Reichsführers SS, Reichskommissars für die Festigung deutschen Volkstums vom 26. November 1940 betr. Grundsätze und Richtlinien für den ländlichen Aufbau in den neuen Ostgebieten, zitiert in: Mäding, Regeln, S. 66.

Richtlinien für die Stadtplanung

Ein weiterer Aufgabenbereich der nationalsozialistischen Planung war die Neuge-staltung und Neugründung von Städten. Gemäß nationalsozialistischer Blut-und-Boden-Ideologie reichte es nicht aus, die polnische Bevölkerung aus den Gebieten zu vertreiben und Deutsche anzusiedeln; vielmehr musste der gesamte Raum ,artge-mäß' gestaltet werden. So wurde in den „eingegliederten Ostgebieten" zwischen drei verschiedenen planerischen Landschaftszonen unterschieden: einer Ergänzungs-

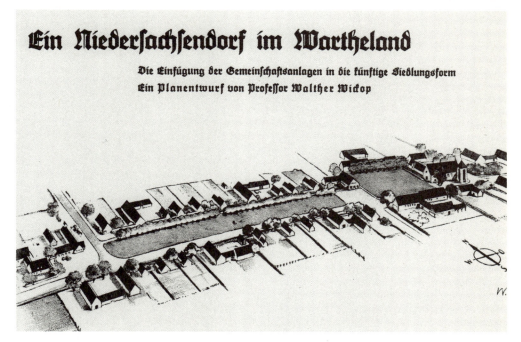

Abb. 6: „Ein Niedersachsendorf im Wartheland", Beitrag des Architekten Walter Wickop zur nationalsozialistischen Dorfplanung. Walter Wickop, Ein Niedersachsendorf im Wartheland, in: Neues Bauerntum 32 (1940), H. 10–11, S. 365f.

zone, einer Umbauzone und einer Neubauzone. Diese Planungszonen sollten sich danach ordnen, „in wieweit deutsche Art eine Landschaft kulturell und materiell geprägt, und in wieweit sich diese Prägung bis heute wirksam erhalten hat".[24]

Unter der Neubauzone, der „Zone verfallener oder von jeher niederer Kultur", ver-stand man die in den „eingegliederten Ostgebieten" liegenden ehemals russischen Gebiete Polens. Dort war der Neuaufbau zahlreicher Dörfer und Städte vorgesehen.

---

24 Ewald Liedecke, Der neue deutsche Osten als Planungsraum, in: Neues Bauerntum 32 (1940), H. 4–5, S. 135.

Der Landesplaner Liedecke begründete die Notwendigkeit des Neuaufbaus folgendermaßen: „Auch zahlreiche Städte, wie z. B. Zichenau, fallen in diese Zone. Sie sind gestaltlose Großdörfer, mit in der Regel minderwertiger Bebauung. Durch die Verbesserung der Bebauung allein erhält die Stadt noch keineswegs deutsche Form, sondern höchstens äußerlich einen deutschen Anstrich. Es ist auch fraglich, ob das Ausflicken der polnischen Hinterlassenschaft den materiellen Aufwand überhaupt lohnt. Deshalb ist es nötig, die deutschen Verwaltungs- und Gewerbemittelpunkte in dieser Zone völlig neu aufzubauen und Zug um Zug die alten Städte zu beseitigen als allzu eindringliche Zeugen polnischer Wirtschaft."[25]

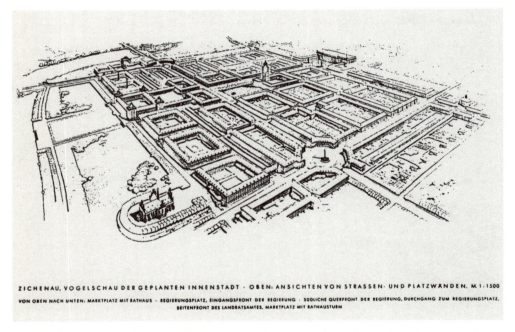

ZICHENAU, VOGELSCHAU DER GEPLANTEN INNENSTADT · OBEN: ANSICHTEN VON STRASSEN- UND PLATZWÄNDEN. M. 1:1500
VON OBEN NACH UNTEN: MARKTPLATZ MIT RATHAUS · REGIERUNGSPLATZ, EINGANGSFRONT DER REGIERUNG · SÜDLICHE QUERFRONT DER REGIERUNG, DURCHGANG ZUM REGIERUNGSPLATZ,
SEITENFRONT DES LANDRATSAMTES, MARKTPLATZ MIT RATHAUSTURM

Abb. 7: Neuplanung der Stadt Zichenau durch die preußische Staatshochbauverwaltung. Arthur Reck, Städtebau im deutschen Osten. Arbeiten der preußischen Staatshochbauverwaltung, in: Die Baukunst 1941, S. 225.

Auch dieses Beispiel belegt, dass in den „eingegliederten Ostgebieten" die Planung des RKF ein weitgehendes Ignorieren der vorhandenen Kultur und der sozialen Strukturen beinhaltete. Dadurch erst wurde die Möglichkeit gesehen, nationalsozialistische Gestaltungskriterien zu entwickeln und durchzusetzen.

    Ein entsprechender Anspruch wurde auch in der Allgemeinen Anordnung des Reichsführers SS, Nr. 13/II vom 30. Januar 1942, „Planung und Gestaltung der Städte

---

25 Ebd., S. 136.

in den eingegliederten Ostgebieten" angedeutet, wenn dort von „germanisch-deutscher Kulturlandschaft" und der „Größe dieser kolonisatorischen Aufgabe" gesprochen wurde. Diese Richtlinien sprachen dem Landschaftsgestalter die Kompetenz zu, an der Stadtplanung wesentlich teilzunehmen, da die Landschaft als ein maßgeblicher, die Planung und Gestaltung der Stadt beeinflussender Faktor definiert wurde. „Die Landschaft ist derjenige Gestaltungsfaktor, der am stärksten die Abwandlung allgemeiner Planungsgrundsätze im Einzelfall und damit die praktische Gestaltung bestimmt. Die Einordnung der Stadt in die Landschaft ist daher für die Gestaltung entscheidend. [...] Je mehr die charakteristischen Merkmale der Lage in ihrer jeweiligen Besonderheit in der Stadtgestaltung zur Geltung gebracht werden, um so stärker trägt die Landschaft zur Ausprägung großer, einmaliger Gesamtbilder bei."[26] Der Landschaft bzw. der Landschaftsgestaltung kam, dies lässt auch die Allgemeine Anordnung Nr. 13/II erkennen, im Gefüge der Planungshierarchie beim RKF eine vorrangige Stellung zu.

Wie wichtig die Gründung neuer Städte in den realen Planungen genommen wurde, ist schwierig einzuschätzen. Die Allgemeine Anordnung Nr. 13/II lässt immerhin erkennen, dass sie in den Konzeptionen enthalten war und die Möglichkeit zur Durchführung eingeplant wurde. Konkrete Beispiele für geplante Stadtneugründungen lassen sich z. B. für die Städte Sosnowitsch und Zichenau nachweisen.

Die „Landschaftsregeln"

Schon in den beiden genannten Allgemeinen Anordnungen Nr. 7 und Nr. 13 wurde die besondere Bedeutung der Landschaftsgestaltung in den eingegliederten Ostgebieten hervorgehoben. Die in diesen beiden Anordnungen allerdings noch relativ knappen Hinweise zur Landschaftsgestaltung sollten durch besondere Landschaftsrichtlinien ergänzt werden. Die „Allgemeine Anordnung Nr. 20/VI/42 des Reichsführers SS, RKF, über die Gestaltung der Landschaft in den eingegliederten Ostgebieten" vom 21. Dezember 1942, (im Folgenden „Landschaftsregeln" genannt) stellte den Abschluss und Höhepunkt der Richtlinien-Erarbeitung durch die Planungsabteilung des RKF dar.[27]

Die Landschaftsregeln sind nach 1945 in der fachspezifischen Literatur weitgehend unberücksichtigt geblieben. Diese Tatsache ist um so erstaunlicher, da ihnen von Meyer, Mäding und Wiepking seinerzeit bahnbrechende Bedeutung beigemessen wurde und Meyer und Wiepking über fast zwei Jahrzehnte nach dem Zweiten

---

26 Allgemeine Anordnung Nr. 13/II des Reichsführers SS, Reichskommissar für die Festigung deutschen Volkstums vom 30. Januar 1942: Gestaltung der Städte in den eingegliederten Ostgebieten, zitiert in: Mäding, Regeln, S. 70.

27 Vgl. Mäding, Regeln, S. 16.

Weltkrieg die universitäre Ausbildung zum Landespfleger in Hannover bestimmen konnten. Immerhin waren die Landschaftsregeln eine erste gesetzesähnliche Aussage, die sich mit der Landschaft als solcher befasste. Vermutlich waren sie als eine Vorstufe zu einem „Reichslandschaftsgesetz" zu verstehen. So heißt es am 8. Januar 1942, also vor Verabschiedung der Richtlinien, in einem Briefentwurf des Chefs des Stabshauptamtes an den Reichsführer SS: „In den neuen Siedlungsgebieten besteht die große einmalige Gelegenheit, ein vorbildliches und richtungsweisendes Gesetz über die Landschaft zu schaffen; denn es fehlt – auch im Altreich – an einer Rechtsgrundlage für positive Maßnahmen der Gestaltung und Pflege".[28] Auch deutete Mäding 1943 an, dass die Landschaftsregeln im Altreich „anregend oder richtungsgebend wirken" sollten.[29]

Himmler waren die „Landschaftsregeln" sogar so wichtig, dass er eine „Sonderausführung der gedruckten Landschaftsrichtlinien für einen kleineren Kreis" wünschte. Diese Sonderausführung „in entsprechend guter Ausfertigung"[30] sollte vermutlich Hitler präsentiert werden. Die Landschaftsregeln wurden in der Planungsabteilung des RKF auf der Grundlage eines Entwurfes von Wiepking erarbeitet.[31] Sie entstanden in Diskussion zwischen Wiepking, dem Abteilungsleiter Meyer und Mäding unter Hinzuziehung von Repräsentanten u. a. des Reichsforstamtes und des Generalinspektors für das deutsche Straßenwesen.[32] Auch Himmler nahm Einfluss auf die Landschaftsregeln.[33]

Die „Landschaftsregeln" hatten Gültigkeit für die eingegliederten Ostgebiete. Ihre Geltung beruhte darauf, „daß die Behörden, Dienststellen und Körperschaften, deren Tätigkeit unmittelbar oder mittelbar irgendeine Wirkung auf die Landschaft auszuüben vermag, gehalten sind, die Richtlinien zu beachten. Vom privaten Grundeigentümer wird erwartet, daß er sich die Regeln zu eigen macht; unmittelbar rechtliche Folgen haben sie für ihn nicht, nur mittelbare, indem sie bei etwaigen behördlichen Genehmigungen, deren er für seine Absichten bedarf, angewendet werden. Da der weit überwiegende Teil des Grundvermögens in diesen Gebieten Reichseigentum ist, kann ohne besondere Rechtsgrundlage durch Auflage an die Verwalter, bei der Besitzeinweisung oder zukünftigen Eigentumsübertragungen die Ausführung von

---

28 BAB, R 49/511, Briefentwurf an Reichsführer SS vom 8. Januar 1942; dieser Briefentwurf wurde wahrscheinlich von der Planungsabteilung erarbeitet.

29 Vgl. Mäding, Regeln, S. 28.

30 BA, R 49/509, Vermerk der Planungsabteilung vom 22. Januar 1943.

31 Vgl. Mäding, Regeln, S. 27.

32 Vgl. BA, R 49/165.

33 So weist Mäding in einem Brief an Wiepking darauf hin, dass der Reichsführer SS erneut statt der Einrichtung von Schneezäunen die Anlage von Pflanzungen gefordert habe (vgl. BAK, R 49/165, Schreiben Mäding an Wiepking vom 5. März 1942).

Arbeiten oder eine sonstige, den Richtlinien entsprechende Maßnahme verlangt werden".[34]

Diese sehr weitreichende, aufgrund der Besitzverhältnisse fast umfassende Anwendbarkeit der Richtlinien deutet den Machtanspruch an, den die Landschaftsplanung in den „eingegliederten Ostgebieten" entwickeln konnte. „Die Richtlinien enthalten Bestimmungen für das gesamte Gebiet der Landschaftspflege, nicht nur für die Landschaftsgestaltung. Die Allg. Anordnung beschränkt sich nicht auf den Grün-

Abb. 8: Dorfplan Minden, Regierungsbezirk Zichenau; Ausschnitt mit Landschaftsgestaltung. Erhard Mäding, Regeln für die Gestaltung der Landschaft, Berlin 1943, S. 37.

aufbau, sondern gibt z. B. auch Bestimmungen über Erdarbeiten, Gestaltung des Geländeprofils, Wasserbau, Straßenbau, Siedlungsgestaltung, Bergbau, Verunstaltungen usw. Sie greift durch Vorschriften über Baustoffe, Grabmäler, Werbeschilder in das Gebiet der Baupflege über und wird somit zum Hilfsmittel der allgemeinen Landespflege."[35] Die daraus abgeleiteten landschaftsplanerischen Konzeptionen sahen u. a. die Anlage ausgedehnter Windschutzpflanzungen und die Sicherung erosionsgefährdeter Flächen durch Aufforstung vor, Maßnahmen also, die auch heute in einer demokratischen Gesellschaft durchaus sinnvoll sein können.

---

34 Mäding, Regeln, S. 27.
35 Ebd., S. 28.

Doch letztlich trugen die landschaftsplanerische Tätigkeit des Planungsamtes im Allgemeinen und die Landschaftsregeln im Besonderen zur Rechtfertigung des Nationalsozialismus erheblich bei, so z. B. durch die Formulierung scheinbar überpolitischer Forderungen nach Wiederherstellung ‚ökologischer‘ Stabilität. Der Gartengestalter und Wiepking-Schüler Junge, Landschaftsplaner beim Reichsgau Wartheland und zugleich Beauftragter des RKF, schrieb z. B. 1940: „Landschaftsgestaltung heißt in erster Linie Wiederherstellung des biologischen Gleichgewichts der Natur".[36] Und für Mäding war die Gestaltung einer entsprechenden Landschaft vor allem Gesundung. „Es geht nicht allein um das Landschaftsbild. Wesentlicher ist die Pflege und Förderung der Lebewelt im deutschen Raume. Endlich werden Umwelt und Volk, Land und Leute als Lebenszusammenhang gesehen."[37] Die Landschaft war in den Vorstellungen dieser nationalsozialistischen Planer „neben der Blutspflege das tragende Gerüst einer jeden sinnvollen Volkspflege".[38] „Die Harmonie alles Lebendigen in der heimatlichen Landschaft ist eine Grundvoraussetzung des Daseins, der Dauer und der Entwicklung des deutschen Volkes."[39] Dass an dieser „Harmonie alles Lebendigen" nur das deutsche Volk teilhaben sollte, dass im „biologischen Gleichgewicht der Natur"[40] Polen und vor allem der jüdische Teil der polnischen Bevölkerung nur als Störfaktor angesehen wurden, geht auch aus den „Landschaftsregeln" eindeutig hervor.

‚Standortgerechte‘ Bevölkerung als Voraussetzung einer ‚harmonischen‘ Landschaft

In den „Landschaftsregeln" wurde ausdrücklich als eine Voraussetzung für die „Festigung deutschen Volkstums" neben der Ansiedlung und Gestaltung die „Ausschaltung" des fremden Volkstums genannt: „Es genügt also nicht, unser Volkstum in diesen Gebieten anzusiedeln und fremdes Volkstum auszuschalten. Die Räume müssen vielmehr ein unserer Wesensart entsprechendes Gepräge erhalten, damit der germanisch-deutsche Mensch sich heimisch fühlt, dort sesshaft wird und bereit ist, diese seine neue Heimat zu lieben und zu verteidigen."[41]

---

36 Werner Junge, Das Grün im Dorf und in der Landschaft, in: Neues Bauerntum 32, (1940), H. 7, S. 248.
37 Mäding, Regeln, S. 133.
38 Heinrich Friedrich Wiepking-Jürgensmann, Die Landschaftsfibel, Berlin 1942, S. 13.
39 Mäding, Regeln, S. 22.
40 Junge, Das Grün, S. 248.
41 Allgemeine Anordnung Nr. 20/VI/42 des Reichsführers SS, Reichskommissars für die Festigung deutschen Volkstums über die Gestaltung der Landschaft in den eingegliederten Ostgebieten vom 21. Dezember 1942, in: Mäding, Regeln, S. 51.

Als Begründung für die Notwendigkeit der „Ausschaltung" von sog. fremden Volkstum wurde auf ein rassespezifisches Landschaftsverständnis zurückgegriffen. So wurde einleitend in der Zielsetzung zu den Richtlinien dargelegt, die Zerstörung der Landschaft in den Ostgebieten liege im „Unvermögen fremden Volkstums" begründet: „Die Landschaft in den eingegliederten Ostgebieten ist auf weiten Flächen durch das kulturelle Unvermögen fremden Volkstums vernachlässigt, verödet und durch Raubbau verwüstet".[42] Dem wurde der (kulturell hoch stehende) „germanisch-deutsche" Mensch, dessen Heimat von seinem harmonischen Verhältnis zur Natur Zeugnis ablege, gegenübergestellt: „Dem germanisch-deutschen Menschen aber ist der Umgang mit der Natur ein tiefes Lebensbedürfnis. In seiner alten Heimat und in den Gebieten, die er durch seine Volkskraft besiedelt und im Verlauf von Generationen geformt hat, ist das harmonische Bild von Hofstatt und Garten, Siedlung, Feldflur und Landschaft ein Kennzeichen seines Wesens. […] Sollen daher die neuen Lebensräume den Siedlern Heimat werden, so ist die planvolle und naturnahe Gestaltung der Landschaft eine entscheidende Voraussetzung."[43]

Die biologistische Vorstellung, die den Menschen analog den Pflanzen im Boden wurzeln sah, und deren spezifische Ausprägung im Nationalsozialismus, die dabei den deutschen Menschen als den kulturell am höchsten stehenden definierte (zur Abqualifizierung anderer Rassen wurde häufig der Begriff „Nomadentum" verwendet, der die fehlende Verwurzelung veranschaulichen sollte), wurde durch Vertreter naturwissenschaftlicher Fächer untermauert. Der Pflanzensoziologe Heinz Ellenberg sprach z. B. vom primitiven Menschen, der einer „Pflanze von wenig spezialisiertem Bau" vergleichbar sei, die viele verschiedene Standorte einnehmen könne. „Je höher aber diese Pflanze organisiert ist, je enger ihre Lebensansprüche begrenzt sind, desto fester ist sie an einen bestimmten Standort gebunden."[44] Ellenberg meinte mit primitiven Menschen die Slawen. Er betonte die bewusste Herausarbeitung des Bauernhauses als „Zeichen der Verbundenheit mit seinem eigenen Volkstum" an den Grenzen gegen slawische Völker und stellte anschließend fest: „Aber nur gegen wesentlich fremdes, besonders gegen kulturell tiefer stehendes Volkstum, sind die Hausformengrenzen so scharf."[45]

Ziel nationalsozialistischer Landschaftsgestaltung musste es solchen Vorstellungen entsprechend sein, die jeweils besonderen Gestaltungsmerkmale der einzelnen Landschaften als Lebensräume deutscher Menschen bzw. Stämme möglichst klar

---

42 Allgemeine Anordnung Nr. 20, 1942, S. 51.

43 Ebd.

44 Heinz Ellenberg, Deutsche Bauernhauslandschaften als Ausdruck von Natur, Wirtschaft und Volkstum, in: Geographische Zeitschrift 47 (1941), H. 2, S. 84.

45 Ebd., S. 78.

herauszuarbeiten, um diesen ‚standortgerechte' und damit optimale Lebensbedingungen zu schaffen.

Noch deutlicher als Ellenberg formulierte Erwin Aichinger, 1936 erster Ordinarius für Pflanzensoziologie an einer Universität in Deutschland, der Universität Freiburg, seit 1939 Ordinarius für Pflanzensoziologie an der Hochschule für Bodenkultur Wien,[46] 1941 SS-Hauptsturmführer,[47] wie er die entsprechenden Zusammenhänge zwischen Pflanzen und Menschen sah. In seinem Artikel „Pflanzen- und Menschengesellschaft, ein biologischer Vergleich", versuchte er den Zusammenhang zwischen wenig entwickelter Vegetation und ‚primitiven' Menschen nachzuweisen und lieferte einmal mehr eine Rechtfertigung für die Eroberung solcher Gebiete und die Notwendigkeit entsprechender Landschaftsgestaltung durch den NS-Staat: „So wie sich im Gebiet der Tundren die Vegetation infolge der Ungunst der Verhältnisse nicht mehr weiter entwickeln kann, so bleibt auch der Mensch in diesem Gebiet auf einer primären Stufe stehen, weil eine weitere Anpassungsnötigung nicht erfolgt. […] So wird der Mensch der Tundrengebiete immer wieder auf jene Standorte zurückgedrängt, die die schlechtesten Lebensbedingungen haben, also in konkurrenzlose Gebiete, die die höher differenzierten Menschen, auf sich selbst gestellt, nicht ertragen können."[48]

Aichinger und Ellenberg nahmen vermutlich nicht an Planungen in den „eingegliederten Ostgebieten" teil. Sie trugen aber ihren Teil zur Verquickung von Blut- und-Boden-Ideologie und landschaftsplanerischen Vorstellungen bei.

Wenn so im Verhältnis zwischen Mensch und Natur der deutsche Mensch als höher stehend, seine Landschaft als weiter ausdifferenziert gesehen wurde, wenn ihm eine enge Bindung an Natur und Landschaft zugeschrieben und er als Bestandteil der Natur, Tiere und Pflanzen als ihm verwandte Wesen verstanden wurden, dann musste man allerdings bei dem Problem, Landschaftsveränderungen und Umweltbeeinflussungen, wie sie z. B. in Deutschland auch im Ruhrgebiet vorlagen, zu erklären, auf andere Mittel als eine rationale Auseinandersetzung zurückgreifen. Denn dieses Verständnis bezeichnete den deutschen Menschen quasi als ‚naturnahes' Wesen, ihm wurde ein in seinem Wesen begründeter ‚richtiger' Umgang mit der Natur zugeschrieben. So konnte Wiepking auch nur feststellen: „Immer wieder bricht aus unsrem Blut die Liebe zur Pflanze und zur Landschaft hindurch, und je ernster wir forschen, und je stärker wir uns bemühen, den Dingen auf den Grund zu gehen, um so

46 Gustav Wendelberger, Erwin Aichinger – 60 Jahre, in: Erwin Janchen (Hg.), Festschrift für Erwin Aichinger zum 60. Geburtstag, Band I, Sonderfolge in der Schriftenreihe ‚Angewandte Pflanzensoziologie', Wien, 1954, S. XXff.
47 Berlin Document Center
48 Erwin Aichinger, Pflanzen- und Menschengesellschaft, ein biologischer Vergleich, in: Biologia Generalis 17 (1943), S. 69.

mehr müssen wir erkennen, daß das Gefühl für eine harmonische Landschaft und daß das Verwandtschaftsgefühl zu den Pflanzen zu den biologischen Gesetzen unseres Selbst gehört."[49]

Das Feindbild des „ostischen" Menschen

Das Problem, Landschaftszerstörung und Umweltschäden erklären zu können, ohne die Naturverbundenheit des deutschen Menschen in Frage stellen zu müssen, wurde gelöst, indem man Umweltschäden nicht als durch soziale Gruppeninteressen ausgelöst, damit auch nicht als Ausdruck gesellschaftlicher Interessenkonflikte begriff, die z. B. auch zu einer Kritik am Nationalsozialismus hätten führen müssen, sondern sie nur noch dem zerstörenden Einfluss anderer Rassen zuschrieb. Diese aber waren gemäß den „Landschaftsregeln" in Zukunft auszuschalten, somit konnte sich das dem „germanisch-deutschen" Menschen eigene Naturverständnis durchsetzen, ein harmonisches Leben mit der Natur erschien für die Zukunft gesichert.[50]

„Die Wirklichkeit dem Idealbild von der Gemeinschaft anpassen"[51] – diese einmalige Möglichkeit sahen die Planer in den Ostgebieten. Die Hilflosigkeit gegenüber einer Entwicklung, die sich nicht nach Kriterien des Heimat- und Naturschutzes, sondern nach ökonomischen Interessen vollzog, ließ sie ein rassisch begründetes utopisches Idealbild ‚deutschen Naturverhältnisses' akzeptieren bzw. konstruieren, das eine harmonische Zukunft (für das deutsche Volk) in einer ‚naturnah' gestalteten Landschaft versprach. Zur Erklärung bestehender Missstände aber benötigte man ein Feindbild, das logischerweise nicht im eigenen Volk gesucht werden konnte. Den ‚hohen' Ansprüchen deutscher Stämme an die Landschaft, die ihrer hohen Naturverbundenheit entsprachen, stellten die Planer folglich die fehlenden Bezüge, das Nicht-

---

49 Heinrich Friedrich Wiepking-Jürgensmann, Der Mensch und die Pflanze, in: Bericht über die 2. Jahrestagung der Deutschen Gesellschaft für Gartenkultur e. V., in: Die Gartenflora 84 (1935), H. 7, S. 222.

50 Diesen anzustrebenden Zustand sah Wiepking in der Vergangenheit des deutschen Volkes bereits einmal erreicht; das Landschaftsgefühl der Germanen hatte sich s. M. nach bis in die Gegenwart erhalten: „Midgard war die schönste bäuerliche Wirklichkeit. Nicht der Wald wurde ursprünglich verehrt, sondern das untrügliche Zeichen einer Kulturlandschaft: der Hain und der Einzelbaum an sprudelnder Quelle, der Himmel und Erde verband. Schon im ersten Frühlicht des Mythos von unserem Volke gestaltete somit der germanische Mensch bereits die Urlandschaft zur schönsten fruchtreichen Wohn- und Wirtschaftslandschaft um. Diese Arbeiten an der Landschaft und das Landschaftsgefühl als solches blieben vom Uranfang bis in die heutigen Tage erhalten." (Wiepking, Landschaftsfibel, S. 15.)

51 Heinrich Schmidt, Heimat und Geschichte. Zum Verständnis von Heimatbewußtsein und Geschichtsforschung, in: Niedersächsisches Jahrbuch 39 (1967), S. 20.

Abb. 9: „Land im Osten – vor der Gestaltung" – ein Beispiel für die Diffamierung
der polnischen Bevölkerung als unfähig zu einer planvollen Gestaltung
der Landschaft. Hans Rouette, Die ehemals russisch-polnischen Kreise
des Gaues Wartheland, in: Neues Bauerntum 32 (1940), H. 9, S. 317.

vorhanden-Sein von Landschaftsgefühl bei anderen Völkern entgegen, disqualifi-
zierten diese als minderwertig und rechtfertigten damit nicht nur die Umgestaltung
der eroberten Gebiete, sondern die Eroberung an sich und die Vertreibung ansässiger
Bevölkerung als im Sinne eines völkischen ‚Umweltschutzes' erforderlich.

   Bei der Zeichnung des entsprechenden Feindbildes nahm Wiepking zweifellos
eine führende Position ein; so heißt es z. B. in seinem 1942 erschienenen Buch *Landschaftsfibel*: „Immer ist die Landschaft eine Gestalt, ein Ausdruck und eine Kennzeichnung des in ihr lebenden Volkes. Sie kann das edle Antlitz seines Geistes und
seiner Seele ebenso wie auch die Fratze des Ungeistes, menschlicher und seelischer
Verkommenheit, sein. In allen Fällen ist sie das untrügliche Erkennungszeichen dessen, was ein Volk denkt und fühlt, schafft und handelt. Sie zeigt uns in unerbittlicher
Strenge, ob ein Volk aufbauend und Teil der göttlichen Schöpfungskraft ist, oder ob
das Volk den zerstörenden Kräften zugerechnet werden muß. So unterscheiden sich
auch die Landschaften der Deutschen in allen ihren Wesensarten von denen der Polen
und Russen – wie die Völker selbst. Die Morde und Grausamkeiten der ostischen

Abb. 10: ‚Fachlicher' Beitrag Heinrich Wiepkings zur Rechtfertigung der Vertreibung polnischer Landbevölkerung. Heinrich Friedrich Wiepking-Jürgensmann, Aufgaben und Ziele deutscher Landschaftspolitik, in: Die Gartenkunst 53 (1940), H. 6, S. 89.

Bild 24: Kassubengehöft im Kreis Bütow.
1,5 Zentner Roggen wird zur Saat auf den Sand „geworfen".
Ernte 3—4, höchstens 5 Zentner! Abdichtung der Holzhäuser
im Herbst gegen die Winterkälte mit etwa 60 cm Heide! Vorschlag: Aussiedlung der „Bauern" und Verwandlung des Gebietes in Waldland.   Bild: Wiepking

Völker sind messerscharf eingefurcht in die Fratzen ihrer Herkommenslandschaften.“[52] Bereits zwei Jahre früher, in der Anfangsphase seiner landschaftsplanerischen Tätigkeit im besetzten Polen, hatte Wiepking deutlich gemacht, dass er „die Lehre von der Gleichwertigkeit der Völker im Osten“ eindeutig ablehnte: „Wer die Lehre

---

52 Wiepking, Landschaftsfibel, S. 13. Wenn Wiepking dann 1950 immer noch dieselbe Ideologie vertrat, nur den direkten Bezug zu „Polen und Russen“ wegließ, so ist das ein Indiz für die Konstanz seiner Anschauung auch nach 1945. Er schrieb 1950: „Das Landschaftsbild ist der getreueste Ausdruck eines Volkes, an seiner Ausformung sind alle Leute beteiligt. Es spiegelt seine Geschichte. Es kann Fratze wie Antlitz sein, immer ist es Ausdruck der Wirtschaft, der Seele und des Wesens eines Volkes.“ (Heinrich Friedrich Wiepking-Jürgensmann, Geschichte und Aufgabe der Landespflege, in: Verhandlungen deutscher Landes- und Bezirksbeauftragter für Naturschutz und Landschaftspflege 3 (1950), S. 72–81, hier: S. 75.)

von der Gleichwertigkeit der Völker im Osten vertritt, hat dort nichts zu suchen. Es gab und gibt keinerlei Gemeinsamkeit zwischen Deutschen und dem, was den Sammelnamen ‚Polen‘ trägt, oder aber wir würden die völkische und die Rassenlehre opfern! Unser Bauer ist im Sinne einer höheren Gerechtigkeit lebenstüchtiger als der polnische Baron und in jedem deutschen Arbeiter fluten und wirken unendlich aufbauendere Kräfte als in den Spitzen polnischer Intelligenz. Vier Jahrtausende germanisch-deutscher Menschheitsentwicklung bezeugen eine unumstössliche Beweiskette.“[53]

Bei derartigem Landschaftsverständnis und Menschenbild war es nicht mehr notwendig zu hinterfragen, warum z. B. einzelne Landschaften Erosionsschäden oder ähnliche Erscheinungen aufwiesen und welche historischen gesellschaftlichen Bedingungen dazu geführt haben konnten. Wenn die Landschaft Auskunft geben konnte über ihre Bewohner, so konnte eine unfruchtbare Landschaft als Beleg für die ‚Minderwertigkeit‘ ihrer Bewohner herangezogen werden. Die „Ausschaltung“ fremden Volkstums, in den „Landschaftsregeln“ gefordert[54] und tatsächlich auch vorgenommen, wurde zur wichtigen Grundlage der Landschaftsgestaltung.

Zur ‚Standortgerechtigkeit‘ der Bepflanzung in den „eingegliederten Ostgebieten“

Die „Landschaftsregeln“ nahmen auch Bezug auf die Vegetation und die bei landschaftsgestalterischen Maßnahmen zu verwendenden Gehölze. Es wurde z. B. ausdrücklich von einer „naturnahen Gestaltung der Landschaft“ gesprochen.[55] Die Berücksichtigung und ausschließliche Verwendung ‚bodenständiger Bepflanzung‘ war bei der Ansiedlung von deutschen Menschen als ‚bodenständiger Bevölkerung‘ selbstverständlich. Bezüglich der Pflanzenauswahl heißt es in den „Landschaftsregeln“: „Nur heimische und standortsgerechte Pflanzen aus Sämlingen bester Rasse, die größte Holz- und Fruchtleistungen sichern, sollen verwendet werden. Ausgefallene Varietäten mit rotem, gelbem, blauem oder buntem Laub sind ebenso zu vermeiden, wie erbkranke Pflanzen, die sich nur ungeschlechtlich vermehren lassen und Hänge-, Dreh-, Kümmer- oder Steilwuchs zeigen.“[56]

---

53 Heinrich Friedrich Wiepking-Jürgensmann, Die Landschaftspflege in Schlesien, in: Oberpräsident, Verwaltung des Schlesischen Provinzialverbandes (Hg.), Almanach, herausgegeben aus Anlaß der Einführung der Ämter Handwerkspflege und industrielle Formgebung, Baupflege, Landschaftsgestaltung und der Architektur- und Hausratausstellung im Landeshaus, Breslau, 1940, S. 113.

54 Vgl. Allgemeine Anordnung Nr. 20, 1942, S. 51.

55 Vgl. ebd.

56 Ebd., S. 56.

Dass dabei Begriffe wie „heimisch" und „standortgerecht" von Wiepking nicht so sehr als naturwissenschaftliche, sondern als ideologische Begriffe gehandhabt wurden, lässt sich vermuten, wenn er auf der 1. Arbeitsbesprechung über Landschaftsgestaltung in den Ostgebieten am 3./4. März 1943 vorschlug, die Robinie, da sie ein Fremdling sei, so anzupflanzen, „daß von der freien Landschaft nur die umgebenden heimatlichen Bäume sichtbar sind". Wegen ihrer Bedeutung als Bienenweide und als rasch wachsender Derbholzproduzent solle sie aber nicht aus der heimischen Landschaft verbannt werden.[57]

Das Ende landschaftsplanerischer Tätigkeit in den „eingegliederten Ostgebieten"

Abschließend sollen einige Anmerkungen zu den Ansätzen gemacht werden, die skizzierten Planungsaktivitäten auch umzusetzen. Aufgrund der sich ändernden Kriegsbedingungen 1942/43 konnten entsprechende Realisierungen von konkreten Planungen durch die Planungsabteilung Heinrich Himmlers und andere nationalsozialistische Instanzen in den „eingegliederten Ostgebieten" nicht mehr durchgeführt werden.

Versuchsplanungen

Ein Beispiel für solche Umsetzungsversuche sind Bemühungen, in verschiedenen als charakteristisch für die „eingegliederten Ostgebiete" angesehenen Regionen beispielhafte Planungen durchzuführen, die dann später auf die gesamte Region hätten ausgedehnt werden können. Dazu wurden bestimmte als typisch angesehene Gebiete für so genannte Versuchsplanungen ausgewählt. Wie direkt dabei vermutlich die Abhängigkeit von Planung und nationalsozialistischem Terror gewesen ist, lässt sich

---

57 Vgl. BA, R 49 III/43, Bericht vom 13. Mai 1943. Damit entsprach Wiepking den 1939 geäußerten Zielsetzungen des Reichsforstmeisters Göring, für den angesichts seiner Funktion als Beauftragter für den Vierjahresplan wahrscheinlich „bodenständig" und „ökonomisch" einander zu entsprechen hatten. Er forderte: „Jeder Boden soll in richtiger Mischung die Holzarten tragen, die auf ihm am besten gedeihen und den höchsten Ertrag bringen. Darüber hinaus werden wir im deutschen Wald mehr als bisher mit Bodenbearbeitung, Düngung, Entwässerung und Bewässerung arbeiten müssen. [...] Weiterhin kann die Holzerzeugung in den Wäldern durch neue ertragreichere Holzarten und Züchtung schnellwüchsiger Rassen erhöht werden. Wir dürfen uns dabei nicht scheuen, ertragreichere Holzarten aus dem Ausland anzubauen, soweit sie das vertraute Bild unseres heimischen Waldes nicht zerstören." (Hermann Göring, Ansprache des Reichsforstmeisters anläßlich der ersten Großdeutschen Reichstagung der Forstwirtschaft, in: Naturschutz 20 (1939), H. 8, S. 168.)

am Beispiel des Kreises Saybusch vermuten. Der Hauptdorfbereich Milowka im Kreis Saybusch (Reg.-Bez.Kattowitz) war einer von vier ausgewählten Bereichen für diese „Versuchsplanungen". Entsprechend regionalistischer Vorstellung wurde für jeden Gau bzw. Regierungsbezirk der „eingegliederten Ostgebiete" eine typische Landschaft für Versuchsplanungen ausgewählt, in denen „die von den verschiedensten Stellen bisher nur theoretisch erörterten Gestaltungsgrundsätze praktisch erprobt werden"[58] sollten. Der Hauptdorfbereich Milowka sollte beispielhaft für eine Gebirgslandschaft sein. Gerade von diesem Gebiet wird aber berichtet, dass in der sog. „Saybusch-Aktion" vom September bis Dezember 1940 17.413 Polen in das Generalgouvernement deportiert worden sind. In diesen ehemaligen galizischen Kreisen gab es überwiegend polnische Zwerghöfe. Um für die anzusiedelnden volksdeutschen Bauern Höfe von etwa 15 ha zu gewinnen, mussten durchschnittlich neun polnische Bauernfamilien evakuiert werden.[59] Der Musterplanungskreis Saybusch scheint also gezielt nach den bereits durchgeführten ‚bevölkerungspolitischen' Maßnahmen, d. h. der Vertreibung der ansässigen Bevölkerung, ausgewählt worden zu sein.

Planungswettbewerbe

Konkrete Gestaltungsmaßnahmen konnten vermutlich außer einem als kriegswichtig eingestuften Baumschulprogramm zur Vorbereitung der Pflanzungen nach dem Krieg, der Anlage von Wind- und Schneeschutzpflanzungen und vielleicht dem Bau von einigen Musterhäusern aufgrund der sich ändernden Kriegsverhältnisse nicht mehr verwirklicht werden. Zur Vorbereitung einer späteren Umsetzung der in den Richtlinien festgehaltenen Planungsvorstellungen dienten aber auch zahlreiche Gestaltungswettbewerbe, die von der Haus- bzw. Bauernhausplanung (einschließlich Inneneinrichtungen) über die Dorfplanung bis hin zu landschaftsplanerischen Aufgabenstellungen reichten. Über die Zielsetzung eines Wettbewerbs über Dorfgestaltung heißt es z. B.: „Einige Ergebnisse des von dieser Dienststelle [der Hauptabteilung Planung und Boden beim RKF, Anm. d. Verf.] ausgeschriebenen ‚Wettbewerbs für die Gestaltung neuer Dörfer im neuen Osten' sollen einen Eindruck vermitteln, in welchen Grundformen und auf welcher Generallinie der gesamte Ostaufbau baugestalterisch entwickelt werden wird. Aufgabe des Wettbewerbs war es, eine nähere Vorstellung von den künftigen deutschen Ostdörfern zu erarbeiten, die ja als Beispiel der gesamten neuen deutschen Landgestaltung Geltung gewinnen sollen."[60]

---

58 Herbert Frank, Das Dorf im Osten und sein Lebensraum, in: Der Landbaumeister 6, S. 1–2, Beilage der Zeitschrift Neues Bauerntum 34 (1942), H. 9.

59 Broszat, Polenpolitik, S. 99.

60 Anonym, Ostdörfer und Osthöfe, in: Neues Bauerntum 33 (1941), H. 3, S. 108.

Durch diese Wettbewerbe konnte u. a. die im Altreich zur Verfügung stehende ‚Planungs-Kapazität' ausgenutzt werden. Der zahlenmäßig wohl umfassendste Wettbewerb war ein Bauernhofwettbewerb des Reichsernährungsministeriums. Er bezog sich nicht nur auf den Osten, sondern war in verschiedene „Hauptlandschaftsbezirke des Reiches" (Alpen, Mitteldeutschland, Niederdeutschland, Ostdeutschland) gegliedert. Insgesamt gingen über 450 Entwürfe ein. Davon bezogen sich 119 auf die Ostgebiete,[61] erbrachten also eine Fülle von Arbeitsergebnissen, aus denen die weitere Planung hätte entwickelt werden können.

An diesem Wettbewerb kann beispielhaft verdeutlicht werden, dass die von Wiepking, Seifert u. a. für den Bereich der Landschaftsgestaltung geforderte Bodenständigkeit in der Architektur entsprechendes Gestaltungskriterium war. So wie Seifert u. a. mittels der Pflanzensoziologie nicht nur alles „Reichsfremde", sondern auch alles „Landschaftsfremde" beseitigen wollte,[62] so versuchten ‚Blut- und-Boden-Architekten' für jede kleinste Landschaftseinheit die bodenständige Bauernhausform herauszuarbeiten. Doch die Berücksichtigung bodenständiger Bauernhausformen, ein Zuviel an ‚Blut und Boden' stand anscheinend einer ökonomischen Betriebsführung im Wege und rief schließlich sogar nationalsozialistische Kritik hervor. In einem Bericht des Regierungsbaurats Grebe heißt es: „In diesem Zusammenhang war der Hinweis ausserordentlich dankenswert, daß ein allzu liebevolles Eingehen auf die von den Forschern festgestellten 70 Hauslandschaften zu einer ungeheuren, der Sache abträglichen ‚Zerfaserung des ländlichen Aufbaues' führen müßte. Vielfach wird als typisch landschaftsgebunden auch das bezeichnet, was in Wahrheit das Arbeitsergebnis von Baumeister- oder Zimmermannsdynastien bestimmter Gegenden ist. Für die Zukunft werden wir mit einer Typenordnung, die nach den wichtigsten Landschaftseigenarten gegliedert ist (niederdeutsch, mitteldeutsch, ostdeutsch, alpenländisch) auskommen."[63] Die der NS-Ideologie entsprechende Forderung nach Bodenständigkeit in der Gestaltung wurde also aus Zweckmäßigkeitsgründen auf ein Grobschema von vier Bauernhaustypen reduziert. Der Berücksichtigung der Bedürfnisse der Planungsbetroffenen glaubten Architekten und Landschaftsgestalter zu genügen, wenn sie z. B. den in östlichen Gebirgsgegenden Anzusiedelnden eine Art ‚Schwarzwaldhaus-Verschnitt' mit der entsprechenden Landschaft schufen.

61 Vgl. Anonym, Ergebnis des Bauernhofwettbewerbs des Reichsernährungsministeriums, Der Landbaumeister 2, Beilage der Zeitschrift Neues Bauerntum 34 (1942), H. 5, S. 35.
62 Vgl. Hering, Naturschutz und Forstwirtschaft, in: Naturschutz 20 (1939), H. 8, S. 171.
63 Grebe, zitiert in: Anonym, Die künftigen Bauaufgaben auf dem Lande, Der Landbaumeister, 1, Beilage der Zeitschrift Neues Bauerntum 34, (1942), H. 4, S. 39.

Nachwort

In den wenigen Jahren des Zweiten Weltkriegs wurde von Vertretern des Planungsamtes beim RKF ein fachlicher Aufgabenanspruch entwickelt, der die Landespflege gleichbedeutend neben der Raumordnung, bei manchen sogar der Raumordnung übergeordnet sah. Die fachliche Entwicklung in diesem Zeitraum ist gekennzeichnet durch eine maßlose Übersteigerung des Aufgabenanspruches, der den Gartenarchitekten zum ‚Lebensraumgestalter‘ werden ließ. Das ‚Führerwort‘, ganz Deutschland solle ein großer Garten werden, wurde zur Maxime landespflegerischen Handelns: „Wenn bereits im Anfang des 19. Jahrhunderts das Ziel formuliert wurde: ‚Ganz Deutschland ein großer Garten‘, und dieses Ziel sogar zu einem wissenschaftlichen System ausgebaut wurde (Haushofer), dann kann und muß dieses Ziel heute endlich und gänzlich verwirklicht werden, nachdem der Führer in seiner letzten großen Rede vor der deutschen Arbeiterschaft den ‚Garten des ganzen Deutschland‘ proklamierte."[64] Die Landschaftsgestaltung, wie sie vor allem von Wiepking verstanden wurde, wurde zur wichtigsten Aufgabe im nationalsozialistischen Deutschland; nach der kriegerischen Eroberung hatte als Erstes der Landschaftsgestalter zu folgen, um die eroberten Gebiete für immer zu ‚deutschen‘ Landschaften umzugestalten. Das Selbstverständnis der Landespflege, als den anderen Planungsdisziplinen übergeordnet, wurde von diesem Anspruch geprägt.

Die landschaftsplanerischen Aktivitäten in den „eingegliederten Ostgebieten" beim RKF während des Zweiten Weltkriegs zeigen, wie ein scheinbar unpolitisches Fach wie Landschaftsplanung in die NS-Terrorpolitik eingebunden war. Sie lassen erkennen, wie sie diese einerseits als eine Voraussetzung hatte, da sie der Landschaftsplanung erst die erwünschten Bedingungen schuf. Sie zeigen aber auch, wie Landschaftsplaner andererseits zu einer ideologischen Rechtfertigung der nationalsozialistischen Gewaltmaßnahmen als im Sinne eines ‚völkischen Umweltschutzes‘ erforderlich beitrugen.

Die Entwicklung der Landschaftsarchitektur seit der Befreiung vom Nationalsozialismus bedarf noch einer differenzierten Erforschung bezüglich möglicher Kontinuitäten und Diskontinuitäten. Wurden in der Landschaftsarchitektur mit ihren Arbeitsbereichen Landschaftsplanung, Naturschutz, kommunale Grünplanung und Gartenarchitektur Ideen und fachliche Konzepte aus der Zeit des Nationalsozialismus weitergeführt? Oder wurde an frühere, eventuell gesellschaftlich fortschrittlichere Ideen aus der Zeit der Weimarer Republik angeknüpft? Dabei ist auch der Frage nachzugehen, ob es möglich war und ist, bezogen auf Ideen und Konzepte aus der NS-Zeit zwischen fachlichen Vorstellungen und Ideologie zu trennen oder ob

---

64 Heinrich Friedrich Wiepking-Jürgensmann, Raumordnung und Landschaftsgestaltung, in: Raumforschung und Raumordnung 5 (1941), H. 1, S. 23.

diese nicht, auf ggf. sehr subtile Weise, miteinander verknüpft waren. Dann könnte allerdings Gedankengut, das einer demokratischen gesellschaftlichen Entwicklung abträglich ist, auch nach 1945 bei der fachlichen Entwicklung in der Bundesrepublik und der Deutschen Demokratischen Republik wirksam geworden sein.

Günter W. Zwanzig

Wolfgang Erz – sein Einfluss auf die Deutschen Naturschutztage nach 1945 in der Bundesrepublik Deutschland

Ausblick auf die künftige Ausgestaltung der Deutschen Naturschutztage

Vorbemerkung

Wolfgang Erz steht stellvertretend für einen wichtigen Abschnitt der Deutschen Naturschutztage, konkret für die Zeit zwischen 1970 und 1998. Er hatte in erster Linie die Umstellung vom überwiegend ehrenamtlichen zum nunmehr hauptamtlichen Naturschutz zu bewältigen. Zugleich hat er wichtige Impulse für die künftige Ausgestaltung der Deutschen Naturschutztage gegeben.

Auf der Gedenkveranstaltung für Wolfgang Erz am 14. Dezember 1998 in Bad Godesberg haben Bärbel Kraft, Dietrich Lüderwaldt und Angelika Wurzel eine Analyse der Deutschen Naturschutztage nach 1945 – unter besonderer Berücksichtigung der Verdienste von Wolfgang Erz – erstellt.[1] Bärbel Kraft und Angelika Wurzel haben zudem eine weitere Arbeit über die Deutschen Naturschutztage von 1925 bis 1945 vorgelegt.[2] Beide Untersuchungen ziehen ein Resümee aus der Sicht der Veranstalter. Des Weiteren sei auf die Tätigkeitsberichte der ABN und des BBN verwiesen, die sich eingehend mit den DNT befassen,[3] schließlich auf die von Wolfgang Erz zu den DNT veröffentlichten Berichte.[4]

---

1 Bärbel Kraft, Dietrich Lüderwaldt, Angelika Wurzel, Deutsche Naturschutztage nach 1945 – Trends, Schwerpunkte, künftige Entwicklung, in: Naturschutzbilanzen: Entwicklungen, Probleme und Aufgaben im Naturschutz – Elemente zur Standortbestimmung und Weiterarbeit. Referate einer Veranstaltung am 14. Dezember 1998 in der Stadthalle Bad Godesberg zum Gedanken an Prof. Dr. Wolfgang Erz (gest. 19. August 1998); zusammengestellt von Anne-Christine Becker, Knut Haarmann, Bonn 1999, S. 113f.

2 Bärbel Kraft, Angelika Wurzel, Die Themen der Deutschen Naturschutztage – ein geschichtlicher Überblick. Von den Anfängen bis zum 2. Weltkrieg, in: Natur und Landschaft 67 (1997), S. 3-11.

3 Natur und Landschaft 50 (1975), S. 13 (Makowski); Natur und Landschaft 63 (1988), S. 276f., Natur und Landschaft 66 (1991), S. 284; Natur und Landschaft 70 (1995), S. 118; Natur und Landschaft 71 (1996), S. 125; Natur und Landschaft 72 (1997), S. 154; Natur und Landschaft 73 (1998), S. 134 f.; Natur und Landschaft 74 (1999), S. 231.

4 Zum DNT 1978 Natur und Landschaft 53 (1978), S. 241–243; zum DNT 1980 Natur und

Das dem Autor gestellte Thema wurde deshalb als Aufforderung verstanden, alles noch einmal aus der Sicht eines Besuchers der Deutschen Naturschutztage zu überdenken. Es wurde zudem versucht, durch Befragung einer Reihe von Persönlichkeiten weitere Erkenntnisse zu gewinnen.[5]

Es ist mir ein aufrichtiges Anliegen, Frau Bärbel Kraft und Frau Angelika Wurzel für die große und engagierte Unterstützung bei der Ausarbeitung dieses Beitrages zu danken.

1. Wolfgang Erz und die Deutschen Naturschutztage zwischen 1970 und 1998

In der Zeit des Wirkens von Wolfgang Erz wandelte sich die ABN (Arbeitsgemeinschaft der Beauftragten für Naturschutz und Landschaftspflege) – nicht zuletzt auf sein Betreiben – zur Arbeitsgemeinschaft Beruflicher und Ehrenamtlicher Naturschutz (ABN) und schließlich zum BBN (Bundesverband Beruflicher Naturschutz). Diese Namensänderung des Hauptveranstalters der Deutschen Naturschutztage ist äußerst aufschlussreich.[6]

Wolfgang Erz hat über ein Vierteljahrhundert an maßgebender Stelle im Naturschutz gewirkt. Er war im Bundesamt für Naturschutz in führender Position tätig, zuvor in der Bundesanstalt für Vegetationskunde, Naturschutz und Landschaftspflege, zeitweise war er, in den Jahren 1970 bis 1972, Vertreter des Bundesbeauftragten für Naturschutz (Prof. Dr. Bernhard Grzimek); und nicht zuletzt war er Geschäftsführer und Schatzmeister der ABN und später des BBN. In diesem Zusammenhang hat er zahlreiche Akzente gesetzt, u. a. auch auf dem Weg zum Archiv Forum Museum zur Geschichte des Naturschutzes in Deutschland – beginnend mit der Werkstatt Naturschutzgeschichte (1989)[7] und dem Symposion für Wolfram Pflug (1998) – sowie bei der Ausrichtung der Deutschen Naturschutztage zwischen 1970 und 1998. Besonders hier hat er als „Querdenker" mit dem jeweiligen Vorstand[8] von ABN bzw. BBN die Arbeit des ehrenamtlichen und des beruflichen Naturschutzes

Landschaft 55 (1980), S. 39; zum DNT 1986 Natur und Landschaft 61 (1986), S. 243–244; vgl. auch die vielleicht etwas überzogene Kritik zum DNT 1976 von Irmhild Günther, Natur und Landschaft 51 (1976), S. 229.

5 Die befragten Persönlichkeiten sind alphabetisch im Anhang 1 aufgeführt.

6 Dazu: 50 Jahre „Bundesverband beruflicher Naturschutz" (BBN), in: Natur und Landschaft 72 (1997), S. 556–558.

7 Vgl. dazu Natur und Landschaft 65 (1990), H. 3, S. 103 ff., zum Thema „Geschichte des Naturschutzes".

8 Von Angelika Wurzel wurde dankenswerterweise eine Liste der Vorstände erstellt. Sie ist im Anhang 3 wiedergegeben.

geprägt. Diese 28 Jahre sind ein wichtiger Ausschnitt aus der hier zu behandelnden Geschichte des Naturschutzes zwischen 1945 und 2002.

Leben und Wirken von Wolfgang Erz sind zu seinem 60. Geburtstag[9] und anlässlich seines Todes[10] eingehend dargestellt und gewürdigt worden. Ergänzend dazu sei seine Sensibilität hervorgehoben. Sie wird am deutlichsten, wenn man seine Nachrufe und Laudationes auf seine älteren Kollegen, etwa auf Herbert Ecke, liest.[11]

Seine Vorstellungen und Erwartungen hinsichtlich der Deutschen Naturschutztage hat Wolfgang Erz vor allem auf dem Deutschen Naturschutztag 1982 in Kassel geäußert.[12] Er stellte die Forderung auf, die Effizienz der Deutschen Naturschutztage zu bewerten und stellte die kritische Frage, ob „die im Zeitvergleich eingetretenen Verbesserungen […] der sich in 25 Jahren verschärften Problematik" als „angemessen zu bezeichnen" sind. Erz meinte recht skeptisch, zwischen einer Innovation und deren Aufnahme in politische Programme würden 25 Jahre vergehen und nochmals weitere 25 Jahre bis zu ihrer Umsetzung in die Wirklichkeit. Tatsächlich brauchte die Verbandsklage, die 1966 in Art. 12 des Schweizerischen Natur- und Heimatschutzgesetzes verankert wurde, 36 Jahre bis zur Aufnahme ins Bundesnaturschutzgesetz!

2. Die Deutschen Naturschutztage zwischen 1970 und 1998 im Kontext ihrer Gesamtgeschichte: ehrenamtlicher – hauptamtlicher – kooperativer Naturschutz.

Das Wirken von Wolfgang Erz an der Schnittstelle vom überwiegend ehrenamtlichen zum hauptamtlichen Naturschutz wird noch deutlicher, wenn man sich die Geschichte der DNT vergegenwärtigt. Kraft, Lüderwaldt und Wurzel haben in ihren

---

9 Martin Uppenbrink, Prof. Dr. Wolfgang Erz. Ein Vordenker des Naturschutzes wird 60 Jahre, in: Natur und Landschaft 71 (1996), S. 548f.

10 Ders., Zum Tode von Prof. Dr. Wolfgang Erz, in: Natur und Landschaft 73 (1998), S. 456; Bärbel Kraft, Anne-Christine Becker, Auswahllisten der Veröffentlichungen von Wolfgang Erz, in: Natur und Landschaft 73 (1998), S. 457–461. Lothar Finke, Schlußwort und zur Weiterarbeit im Bundesverband Beruflicher Naturschutz e.V. (BBN), in: Naturschutzbilanzen, S. 151-156. Bibelriether (Anhang 1) sieht Erz auch als einen der maßgeblichen Initiatoren des Nationalparks Wattenmeer.

11 Wolfgang Erz, Herbert Ecke – 70 Jahre, in: Natur und Landschaft 48 (1973), S. 347; ders., Dr. Herbert Ecke zum Gedenken, in: Natur und Landschaft 51 (1976), S. 81–85.

12 Wolfgang Erz, Naturschutz und Landschaftspflege im Rückblick auf ein Vierteljahrhundert Deutscher Naturschutztage und heute, in: Jahrbuch für Naturschutz und Landschaftspflege 33 (1983), S. 9–37. Der 17. DNT war im Übrigen auch der „Auslöser" für die ABN, sich aus der Verbindung zum Umweltschutz zu lösen (vgl. Makowski, Anhang 1).

Arbeiten[13] umfassend die Zielsetzung der DNT und weitere Einzelheiten wie Teilnehmerkreis, Themenwahl, Öffentlichkeitswirksamkeit u.a. behandelt.

Danach hatten die Deutschen Naturschutztage bereits 1925 folgende Zielsetzungen:

- einen umfassenden Wissens- und Erfahrungsaustausch zwischen den amtlich oder ehrenamtlich im Naturschutz Tätigen und den anderweitig am Naturschutz interessierten Menschen zu ermöglichen,
- den aktuellen Stand der Naturschutzarbeit zu kennzeichnen (organisatorisch, inhaltlich) sowie finanzielle Mittel zu seiner Förderung aufzuzeigen),
- werbewirksam nach außen zu dringen, um so eine breite Bevölkerung anzusprechen und für die Naturschutzideen zu gewinnen,
- die Vereinheitlichung der rechtlichen Grundlagen voranzutreiben.[14]

Diese Zielsetzungen sind nach wie vor die gleichen geblieben. Im Faltblatt zur Einladung zum 26. DNT 2002 in Hannover wird die Zielsetzung seit 1925 wie folgt umschrieben:

- die für Naturschutz und Landschaftspflege Tätigen aus den verschiedenen behördlichen wie privaten, wissenschaftlichen wie praktischen Institutionen regelmäßig zusammenzuführen,
- die enge Kooperation aller Fachkräfte für Naturschutz und Landschaftspflege zu schaffen und aufrechtzuerhalten,
- Einfluss auf die einheitliche Entwicklung von Naturschutz und Landschaftspflege, insbesondere auf die Gesetzgebung zu nehmen und
- die Anliegen des Naturschutzes in die Öffentlichkeit zu tragen.
- Auf dem DNT in Dresden 1998 wurde die Frage „Brauchen wir noch Deutsche Naturschutztage?" bejaht.[15] Mehr als 75 Jahre Deutsche Naturschutztage machen es dennoch erforderlich, über die geschichtliche Darstellung hinaus Vorschläge für die weitere Zukunft zu unterbreiten.

Es ist in diesem Zusammenhang unerlässlich, zunächst einmal kurz die Geschichte der Naturschutztage darzustellen. Zwei der führenden Persönlichkeiten des deutschen Naturschutzes stehen am Anfang der Tradition der Deutschen Naturschutztage: Walther Schoenichen und Hans Klose. Nach 1945 hat sich in besonderem Maße Klose um die Wiederbelebung der DNT verdient gemacht. 1925, als man den 1. Deutschen Naturschutztag in München organisierte, war es vielen besonders wichtig, gegenüber dem Heimatschutz eine eigenständige Position einzunehmen. Vor dem Hintergrund des Übergewichts der Denkmalpflege auf den Deutschen Heimattagen war diese Entscheidung für die damalige Zeit durchaus gerechtfertigt. Gerade weil der

---

13 Vgl. Kraft, Lüderwaldt, Wurzel, Deutsche Naturschutztage; Kraft, Wurzel, Themen.
14 Kraft, Lüderwaldt, Wurzel, Deutsche Naturschutztage, S. 114.
15 Ebd., S. 129.

Naturschutz – im Vergleich zur Denkmalpflege – über keine größere eigene staatliche Organisation verfügte, musste er sich erst einmal eigenständig profilieren.[16]

Bis 1945 fanden nur drei weitere Deutsche Naturschutztage und eine Reichstagung für Naturschutz statt.[17]

Für Hans Klose war es nach 1945 äußerst wichtig, alles an staatlicher und ehrenamtlicher Organisation im Naturschutz zu retten.[18] Es galt, der Unsicherheit über die Fortgeltung des Reichnaturschutzgesetzes zu begegnen, die sich in den Ländern bildenden Ansätze zu stärken und gleichzeitig den Zusammenhalt zwischen allen im Naturschutz Tätigen zu fördern.

Es ist äußerst bemerkenswert, dass bereits 1947 in Schloss Burg an der Wupper die erste Jahrestagung der Deutschen Beauftragten für Naturschutz und Landschaftspflege stattfand. Es folgten weitere neun (!)[19] Jahrestagungen, bevor 1957 in Kassel der erste Deutsche Naturschutztag nach 1945 ausgerichtet wurde.

Diese Fachtagungen, die zwischen den Naturschutztagen fortgesetzt wurden bzw. in die Deutschen Naturschutztage integriert wurden, machen die Identität – das Proprium – der Deutschen Naturschutztage aus. Galt es zunächst, das Fachwissen der überwiegend ehrenamtlich im Naturschutz Tätigen zu vertiefen, nimmt heute der Erfahrungsaustausch der hauptamtlichen Fachkräfte einen breiteren Raum ein.

Es hat nun den Anschein, als ob mit dem Inkrafttreten der Novelle des Bundesnaturschutzgesetzes die Phase des hauptamtlichen Naturschutzes zu Ende geht und von der nächsten, der des kooperativen Naturschutzes, abgelöst wird.

Ausgelöst durch das Europäische Naturschutzjahr 1970 setzten Bestrebungen zur umfassenden Novellierung des Naturschutzrechtes in Westdeutschland ein. Die Entwicklung verlief dabei zweigleisig. Während auf Bundesebene eine Änderung des Grundgesetzes favorisiert wurde mit dem Ziel, dem Bund umfassende Kompetenzen zu übertragen (sog. konkurrierende Gesetzgebung), beharrten die Länder auf der bestehenden Rechtslage, der Rahmengesetzgebung durch den Bund für Naturschutz und Landschaftspflege. Repräsentativ für die verschiedenen Initiativen sind einerseits der Entwurf eines Gesetzes für Landschaftspflege und Naturschutz (Landespflegegesetz)[20] vom April 1971 und auf der Seite der Föderalisten vor allem die Entwürfe

---

16 Vgl. Andreas Knaut: Zurück zur Natur! Die Wurzeln der Ökologiebewegung. Greven, 1993 (Supplement 1 [1993] zum Jahrbuch für Naturschutz und Landschaftspflege), S. 392–394; vgl. ferner ebd., S. 63 und 64, über die „drei Heimatschutztheoretiker".

17 Kraft, Wurzel, Themen, S. 5.

18 Makowski, Mrass, (Anhang 1).

19 Vgl. Anhang 2.

20 Vgl. Jahrbuch für Naturschutz und Landschaftspflege 20 (1971), insbes. S. 61ff. An diesem Entwurf hat Wolfgang Erz maßgeblich mitgearbeitet.

der Landtagsfraktion der Bayerischen SPD für ein Bayerisches Naturschutzgesetz[21] vom 17. März 1970 und für ein Bayerisches Umweltschutzgesetz[22] vom 19. Juni 1972. Bereits am 14. Juni 1973 trat in Rheinland-Pfalz ein Landespflegegesetz[23] in Kraft, dem das Bayerische Naturschutzgesetz[24] vom 27. Juli 1973 folgte. Vor und nach Inkrafttreten des Bundesnaturschutzgesetzes vom 20. Dezember 1976[25] folgten weitere Landesnaturschutzgesetze.[26] Allen Entwürfen sowie den Landesnaturschutzgesetzen ist gemeinsam, dass an die Stelle der ehrenamtlichen Naturschutzbeauftragten und –stellen nunmehr die Naturschutzbeiräte[27] traten, was einen entsprechenden Ausbau der Naturschutzbehörden mit hauptamtlichem Personal[28] voraussetzte. In diesem Zusammenhang muss auch die in allen Bundesländern durchgeführte Funktional- und Gebietsreform mit der Schaffung leistungsfähigerer Einheiten auf der unteren und mittleren Verwaltungsebene gesehen werden.

Wenn nunmehr mit der Novelle des Bundesnaturschutzgesetzes die Naturschutzverbände wenigstens auf Bundesebene gestärkt werden, dann wird hier mit der Zeit eine Eigendynamik eintreten, wobei auf die Erfahrungen aus der Schweiz zurückgegriffen werden kann. In einer „vielgegliederten Demokratie"[29] würden dann auch die Naturschutzverbände gewisse Aufgaben übernehmen, was eine fachliche und juristi-

---

21 Bayerischer Landtag, 6. Wahlperiode, Beilage 3104.

22 Bayerischer Landtag, 7. Wahlperiode, zu Drucksache 7/2723.

23 Landespflegegesetz (LPflG) vom 14. Juni 1973 (RhPf GVBl 1973, S. 147).

24 Bayerisches Naturschutzgesetz vom 27. Juli 1973 (BayGVBl 1973, S. 437, ber. S. 562).

25 BGBl I, S. 3574.

26 Eine Zusammenstellung gibt Michael Kloepfer, Umweltrecht, München ²1998, S. 706f.

27 Der Gedanke unabhängiger Beiräte mit einem Vorsitzenden aus den eigenen Reihen (also nicht dem Chef der zugeordneten Behörde) wurde erstmals in Rheinland-Pfalz mit Schaffung des Denkmalrates und vor allem mit Errichtung des Wissenschaftlichen Beirates der Landesstelle für Naturschutz und Landschaftspflege umgesetzt (RdErl. d. MinfUuK vom 3. Jan. 1966; ABl KultMin 1966 S. 44 = Nachrichtenblatt für Naturschutz und Landschaftspflege 1966, S. 11). So auch § 27 Abs.3 LPflG RhPf; § 49 BaWü NatSchG; § 34 Abs.5 S.7 HENatSchG; § 11 Abs.7 LG NW. Leider wurden die Naturschutzbeiräte nicht als reine Fachbeiräte, sondern in den meisten Fällen als „Interessenbeiräte" ausgestaltet. Allerdings liegen mit den „Interessenvertretern" nicht nur durchweg negative Erfahrungen vor (so Eichner, vgl. Anhang 1). Des Weiteren sei verwiesen auf den ABN-Bericht über das Symposion zur Arbeit der Beiräte 1991 in Dortmund, Natur und Landschaft 67 (1992), S. 229f.

28 Es darf allerdings nicht von der falschen Hoffnung ausgegangen werden, durch mehr Personal würde sich der Naturschutz wirksamer gestalten. Es sind inzwischen so viele Aufgaben auf die Naturschutzbehörden zugekommen (Vertragsnaturschutz mit Co-Finanzierung nach den EU-Richtlinien; Eingriffsregelung u. a. m.), dass das Personal stark überlastet ist (so u. a. Eichner, vgl. Anhang 1).

29 Günter W. Zwanzig, Die vielgegliederte Demokratie – Gesellschaftsmodell der Zukunft, in: DIE SCHWARZBURG 1991, S. 1–16.

sche Schulung ihres Personals zur Folge hätte. Es wird mithin zu überlegen sein, wie dieser Personenkreis in die DNT einbezogen werden kann. Ähnliches dürfte für die Naturschutzwachten, das hauptamtliche Personal in National- und Naturparks u. a. gelten.

3. Bewertung der Deutschen Naturschutztage

3.1 aus der Sicht der Veranstalter

3.1.1 Fachkongress

Unstreitig dürfte der Wert der Naturschutztage im gegenseitigen Erfahrungsaustausch und dem allseits stärkenden Zusammengehörigkeitsgefühl bestehen. Auch hat die regelmäßige Erörterung von Rechtsfragen zur besseren Ausrüstung aller Betroffenen und sogar zur Fortentwicklung des Naturschutzrechtes beigetragen, zumal fast alle Fachtagungen, sogar einige DNT, ganz im Zeichen der Erörterung von Rechtsfragen standen.[30] Schließlich haben die Fachexkursionen durch das gemeinsame Erleben und Erörtern von Naturschutzangelegenheiten bei allen Teilnehmerinnen und Teilnehmern positive Eindrücke hinterlassen.

Da dies auch die Schwerpunkte der zwischen den Deutschen Naturschutztagen stattfindenden Fachtagungen waren und sind, erscheinen diese Fachtagungen in der Erinnerung der Betroffenen vielfach als gleichwertig.

– Aus eigener Erfahrung wurde z. B. die Jahresfachtagung 1965 in Essen als Naturschutztag erlebt, zumal dabei wichtige internationale Kontakte geknüpft werden konnten. In gewisser Hinsicht lässt sich dasselbe auch von den Jahresversammlungen des Vereins Naturschutzpark[31] und den damit verbundenen Fachexkursionen sagen. –

Es ist hinzuzufügen, dass bis zur Schaffung der Naturschutzbeiräte vor allem für die Mitarbeiter/innen der Naturschutzbehörden und für die Naturschutzbeauftragten zusätzlich zahlreiche Tagungen auf Landes- und Bezirksebene stattfanden[32] und auch heute noch durchgeführt werden.[33]

---

30 Vgl. die Liste der DNT, Jahresfachtagungen und Seminare im Anhang 2.

31 Vgl. Auflistung in Anhang 4.

32 Diese Arbeitstagungen wurden vornehmlich auf der Ebene der Regierungsbezirke durchgeführt.

33 So veranstaltet die Bayerische Akademie für Naturschutz und Landschaftspflege (ANL) in Laufen/Salzach jährlich die Bayerischen Naturschutztage. An diesen nehmen jeweils ca. 350 Personen (Fach- und Verwaltungspersonal der unteren und höheren Naturschutzbehörden) teil. Es werden jeweils aktuelle Themen, auch Rechtsfragen behandelt (Auskunft Hogger, vgl. Anhang 1).

Will man bei der Ausrichtung als Fachkongress bleiben – und das wünschen überwiegend alle Befragten –, dann scheiden „Massenveranstaltungen" aus. Damit ist keine Wertung von Großveranstaltungen wie Deutsche Katholikentage, Deutsche Evangelische Kirchentage, Deutsche Wandertage, Deutsche Heimattage u.a. verbunden.

3.1.1.1 Exkurs: Natur- und Umweltschutz auf den Evangelischen Kirchentagen und Deutschen Katholikentagen

Ein Rückblick auf die bisherigen Kirchen- und Katholikentage führt zu der Feststellung, dass, bezogen auf den Natur- und Umweltschutz, kirchenintern sehr viel bewegt worden ist.

Der Evangelische Kirchentag 1985 in Düsseldorf stand ganz im Zeichen des Mottos „Die Erde ist des Herrn". Dort wurde auch der Aufruf zum „konziliaren Prozeß" mit dem Leitmotiv „Frieden, Gerechtigkeit, Bewahrung der Schöpfung" verabschiedet. 1990 fand ein weltweites Konzil zu diesem Thema in Seoul statt. Auf den Deutschen Katholikentagen stehen seit dem 84. KT in Mönchengladbach Themen des Lebens-, Natur- und Umweltschutzes im Mittelpunkt.[34]

Sämtliche Kirchen haben zur „Bewahrung der Schöpfung" Denkschriften herausgegeben. Auch der jeweils auf den Kirchentagen stattfindende „Markt der Möglichkeiten" hat vielen im Natur- und Umweltschutz engagierten Gruppen die Möglichkeit zur Selbstdarstellung und zum Aufbau von Kontakten und Kooperationen gegeben. Nicht zuletzt wurden nicht nur auf der Ebene der Landeskirchen bzw. der Diözesen hauptamtliche Umweltbeauftragte eingestellt. In einer Vielzahl konkreter Schritte wurde aufgezeigt, was vom Einzelnen und was von den Kirchengemeinden zum Schutz der Umwelt, zur Wiederbelebung der Natur im Siedlungsbereich getan werden kann.[35] Diese Initiativen sollten nicht unterschätzt werden. Sie vermitteln auch nicht nur Erfolgserlebnisse. Vielmehr stellen sie die unerlässliche Ergänzung zu gesellschaftspolitischen Grundsatzerwägungen dar.

Folglich sollten auf den DNT auch Wege der praktischen Naturschutzarbeit aufgezeigt werden (z. B. Darreichung regionaler und ökologischer Nahrung, Darstellung örtlicher Naturschutzaktivitäten u. a. m.). Vielleicht könnte der Fachkongress DNT mit einer Großveranstaltung kombiniert werden, die je nach Thematik des DNT mit den großen Naturschutz-, Heimat- und Wandervereinen und mit den Kirchen auszugestalten wäre.

---

34 Die hier wichtigsten Vorträge der Deutschen Katholikentage und der Deutschen Evangelischen Kirchentage sind in Anhang 5 zusammengestellt.

35 Sehr instruktiv hierzu: Der Schöpfung zu Liebe. Handbuch für die zukunftsfähige Kirchengemeinde, München 2000. Weitere Hinweise durch Hennig (vgl. Anhang 1).

3.1.2 Öffentlichkeitswirksamkeit.

Weitaus schwieriger ist die Frage nach der Außenwirkung der Naturschutztage zu beantworten. Wie können „politische und öffentlichkeitswirksame Signale" gesetzt werden? Es ist nicht damit getan, dass führende Politiker aus Bund und Ländern eine Rede halten, die vom Fachreferat aufgesetzt worden ist, und wo man sich dann doch fragt, inwieweit das alles politisch auch umgesetzt wird. Die von Bärbel Kraft u. a. beschriebene Politikerverdrossenheit hat ja ihre tieferen Ursachen. Wenn z. B. der zuständige Umweltminister beim Deutschen Naturschutztag 2000 in Bamberg nicht von Anfang an dabei war, als der damalige Präsident des DNR seine Grundsatzrede hielt, kann dies keineswegs als vorbildlich herausgestellt werden.[36]

3.1.2.1 Umsetzung auf der politischen Ebene

Die für die Ausrichtung der Deutschen Naturschutztage Verantwortlichen müssen sich ganz klar die Frage stellen, wie sie – über den Fachkongress hinaus – politische Wirksamkeit erzielen wollen. Es sind folgende Handlungsfelder denkbar:

1. *örtliche Ebene:* Forum zur Diskussion anstehender Probleme unter Einbeziehung der Vertreter der im Stadtrat/Kreistag vertretenen Parteien, zusammen mit Experten des BBN und weiterer Fachleute des Naturschutzes.
2. *Landesebene:* Forum zur Diskussion von Problemen im Einzugsbereich des Tagungsortes unter Beteiligung der regionalen Vertreter der Parteien sowie von Experten der Naturschutzorganisationen.
3. *Bundesebene:* Forum zur Diskussion von Gesetzesvorhaben (z.B. DNT 1986 mit dem Themenschwerpunkt Bundesnaturschutzgesetz; Forderung nach Möglichkeit der Verbandsklage o. Ä.)

Die Behandlung der Novelle zum Bundesnaturschutzgesetz zeigt deutlich auf, wie schwierig es ist, die Anliegen des Naturschutzes umzusetzen. Obwohl alle politischen Voraussetzungen gegeben waren, bedurfte es mehrerer Verhandlungen im Vermittlungsausschuss, um eine Abschwächung der Verbandsklage zu verhindern.

Aus der Sicht des Naturschutzes ist es deshalb vollkommen legitim, sich der jeweiligen in der Opposition befindlichen Parteien als „Verstärker" der eigenen Anliegen zu „bedienen". Im Übrigen macht es einen großen Unterschied, ob Experten einen Gesetzesentwurf erarbeiten oder ob Abgeordnete sich diesen zu eigen machen. Immerhin durfte Reinhold Kaub[37] 1970 erst dann den Entwurf des Bayeri-

---

36 Vgl. Kraft, Lüderwaldt, Wurzel, Deutsche Naturschutztage, S. 127/128.

37 Reinhold Kaub setzte sich als Abgeordneter (SPD) im Bayerischen Landtag engagiert für die Freihaltung der Ufer von Flüssen und Seen ein. Er war federführend an der Ausarbeitung der Gesetzentwürfe der SPD für ein Bayerisches Naturschutzgesetz (1970) und für ein Bayerisches Umweltschutzgesetz (1972) beteiligt.

schen Naturschutzgesetzes (zusammen mit Georg Kronawitter und Peter Zink) ein-
bringen, nachdem zuvor der ehemalige bayerische Ministerpräsident und Verfas-
sungsrechtler Wilhelm Hoegner alles sorgfältig überprüft und den Entwurf selber
unterzeichnet hatte.

Umgekehrt ist auch die Übernahme von Optimalforderungen der Umweltver-
bände durch oppositionelle Parteien legitim.[38] Unter diesen Aspekten muss auch der
Entwurf eines Bundesnaturschutzgesetzes der PDS[39] gesehen werden.

Wie sehr andererseits ein Abgeordneter in Gefahr gerät, wenn er sich mit den
Interessen der Mächtigen anlegt, zeigt das jüngste Beispiel von Josef Göppel, dem
sein Wechsel vom Landtag in den Bundestag (Kandidatur) erheblich erschwert
wurde.[40]

Was die Breitenwirkung angeht, sind die Anliegen des Natur- und Umweltschutzes – nach dem politischen Scheitern von Herbert Gruhl – erst durch das Auftreten
der Partei der GRÜNEN „politikfähig" geworden, da von nun an keine Partei mehr
auf eine sensibilisierte Wählerschaft verzichten wollte.

Für die weitere Rechtsentwicklung ist es jedoch unverzichtbar, nur im Rahmen der
verfassungsmäßigen Ordnung alle Möglichkeiten der Gesetzgebung auszuschöpfen.

Für weitere Einzelheiten sei hier auf die Arbeiten von Volkery verwiesen.[41] Er hat
eingehend dargelegt, dass bei der Gefährdung der biologischen Vielfalt seitens des
Naturschutzes Einflussnahmen mit negativen Folgewirkungen für gesellschaftlich
einflussreiche Verursacher (vornehmlich Land- und Forstwirtschaft) verbunden sind.
Ebenso sind Lösungen, die auf Verzicht und Unterlassung bzw. Veränderung von
Verhaltensweisen basieren, schwer zu vermitteln.[42]

---

38 Vgl. dazu im Stenographischen Bericht der 168. Sitzung des Deutschen Bundestages vom
    11. Mai 2001, Plenarprotokoll 14/168 die Beiträge von Sylvia Voss (S. 16504) und einge-
    schränkt auch von Christel Deichmann (S. 16500).
39 BT-Drucks 14/5766 vom 5.4.2002. Dazu Stenographischer Bericht der 168. Sitzung vom
    11. Mai 2001, Plenarprotokoll 14/168.
40 Als Josef Göppel 2002 für den Deutschen Bundestag kandidieren wollte, wurden ihm in
    seinem Wahlkreis erhebliche Schwierigkeiten bereitet. Gerade in einem stark landwirt-
    schaftlich geprägten Gebiet (Westmittelfranken) wurde sein Engagement oft als störend
    empfunden. Er wurde mit nur einer Stimme Mehrheit nominiert, konnte jedoch dann am
    22.9.2002 bei der Direktwahl eine große Mehrheit der Stimmen für sich gewinnen.
41 Axel Volkery, Reform mit Hindernissen: Zur Novellierung des Bundesnaturschutzgeset-
    zes in der 13. und 14. Legislaturperiode, in: FFU-report 01–01; ders., Die Novellierung
    des Bundesnaturschutzgesetzes. Chancen und Restriktionen einer Neuorientierung der
    Naturschutzpolitik in Deutschland, Frankfurt/Main u. a. 2001.
42 Ebd., S. 35 ff. und S.43 f.

3.2 Bewertung der Deutschen Naturschutztage aus der Sicht der Besucher

Die Bewertung der Deutschen Naturschutztage aus der Sicht der Besucher ist recht unterschiedlich. Übereinstimmend wird der Charakter der Fachkongresse gelobt.[43] Bei der Ausgestaltung im Einzelnen treten aber recht unterschiedliche Wünsche auf. So wird die Auseinandersetzung mit anderen gesamtstaatlichen Gestaltungsaufgaben vermisst,[44] andere wollen bestimmte Schwerpunkte wie Ethik,[45] Waldwirtschaft[46] u.a. stärker berücksichtigt wissen.

Hinsichtlich der Außenwirksamkeit der DNT sind die Meinungen sehr unterschiedlich.[47] Es überwiegt die Skepsis. Anders wird die Situation in Österreich gese-

---

43 So in der persönlich durchgeführten Umfrage (vgl. Anhang 1) von Burhenne, Engelhardt, Göppel, Makowski, Preuss; sehr ausführlich Sommer: „Auch für mich war die Begegnung und der Austausch mit ‚Gleichgesinnten‘ immer das Wesentliche. Früher waren die wenigen, die im Naturschutz arbeiteten, nur ein kleines Häufchen. Man spürte im Austausch mit diesen, dass man nicht allein steht, dass da andere sind, die die gleichen und ähnlichen Probleme haben, und erhielt Tipps und Anregungen. Neben den Vorträgen und Arbeitskreisen waren für mich die Fachexkursionen immer sehr bedeutungsvoll. Das gemeinsame Erleben der Natur unter Führung von Menschen, die mit den Besonderheiten und Schönheiten, aber auch mit den Problemen dieser Landschaft besonders vertraut waren, wurde mir immer zu einem besonderen Erlebnis. Manche Anregung zum Umsetzen von Beispielen zur Pflege und Entwicklung und mancher Problembewältigung konnte dabei mitgenommen werden. Außerdem war bei diesen Veranstaltungen immer noch Zeit und Raum für manch persönliches Gespräch. Das Wesentliche ist sicher der Erfahrungsaustausch und das ‚Aktualisieren‘. Letzteres war mir immer sehr wichtig, da bei meiner Tätigkeit dazu kaum Raum war und ‚von Amts wegen‘ dazu nichts getan wurde. So musste man selbst aktiv werden – und dazu gaben die Naturschutztage wesentliche Hilfestellung."

44 So Pflug, vgl. Anhang 1.

45 Teutsch, vgl. Anhang 1 mit Hinweis auf die Arbeiten von Gorke. Dazu: Martin Gorke, Die Grenzen der Anthropozentrik, in: UNIVERSITAS 1999, S. 257–268; ders., Artensterben. Von der ökologischen Theorie zum Eigenwert der Natur, Stuttgart 1999.

46 Georg Sperber, Waldnaturschutz auf der Verliererstraße, in: NATIONALPARK 3/2000, S. 28–33. Den Ausführungen von Sperber kann auf Grund eigener Erfahrungen voll zugestimmt werden. Die Stadt Weißenburg, Eigentümerin von ca. 2.500 ha Stadtwald, hat nach 1972 von Prof. Josef Nikolaus Köstler (Nachruf in Natur und Landschaft 58 [1983], S. 72) ein Forstliches Einrichtungs- und Betriebswerk erstellen lassen, welches einen jährlichen Einschlag von etwa 10.000 Festmetern vorsah. Obwohl das Einrichtungswerk für ungefähr 20 Jahre gedacht war, fielen innerhalb von 15 Jahren durch Katastrophen (Windböen, Schneebruch, Borkenkäfer) Schäden an, die ein Mehrfaches des vorgesehenen jährlichen Holzeinschlages bewirkten.

47 Sehr positiv Grebe (vgl. Anhang 1), der von den DNT als „einzige große öffentliche Bühne des Naturschutzes" spricht. Eher skeptisch Burhenne, Engelhardt, Göppel, Koschnick, Pflug: „Die Naturschutztage waren meinem Eindruck nach Tage der Selbstfindung, der

hen, wo festgestellt wird, „dass die Naturschutztage in Österreich sehr gut angekommen sind und politisch allerhand bewirkt haben. Es waren vor allen Dingen die von uns herausgegebenen Manifeste, die heute noch beachtlich sind."[48]

Bis zu einem gewissen Grade werden offensichtlich die Themen der DNT weder innerhalb des Naturschutzes noch von einer größeren Öffentlichkeit wahrgenommen. In Arbeitskreisen, Werkstätten (Workshops) und Seminaren werden durchaus zahlreiche Fragen behandelt, wobei allerdings die Themenstellung der jeweiligen Naturschutztage[49] notwendigerweise Schwerpunkte setzt.

Für die Veranstalter leitet sich daraus die Frage ab, wie künftig eine bessere Information der Besucher über Themen und Schwerpunkte der DNT erreicht werden kann.

4. Die Deutschen Naturschutztage zwischen Anspruch und Wirklichkeit – Ausblicke auf die künftige Ausgestaltung der Deutschen Naturschutztage

4.1 Ausgangssituation

Die DNT standen von Anfang an unter einem hohen Anspruch: Fachkongress mit Erfahrungsaustausch und Fortbildung, Öffentlichkeitswirksamkeit. Dieser Anspruch wurde noch durch die von Wolfgang Erz 1982 auf dem DNT in Kassel erhobene Forderung nach einer Effizienzkontrolle erhöht.

Geht man mehr von der Notwendigkeit einer Langzeitorientierung in einer sich stetig und schnell verändernden Welt aus, dann ist schon die Institution der DNT als

---

Selbstbestätigung, nicht selten auch der Selbstbespiegelung. Man war unter sich (schauen Sie sich einmal die Teilnehmerverzeichnisse an), erörterte, zumeist akademisch, hochaktuelle Fragen, doch die Wellen verebbten bereits außerhalb der Tagungsstätte. Das gemeine Volk wurde davon nicht berührt. […] In meiner Erinnerung zogen drei Naturschutztage größere Kreise ins Land hinaus: zum einen die Erörterungen zum Thema ‚Ordnung der Landschaft – Ordnung des Raumes' 1959 in Bayreuth, sodann die Gedanken des Bundestagspräsidenten Dr. Eugen Gerstenmaier in seiner Festansprache zum Thema ‚Die Landschaft des Menschen' 1961 in Saarbrücken und, nicht zuletzt, die Erörterung der Rechtsprobleme im Naturschutz und in der Landschaftspflege, schwerpunktmäßig behandelt auf dem Naturschutztag 1971 in Wuppertal. Diese drei Ereignisse lösten in meinem Umkreis inmitten von Vertretern der Eingriffsdisziplinen lebhafte Diskussionen aus."

48 Stüber, vgl. Anhang 1. Es sei hier insbesondere verwiesen auf den 29. Österr. Naturschutztag 1981 mit dem „Wiener Manifest" – „Stadtökologie als Politik, Städte zu Leben", auf dem 34. Österr. Naturschutztag 1988 „Die Verantwortung des Menschen für die Schöpfung" sowie auf den 36. Österr. Naturschutztag 1992 „Forderungen und Anregungen des ÖNB zur Entwicklung einer Nationalparkregion als Vorbild für Europa".

49 Preuss (vgl. Anhang 1) findet die wechselnde Themenstellung besonders wichtig und hilfreich, da nie alle Aspekte des Naturschutzes auf einem DNT behandelt werden könnten.

solche unverzichtbar. Allerdings führen diese vielfältigen Veränderungen bei Aufrechterhaltung des Charakters als Fachkongress zu Folgerungen hinsichtlich
- der Zielgruppe,
- der Themenwahl,
- des Tagungsortes,
- der Kooperation mit anderen Gruppen,
- der Umsetzung in die politische Ebene.

4.2 Zielgruppe

Seit etwa 25 Jahren hat sich die Naturschutzarbeit von den Ehrenamtlichen auf die Hauptamtlichen verlagert. Es handelt sich bei diesen vornehmlich um Fachkräfte des gehobenen Dienstes, mit einer Ausbildung in den Fachrichtungen Gartenbau und Landespflege. Die Ressortierung des Naturschutzes auf der unteren Verwaltungsebene ist allerdings recht unterschiedlich und reicht von mehr technisch ausgerichteten Ämtern für Umweltschutz bis zu Sachgebieten für Naturschutz, Kultur und Sport.

Allein diese Vielfalt macht es erforderlich, diese Fachkräfte und die mit dem Vollzug des Naturschutzrechtes betrauten Verwaltungsfachkräfte gezielt anzusprechen. Vor dem Hintergrund der Einsparung von Reisekosten muss davon ausgegangen werden, dass bei Deutschen Naturschutztagen jeweils überwiegend diejenigen teilnehmen werden, die in einiger Nähe zum Tagungsort wohnen. Da die DNT jährlich in einem anderen Bundesland stattfinden, ist mithin eine gewisse flächendeckende Wirkung gewährleistet.

Es sollte andererseits jedoch darauf hingewirkt werden, dass ein gewisser „Stamm" an Besuchern bei allen DNT anwesend ist, da sonst der kontinuierliche Erfahrungsaustausch nicht gewährleistet ist.

Zu bedenken wäre, inwieweit eine Teilnahme von Mitgliedern der Naturschutzbeiräte erreicht werden kann. Auf eine Ausweitung (auch des BBN) in diesen Kreis der Ehrenamtlichen sollte nicht von vornherein verzichtet werden.

Schließlich ist auch an die Vertretung der Naturschutzverbände zu denken, obwohl hier zunächst die gleichen Vorbehalte bestehen wie bei Politikern.[50]

4.3 Themenwahl

Die Programme der DNT decken an sich die in der durchgeführten Befragung geäußerten Wünsche ab. Wenn dies trotzdem nicht so wahrgenommen wird, fragt es sich, wie die Programmpunkte – etwa durch ein Motto für die jeweiligen Tagungsabschnitte – noch klarer herausgehoben werden können.

---

50 So Göppel, Sothmann (vgl. Anhang 1).

Dies bedingt auch eine stärkere Integration der Arbeit der staatlich getragenen Bildungsstätten im Natur- und Umweltschutz (BANU). Es sollte eine klare Vorstellung gegeben sein, welche Themen auf Landesebene behandelt werden und wie gegebenenfalls die verschiedenen Aktivitäten auf Landesebene in die DNT eingebracht werden können.

Im Bereich des Naturschutzrechts sollte die Handreichung für die Praxis im Vordergrund stehen. Die jahrelangen Diskussionen um die Einführung der Staatszielbestimmung ins Grundgesetz, die „Ablehnungsfont" gegen alle Bestrebungen von mehr direkter Demokratie sind kein Beitrag zur Lösung der Überlebensfragen unserer Gesellschaft. Strukturkonservativismus und Anthropozentrik haben mehr als lange genug das deutsche Staats- und Verwaltungsrecht geprägt.[51]

Die vielleicht hart anmutende Kritik wäre unverständlich, wenn es nicht im deutschen Sprach- und Kulturraum zahlreiche Hochschullehrer gäbe, die durchaus im Sinne eines demokratischen Staates engagiert an die Lösung der Probleme herangehen. Es wäre sicher wegweisend, wenn zu den Leitlinien der künftigen Rechtsentwicklung Persönlichkeiten wie Peter Pernthaler, Peter Saladin, Thomas Fleiner-Gerster u. a. auf den DNT sprechen würden.[52]

---

51 Vgl. dazu Günter W. Zwanzig, Strukturkonservativismus und Anthropozentrik im Naturschutzrecht, in: Natur und Landschaft 62 (1987), S. 3-8.

52 Pernthaler, Saladin, Fleiner-Gerster sind herausragende Vertreter der Staatsrechtslehre in Österreich und in der Schweiz, die stark vom Föderalismus, der direkten Demokratie sowie großer Praxisbezogenheit gekennzeichnet ist. Saladin hat bereits 1970 (Grundrechte im Wandel, Bern 1970; dort vor allem S. 447ff.) versucht, den Grundrechten in einer veränderten geistigen Umwelt einen neuen Sinn zu geben. In seinem Werk „Wozu noch Staaten? Zu den Funktionen eines modernen demokratischen Rechtsstaates in einer zunehmend überstaatlichen Welt", Bern/München/Wien 1995, hat er auf Seite 135ff. zu den „Aufgaben moderner Staaten und überstaatlicher Organisationen heute und morgen" u. a. Kulturpolitik, Natur- und Heimatschutz (Nr. 6.6), Umweltschutz, Tierschutz, Schutz vor Gefahren und Gentechnologie (Nr. 6.7) aufgezählt und als Folge davon (S. 96) einen „ökologischen Rechtsstaat" gefordert. Gleiche Folgerungen ziehen Fleiner-Gerster in seiner „Allgemeinen Staatslehre", Berlin/ Heidelberg/ New York 1980, hier insbes. S. 405, sowie Pernthaler in seiner „Allgemeinen Staatslehre und Verfassungslehre", Wien/ New York 1996, hier insbes. Seite 11ff., mit der Forderung der „Weiterentwicklung des Verfassungsstaates zum Umwelt- oder Naturstaat". Saladin, Pernthaler und Fleiner-Gerster haben im Bereich des Naturschutzes den ethischen Impuls zur Problemlösung weiterentwickelt, wie ihn schon 1954 in Freiburg/Br. Erik Wolf vertrat (vgl. dazu Günter W. Zwanzig, Naturschutz und Rechtsphilosophie – in der Lehre von Erik Wolf und ihre Bedeutung für die heutige Zeit, in: Lebensschutz 3/4 1991, S. 29–30; 5/6 1991, S. 30–31 (Blätter vom Bergle, Freiburg, April 1994, S. 18–26). Pernthaler und Fleiner-Gerster haben zudem für Österreich bzw. für die Schweiz Institute für Föderalismusforschung (Innsbruck) bzw. für Föderalismus (Fribourg) aufgebaut.

Wichtig wäre es zudem, sich stärker mit der Umsetzung internationaler Konventionen zu befassen.[53] Auf der anderen Seite sollte man vorsichtig sein, wenn erneut versucht wird, das Kompetenzgefüge des föderalistischen Staates zu verändern.[54] Vielmehr sollten gerade die zahlreichen deutschsprachigen Gesetzgebungseinheiten in Deutschland, Österreich und Südtirol, Liechtenstein und der Schweiz als Chance zum „Experiment" mit dem steten Willen zur Optimierung des Rechts genutzt werden.

Damit wäre auch eine Antwort auf die von Kraft, Lüderwaldt und Wurzel geforderte europäische Ausrichtung der DNT gegeben.[55] Die Ausweitung der DNT über den engen Rahmen Deutschlands hinaus ist nicht neu. Bereits der erste DNT 1925 in München wurde von namhaften Vertretern aus Österreich und aus der Schweiz besucht. Die Behandlung europäischer Probleme erfolgte z. B. auf den DNT in Straubing (1968) und in Berlin (1970). In immer stärkerem Maße müssen europäische und internationale Vorschriften beachtet werden. Es muss hier ein Weg gefunden werden, dies alles in die DNT einzubringen.

4.4 Tagungsort

Im Rahmen der Befragung wurde mit Vertretern zweier Tagungsorte Kontakt aufgenommen und nachgefragt, welche Langzeitwirkungen die DNT in den Gemeinden erbracht haben. Es handelt sich hierbei um die Städte Bamberg (DNT 2000) und Bad Reichenhall (DNT 1990).

Es ist sicher nicht nur die Grundeinstellung eines ehemaligen Kommunalpolitikers einer Mittelstadt, die zu einer positiven Sicht der DNT in überschaubaren Städten führt. Zu allererst sollten an die Verantwortlichen am Tagungsort einige Grundforderungen gestellt werden.

Die Stadt Bamberg hat hier beim Deutschen Naturschutztag 2000 Maßstäbe gesetzt, indem sie alle örtlichen, mit Fragen des Naturschutzes befassten Organisationen zur Mitarbeit am Kompendium „Naturschutz in Bamberg" zusammenfasste und darüber hinaus den Deutschen Naturschutztag (7.–9. Juni 2000) in eine „Bamberger Naturschutzwoche" (6.–11. Juni 2000) einbettete.[56] So konnte die Stadt Bamberg in

---

53 Burhenne (Anhang 1) hat in diesem Zusammenhang hingewiesen auf die „Aarhus-Konvention, die hinsichtlich Zugangsinformationen, Mitwirkung im Entscheidungsprozess und Zugang zu den Gerichten doch allerhand bringt. Die EG-Vorschrift ist noch nicht erlassen, aber schon die Ratifizierung wird die Bundesrepublik in Verzug setzen".

54 So Pressemitteilung Nr. 2202 des BMU zu den Plänen für ein Umweltgesetzbuch.

55 Vgl. Kraft, Lüderwaldt, Wurzel, Deutsche Naturschutztage.

56 Hier fand eine umfassende Einbindung der Naturschutzorganisationen statt. Sothmann, Anhang 1.

der örtlichen Presse und auch darüber hinaus eine beachtliche Breitenwirkung erzielen. Es wurde „das öffentliche Bewusstsein für die Belange des Arten- und Biotopschutzes gestärkt."[57]

In der Stadt Bad Reichenhall hat der DNT 1990 als Initialzündung gewirkt.[58] Bad Reichenhall hat sich daraufhin führend in die Umsetzung der Alpenkonvention (CIPRA) eingebracht und Leitlinien für die „Lokale Agenda 21", das Gemeinde-Netzwerk „Allianz in den Alpen" ausgearbeitet. Weitere Schwerpunkte wurden als „Alpenstadt des Jahres 2001" gesetzt. Es werden jährlich Umweltwochen veranstaltet. Zum umfangreichen Handlungsbereich Natur- und Landschaftsschutz gehört auch die BaumschutzVO vom 10.3.1998. Hingegen hat der DNT 1990 auf den Fremdenverkehr keine nennenswerten Auswirkungen gehabt.[59]

Vergleicht man das positive Beispiel der Stadt Bamberg mit Tagungen anderer Organisationen an anderen Tagungsorten, dann zeigt sich auch dort dasselbe Erscheinungsbild. Wenn etwa im Rahmen der Arbeitsgemeinschaft DIE ALTE STADT[60] Tagungen organisiert werden, dann nehmen engagierte Kommunalpolitiker gerne die Gelegenheit wahr, um besondere Erfolge in der Altstadtsanierung und der Denkmalpflege darzustellen und sich gleichzeitig für weitere derartige Maßnahmen die politische Unterstützung zu sichern. Ähnliches lässt sich z. B. für die Bayerischen Heimattage,[61] die Fachtagungen der SRL,[62] die Jahrestagungen des Verbandes Deutscher Naturparke[63] u. a. m. sagen.

4.5 Kooperation mit anderen Gruppen

Es hat sich bewährt, die Naturschutztage jeweils unter bestimmte Themen zu stellen. Im Zusammenhang mit den jeweiligen Themen könnte an eine Erweiterung des Teilnehmerkreises gedacht werden. Auf jeden Fall könnten die Mitglieder der Naturschutzbeiräte stärker einbezogen werden. Entsprechendes gilt für die Naturschutz-

---

57 Sothmann, vgl. Anhang 1.

58 Von Fischer (vgl. Anhang 1) wurde eine Mustermappe „Umweltschwerpunkte" zusammengestellt.

59 Mitteilung Wille zur Frage nach den Auswirkungen des DNT 1990 (vgl. Anhang 1).

60 Als Beispiele seien hier die Tagungen in Bautzen, Esslingen, Glurns, Limburg, Stade, Weißenburg genannt.

61 Die Bayerischen Heimattage werden von der Arbeitsgemeinschaft „Bayerischer Heimattag" ausgerichtet. Ihr gehören der Bayer. Landesverein für Heimatpflege, der Bund Naturschutz in Bayern und der Verband bayerischer Geschichtsvereine an. In mehrtägigen Veranstaltungen werden aktuelle Fragestellungen und Probleme regionaler Kulturpflege gemeinsam behandelt.

62 SRL = Vereinigung der Stadt-, Regional- und Landesplaner. Zeitschrift: PLANERin.

63 Vgl. Anhang 4.

verbände.[64] Zielgruppe werden jedoch nach wie vor die im Naturschutz haupt- und ehrenamtlich in der Verantwortung Stehenden sein.

Naturschutztage sollten, wenn möglich, auch im Zusammenhang und in Abstimmung mit der Arbeit der verschiedenen Akademien (Naturschutzakademien, kirchliche und politische Akademien), Naturschutz-Bildunsgzentren, Ökologischen Stationen u. Ä. durchgeführt werden.[65]

Als besonders wichtig erscheint eine stärkere Zusammenarbeit mit dem Heimatschutz.[66] In Bayern, in Österreich, Südtirol und in der Schweiz ist diese an sich nie verloren gegangen. Gerade das „Jahr der Berge" 2002 zeigt auf, wie sehr hier gemeinsam vorgegangen werden kann und muss.[67] Das in Bayern begründete „Netzwerk Heimat", die Tradition der Bayerischen Heimattage, die Aktivitäten des Deutschen Heimatschutzes[68] und vieles andere mehr zeigen doch ganz klar, dass es jeweils nur um verschiedene Sichtweisen (beim Heimatschutz: gebaute Umwelt, Lebensraum des Menschen und Lebensqualität[69]) geht, aber immer um die gemeinsame Sache. Mit den Begriffen „Identität" und „Lebensqualität" dürfte die gesamte Aufgabenstellung des Natur- und Heimatschutzes umrissen sein. Es geht in der immer schelllebigeren Zeit darum, dass der Einzelne sich in seinen Bezügen zur natürlichen Mitwelt und zur menschlichen Geschichte unverwechselbar wiederfinden kann. Nicht von ungefähr hat die Vereinigung der Stadt-, Regional- und Landesplaner in der „Hamburger Erklärung zur Planungskultur" vom 24./25. Mai 2001 hervorgehoben: „Stadt, Landschaft und Kultur bedingen einander. Die Berücksichtigung von und die Auseinandersetzung mit Kultur im Rahmen der Stadtentwicklung sind die Grundvoraussetzung für die Identität von Stadt und Region."[70]

4.6 Umsetzung in die politische Ebene

Aus gesellschaftspolitischer Sicht hieße es nun allerdings, die Erwartungen zu überspannen, wollte man meinen, man könne in kurzer Zeit die „Weiterentwicklung des Verfassungsstaates zum Umwelt- oder Naturstaat"[71] vornehmen. Mit der Akzeptanz

---

64 Hier hat Sothmann (Anhang 1) mitgeteilt, dass er selber noch nie an einem DNT teilgenommen hat, aber bei der Vorbereitung des DNT in Bamberg aktiv mitgewirkt. Ihm seien die Themen ansonsten zu speziell.

65 Vgl. BBN-Mitt. 2/1999 S. 2.

66 So Heringer (Anhang 1).

67 Vgl. SCHWEIZER HEIMATSCHUTZ, Heft 1/2002.

68 Vgl. Helmut Fischer, 90 Jahre für Umwelt und Naturschutz. Geschichte eines Programms, Bonn 1994.

69 So Caspar Hürlimann (Präsident des Schweizer Heimatschutzes) in: SCHWEIZER HEIMATSCHUTZ, Heft 1/2001, Umschlagseite innen.

70 Rainer Bohne u.a., Berlin 2001, Eigenverlag SRL.

der Naturschutzarbeit ist es nicht gut bestellt, wie Heiland[72] eingehend dargelegt hat. Erik Wolf hat 1957 treffend ausgeführt: „Selbst eine nach besten Mustern gestaltete, von der öffentlichen Meinung weithin gebilligte und sachgerecht funktionierende Gesetzgebung, Justiz und Verwaltung wird Instrument interessierter Mächte und mächtiger Interessen, weil Geld und Geltung legal wie illegal sich zu behaupten wissen."[73]

Wenn man in diesem Zusammenhang beobachtet, dass der gegenwärtige Präsident der USA das Klima-Protokoll von Kyoto bis heute ablehnt und dass er Genehmigungen zur Ölförderung in einmaligen Naturschutzgebieten Alaskas erteilen will, wird man den Verdacht nicht los, hier werde die Gegenleistung für die Finanzierung des Wahlkampfes erbracht.

Im Übrigen wird wohl jeder, der im Naturschutz gearbeitet hat, von politischen Pressionen und von Korruptionsversuchen zu berichten wissen.[74]

Folglich dürften die Erwartungen an die DNT nicht zu hoch gestellt werden. Andererseits ist aber schon viel gewonnen, wenn immer wieder das Problembewusstsein geschärft wird. Es wäre trotz aller Rückschläge falsch, zu resignieren. Vielmehr müssen immer wieder die Anliegen des Naturschutzes engagiert in den gesellschaftlichen Prozess der Willensbildung eingebracht werden.

5. Abschließende Betrachtung

Die gegenwärtige Situation wird von einer gewissen Ernüchterung der im Naturschutz Tätigen gekennzeichnet. Die Aufbruchstimmung, wie sie etwa auf dem Evangelischen Kirchentag 1985 in Düsseldorf mit dem Motto „Die Erde ist des Herrn" vorherrschte, ist verflogen.

---

71 Pernthaler, Staatslehre.

72 Stefan Heiland, Sozialwissenschaftliche Dimensionen des Naturschutzes. Zur Bedeutung individueller und gesellschaftlicher Prozesse für die Naturschutzpraxis, in: Natur und Landschaft 75 (2000), S. 242–249; vgl. auch Berndt Heydemann, Naturschutz und Politik, in: Natur und Landschaft 72 (1997) S. 39–44; Max Krott, Professionalisierung der Politik für die Natur – der Beitrag der Politikwissenschaft, in: Natur und Landschaft 72 (1997), S. 531–534. Ebenso hat sich der Beirat für Naturschutz und Landschaftspflege beim BMU mit der Problematik auseinander gesetzt: Zur Akzeptanz und Durchsetzbarkeit des Naturschutzes, in: Natur und Landschaft 70 (1995), S. 51–61.

73 Erik Wolf, Recht des Nächsten, in: DIE ALBERT-LUDWIGS-UNIVERSITÄT FREIBURG 1457 – 1957. Die Festvorträge bei der Jubiläumsfeier, Freiburg /Br.1957, S. 43–56, hier: S. 44.

74 Vgl. Günter W. Zwanzig, Erlebter Naturschutz I (1955–1972/I), in: Stiftung Naturschutzgeschichte (H.), Natur im Sinn. Beiträge zur Geschichte des Naturschutzes (Veröffentlichungen der Stiftung Naturschutzgeschichte 2), Essen 2001, S. 164f.

Dennoch dürfen wir alle nicht müde werden. Ein Zeichen des Aufbruchs haben Succow, Jeschke und Knapp mit ihrem Buch „Die Krise als Chance – Naturschutz in neuer Dimension"[75] gesetzt. Die Schaffung der Nationalparke und Biosphärenreservate im „letzten Jahr" der DDR – 1990 – ist ein Glanzpunkt in der Geschichte des deutschen Naturschutzes.[76]

Des Weiteren sollte eine Wende in der Waldwirtschaft angestrebt und auf einem DNT thematisiert werden. Auf jeden Fall sollten zunächst einmal Staats- und Kommunalwald – siehe die „Aktion Bürgerwald" – von Wirtschaftlichkeitserwägungen freigestellt werden. Die Wohlfahrtswirkungen des Waldes sind so oft herausgestellt und berechnet worden, dass es ein Unding ist, weiterhin vom Holzverkauf einen überschießenden Ertrag für die Bezahlung des Forstpersonals zu erwarten. Das stete „Damoklesschwert der roten Zahlen" muss verschwinden.

Schließlich müssen wir weg von der industriellen Produktion der Lebensmittel hin zu einer naturverträglichen ökologischen Landwirtschaft. Auch dies gäbe ein wichtiges Thema für einen DNT ab.[77]

Mag sein, dass vielfach nur noch ein trotziges „Dennoch" vorherrscht, die Bereitschaft, trotz allem „das Apfelbäumchen zu pflanzen".

In diese Stimmung passt der Brief, den mir ein großer Naturschützer am 24.2. 2002 schrieb, der in Ost und West gewirkt hat, Kurt Kretschmann: „Wir, meine Frau[78] (die vor einem Jahr starb) und ich haben 52 Jahre im Naturschutz gearbeitet. Davon zwei Drittel der Zeit ehrenamtlich. Geben Sie nie auf! Wir leben in einer verrückten Welt, die sich selber zerstört – Wir müssen gegenarbeiten."

---

75 Michael Succow, Lebrecht Jeschke, Hans Dieter Knapp, Die Krise als Chance – Naturschutz in neuer Dimension, Neuenhagen 2001.

76 Vgl. hierzu den Beitrag von Lebrecht Jeschke, Naturschutz der Wendezeit in der DDR, in: diesem Band.

77 Vgl. Lutz Ribbe, Die Wende der Landwirtschaft, in: Aus Politik und Zeitgeschichte B 24/ 2001, S. 30–38.

78 Erna Kretschmann

Anhang 1

Im Zusammenhang mit dem Aufsatz über die Deutschen Naturschutztage nach 1945 wurden folgende Persönlichkeiten befragt:

Arbeitsgemeinschaft DIE ALTE STADT (ADAST), Gespräch am 25.2.2002

Bad Reichenhall, Stadtverwaltung, Hans FISCHER, Ordnungsamt, Gespräch am 7.3.2002

Bad Reichenhall, Landratsamt Berchtesgadener Land, Hanni EICHNER, Gespräch am 7.3.2002

Bamberg, Stadtverwaltung (Natur- und Umweltschutz), Brief vom 28.2.2002

BIBELRIETHER, Dr. Hans, Verein der Freunde des Ersten Deutschen Nationalparks Bayerischer Wald, Brief vom 28.2.2002

BURHENNE, Dr. Wolfgang E.; Geschäftsführer der Interparlamentarischen Arbeitsgemeinschaft, Brief vom 28.2.2002

Deutscher Evangelischer Kirchentag (DEKT), Dr. RUNGE, Gespräch am 5.3.2002

EICHNER, Hanni => Bad Reichenhall, Landratsamt

ENGELHARDT, Prof. Dr. Wolfgang, Ehrenpräsident DNR, Brief vom 20.2.2002

GÖPPEL, Josef, MdL, Vors. des Landschaftspflegeverbandes, Brief vom 25.2.2002

GREBE, Professor Reinhard, Mitglied Deutscher Rat für Landespflege, Gespräch am 20.2.2002

HENNIG, Dr. Reinhard, Umweltbeauftragter Evgl.-Luth. Landeskirche in Bayern; Gespräch am 2.3.2002

HERINGER, Dr. Josef, ANL Laufen/Salzach, Gespräch am 24.2.2002

HOGGER, Sigrun, ANL Laufen/Salzach, Gespräch am 8.3.2002

KOSCHNICK, Prof. Birgit, Vors. ADL, Brief vom 25.2.2002 und vom 6.3.2002

KRETSCHMANN, Kurt, Ehrenpräsident NABU, Brief vom 24.2.2002

MAKOWSKI, Henry, AK Naturschutzgeschichte, Brief vom 9.2.2002 und Gespräch am 24.2.2002

MRASS, Professor Dr. Walter, ehem. Leiter BAVNL, Gespräch am 22.2.2002

NEIDHART, Marlies, Büro DEKT, Brief vom 11.3.2002

PFLUG, Professor Wolfram, Brief vom 11.2.2002 und Gespräch am 17.2.2002

PREUSS, Professor Dr. Günter W.K., ehem. Vors. BBN, Gespräche am 17. und 24.2.2002

SOMMER, Bärbel, Dipl. Gartenbauing., Deidesheim, Brief vom 23.2.2002

SOTHMANN, Ludwig, Vors. Des LBV Bayern, Gespräch am 4.3.2002

SPERBER, Dr. Georg, Ebrach, Brief vom 22.2.2002

STÜBER, Professor Dr. Eberhard, Präsident ÖNB, Brief vom 26.2.2002

TEUTSCH, Professor Dr. Gotthard M., Gespräch am 23.2.2002

Verein Naturschutzpark e.V., Brief vom 28.2.2002

VOLKERY, Axel, Forschungsstelle für Umweltpolitik FU Berlin, Brief vom 18.2.2002

WWF, Brief vom 26.2.2002

Zentralkomitee der Deutschen Katholikentage, Brief vom 7.3.2002

Anhang 2

Deutsche Naturschutztage;
Jahres-/ Jahresfachtagungen und Seminare der ABN/des BBN

Bezeichnung	Jahr	Datum	Tagungsort	Motto/Themenschwerpunkt; Literatur.
1. DNT	1925	26. – 28.Juli	München	Beiträge zur Naturdenkmalpflege, X, H. 6.
2. DNT	1927	1. – 6. August	Kassel	Beiträge zur Naturdenkmalpflege, XII, H. 4.
3. DNT	1929	23. – 26. Mai	Dresden	Beiträge zur Naturdenkmalpflege, XIV, H. 1.
4. DNT	1931	8. – 12. April	Berlin	Beiträge zur Naturdenkmalpflege, XV, H. 1.
Reichstagung für Naturschutz	1936	14. – 15. Nov.	Berlin	Reichsstelle für Naturschutz (H.): Der Schutz der Landschaft nach dem Reichsnaturschutzgesetz. Vorträge auf der ersten Reichstagung für Naturschutz in Berlin. Berlin, 1937; Nachrichtenblatt für Naturschutz, 13. Jg., S. 117-128.
Jahrestagung	1947	21. – 23. Okt.	Burg a.d. Wupper	JbNuL 1[1]
Jahrestagung	1948	24. – 26. Okt.	Bad Schwalbach und Schlangenbad	JbNuL 2
Jahrestagung	1949	11. – 13. Sept.	Boppard	JbNuL 3
Jahrestagung	1950	26. Aug. – 2. Sept.	München und Schongau	JbNuL 4
Jahrestagung	1951	19. – 21. Aug.	Oldenburg	Nachrichtenblatt für Naturschutz, 22. Jg., Nr. 11-12, S. 29ff.
Jahrestagung	1952	3. – 8. Aug.	Frankfurt a.M.	Nachrichtenblatt für Naturschutz, 23. Jg., Nr. 9-10, S. 25ff.
Jahrestagung	1953	30. Mai – 4. Juni	Hamburg	Nachrichtenblatt für Naturschutz, 24. Jg., Nr. 6, S. 21ff.
Jahrestagung	1954	21. – 26. Aug.	Freiburg i. Br.	JbNuL 8
Jahrestagung	1955	28. Juni – 2. Juli	Düsseldorf	„Natur und Wirtschaft" JbNuL 9
Jahrestagung	1956	10. – 15. Juli	Passau	„Naturschutzgebiete – ihre ökologische, kulturelle, ethische und wirtschaftliche Bedeutung" JbNuL 10

---

1 Jahrbuch für Naturschutz und Landschaftspflege. Bis Jg. 19 (1970) unter dem Haupttitel Verhandlungen Deutscher Beauftragter für Naturschutz und Landschaftspflege; durchgehende Zählung.

Bezeichnung	Jahr	Datum	Tagungsort	Motto/Themenschwerpunkt; Literatur.
5. DNT (zugleich Jahrestagung)	1957	24. – 29. Juni	Kassel	„Naturschutz im Wandel der Zeit" JbNuL 11
Jahrestagung	1958	abgesagt		
6. DNT (zugleich Jahrestagung)	1959	22. – 27. Juni	Bayreuth	„Ordnung der Landschaft – Ordnung des Raumes" JbNuL 12
7. DNT (zugleich Jahrestagung)	1961	10. – 14. Juli	Saarbrücken	„Die Landschaft des Menschen" JbNuL XIII
8. DNT (zugleich Jahrestagung)	1964	22. – 25. Juni	Goslar	„Unser Lebensraum – Möglichkeiten und Grenzen seiner Nutzung" JbNuL XIV
Jahrestagung	1965	21. – 22. Sept.	Essen	„Verdichtungsraum und Umland" JbNuL XV
9. DNT	1966	4. – 8. Juli	Konstanz	„Ordnung am Wasser" JbNuL XVI
Jahrestagung	1967	12. – 13. Okt.	Bad Münster am Stein	„Auswirkungen des agrarstrukturellen Wandels auf Natur und Landschaft"
10. DNT	1968	18. – 22. Juni	Straubing	„Natur, Freizeit und Erholung" JbNuL XVII
Jahresfach-tagung	1969	16. – 18. Sept.	Bremen	„Moore und Moorkultivierung" JbNuL XVIII
11. DNT	1970	25. – 30. Mai	Berlin	„Erholung im Nahbereich von Verdichtungsräumen" JbNuL 19
Jahresfach-tagung	1971	12. – 14. Mai	Wuppertal	„Aktuelle Rechtsprobleme in Umweltschutz, Landschaftspflege und Naturschutz" JbNuL 20
12. DNT	1972	30. Mai – 3. Juni	Husum	„Naturschutz, Erholung, Landentwicklung" JbNuL 21
Jahresfach-tagung	1973	11. – 13. Sept.	Burg im Dillkreis	„Das Brachflächenproblem aus der Sicht von Naturschutz und Landschaftspflege" JbNuL 22
13.DNT	1974	18. – 22. Mai	Berchtesgaden	„Geschützte Landschaft – Gesunde Umwelt" JbNuL 23
Jahresfach-tagung	1975	13. – 15. Okt.	Mannheim	„Naturschutz und Gewässerausbau" JbNuL 24
14. DNT	1976	24. – 27. Mai	Essen	„Die neue Rechtsentwicklung im Naturschutz und Probleme der Landschaftsplanung" JbNuL 25

Bezeichnung	Jahr	Datum	Tagungsort	Motto/Themenschwerpunkt; Literatur.
Seminar	1976	26. – 28. Sept.	Bremen	„Landschaftsplanung – Bauleitplanung – Umweltverträglichkeitsprüfung" JbNuL 25
Seminar	1977	22. – 23. Febr.	Berlin	„Naturschutz und Verkehrsplanung" JbNuL 26
Jahresfach-tagung	1977	20. – 22. Sept.	Kiel	„Naturschutz und Landwirtschaft" JbNuL 27
15. DNT	1978	18. – 22. Mai	Lüneburg	„Bürgerbeteiligung an Naturschutz und Landschaftspflege" JbNuL 28
Jahresfach-tagung	1979	15. – 17. Mai	Ulm	„Naturschutz und Flurbereinigung JbNuL 29
16. DNT	1980	6. – 9. Juni	Trier	„Grundlagen und Bedingungen für den Artenschutz" JbNuL 30
Seminar	1980	2. – 3. Dez.	Münster	„Flächensicherung für den Artenschutz" JbNuL 31
Jahresfach-tagung	1981	2. – 3. Juni	Ingolstadt	„Bodenabbau und Naturschutz" JbNuL 32
17. DNT	1982	19. – 23. Mai	Kassel	„Naturschutz und Landschaftspflege zwischen Erhalten und Gestalten" JbNuL 33
Seminar	1982	14. – 16. Sept.	Bremen	„Stand und Entwicklung des Artenschutzes in der Bundesrepublik Deutschland" JbNuL 34
Fachtagung	1983	25. – 27. Okt.	Osnabrück	„Berufsanforderungen und Ausbildung in Naturschutz und Landschaftspflege" JbNuL 35
Seminar	1984	18. – 21. Okt.	Nationalpark bayrischer Wald	„Waldnaturschutzgebiete im Konflikt zwischen Nutzung und naturnaher Entwicklung"; „Nutzung und Schutz im Konflikt" JbNuL 36
Internationale Arbeitstagung	1984	10. – 11. Dez.	Cuxhaven	„Nationalparke – Anforderungen, Aufgaben und Lösungen" JbNuL 37
Fachtagung	1985	3. – 5. Juni	Herrsching am Ammersee	„Sport und Naturschutz im Konflikt" JbNuL 38
18. DNT	1986	23. – 27. April	Bremen	„10 Jahre Bundesnaturschutzgesetz – Erfahrungen und Erfordernisse" JbNuL 39

Bezeichnung	Jahr	Datum	Tagungsort	Motto/Themenschwerpunkt; Literatur.
Seminar	1987	29. Sept. – 1. Okt.	Münster am Stein	„Probleme der Jagd in Schutzgebieten" JbNuL 40
Seminar	1987	7. – 9. Okt.	Rendsburg	„Flächenstillegung und Extensivierung im Naturschutz" JbNuL 41
19. DNT	1988	24. – 29. Mai	Berlin	„Freizeit und Umwelt im Konflikt" JbNuL 42
Fachtagung	1989	18. – 20. Okt.	Bocholt	„Biotopschutz zwischen traditionellen und neuen Schutzgebietskonzepten" JbNuL 44
20.DNT	1990	24. – 28. Apr.	Bad Reichenhall	„Naturschutz für Europa" JbNuL 45
Arbeits-tagung	1990	22. – 23, Okt.	Bonn	„Naturschutz und Bundeswasserstraßen" JbNuL 47
Fachtagung	1991	17. – 19. Sept.	Hannover	„Zusammenarbeit im Naturschutz – Verwaltung – Beiräte – Verbände" JbNuL 46
21. DNT	1992	31. Mai – 5. Juni	Lübeck	„Wasser und Naturschutz" JbNuL 48
22. DNT	1994	4. – 10. Juni	Aachen	„Ökologie-Standort Deutschland" JbNuL 49
23. DNT	1996	7. – 10. Mai	Hamburg	„Naturschutz zwischen Leitbild und Praxis" JbNuL 50
Fachtagung	1998	1. – 3. März	Bonn-Röttgen	„Naturschutz als Beruf" JbNuL 52
24. DNT	1998	12. – 17. Mai	Dresden	„Denken, planen, handeln für die Natur von morgen" JbNuL 51
Fachtagung	1999	6. – 8. Dez.	Schneverdingen	„Biologische Vielfalt und nachhaltige Entwicklung"
Fachtagung	2000	5. Mai	Kassel	„Strategische Umweltprüfung von Plänen und Programmen"
25. DNT	2000	6. – 9. Juni	Bamberg	„Grenzenloser Naturschutz – Herausforderung für Europa" JbNuL 53
26. DNT	2002	17. – 21. Juni	Hannover	„Biologische Vielfalt – Leben in und mit der Natur"

Die Zusammenstellung erfolgte auf Grund der Werbebroschüre des BBN zu den Deutschen Naturschutztagen, der Angaben in den Jahrbüchern für Naturschutz und Landschaftspflege (JbNuL) sowie anhand persönlicher Aufzeichnungen.

Anhang 3

Vorstände von ABN/BBN[2]

1947	Vorsitzender	Dr. Hans Klose
	1. Stellvertreter	Dr. Hans Schwenkel
1955	Vorsitzender	Gert Kragh
	1. Stellvertreter	Prof. Dr. Karl Otto Kraus
1955	Vorsitzender	Prof. Dr. Karl Otto Kraus
	Schriftführer	Henry Makowski
1966	Vorsitzender	Prof. Dr. Hildmar Poenicke
	1. Stellvertreter	Dr. Gerhrad Olschowy
	2. Stellbertreter	Prof. Dr. von Kürten
	Schriftführer	Henry Makowski
	Schatzmeister	Nikolaus Frh. von und zu Bodman
1970	Vorsitzender	BauDir. Werner Hofmann
	1. Stellvertreter	Dr. Gerhard Olschowy
	2. Stellbertreter	Prof. Dr. Helmut Schönamsgruber
	Schriftführer	Henry Makowski
	Schatzmeister	Nikolaus Frh. von und zu Bodman
1972[3]	Vorsitzender	BauDir. Werner Hofmann
	1. Stellvertreter	Dr. Gerhard Olschowy
	2. Stellbertreter	Prof. Dr. Helmut Schönamsgruber
	Schriftführer	Henry Makowski
	Schatzmeister	Dr. Wolfgang Erz
1974	Vorsitzender	BauDir. Werner Hofmann
	1. Stellvertreter	Dr. Gerhard Olschowy
	2. Stellvertreter	Dr. Karl-Friedrich Wentzel
	Schriftführer	Henry Makowski
	Schatzmeister	Dr. Wolfgang Erz

---

2 Zusammengestellt von Dipl.Ing. Angelika Wurzel.
3 Ab 1972 übernahm Wolfgang Erz die Geschäftsstellenarbeit.

1976	Vorsitzender	Henry Makowski
	Schatzmeister	Prof. Dr. Wolfgang Erz

1980	Vorsitzender	Henry Makowski
	Schatzmeister	Prof. Dr. Wolfgang Erz

1982	Vorsitzender	Henry Makowski
	1. Stellvertreter	Dr. Dietrich Lüderwaldt
	2. Stellvertreter	Prof. Gerhard Kuder
	Schriftführer	Dipl. Ing. Angelika Wurzel
	Schatzmeister	Prof. Dr. Wolfgang Erz

1984	Vorsitzender	Henry Makowski
	1. Stellvertreter	Dr. Dietrich Lüderwaldt
	2. Stellvertreter	Prof. Gerhard Kuder
	Schriftführer	Dipl. Ing. Angelika Wurzel
	Schatzmeister	Prof. Dr. Wolfgang Erz

1986	Vorsitzender	Prof. Dr. Günter W.K. Preuß
	1. Stellvertreter	Dr. Dietrich Lüderwaldt
	2. Stellvertreter	Prof. Dr. Angelika Wolf
	Schriftführer	Dipl. Ing. Angelika Wurzel
	Schatzmeister	Prof. Dr. Wolfgang Erz

1988	Vorsitzender	Prof. Dr. Günter W.K. Preuß
	1. Stellvertreter	Dr. Dietrich Lüderwaldt
	2. Stellvertreter	Prof. Dr. Angelika Wolf
	Schriftführer	Dipl. Ing. Angelika Wurzel
	Schatzmeister	Prof. Dr. Wolfgang Erz

1990	Vorsitzender	Prof. Dr. Günter W.K. Preuß
	1. Stellvertreter	Dr. Dietrich Lüderwaldt
	2. Stellvertreter	Prof. Dr. Angelika Wolf
	Schriftführer	Dipl.. Ing. Angelika Wurzel
	Schatzmeister	Prof. Dr. Wolfgang Erz

1992	Vorsitzender	Prof. Dr. Günter W.K. Preuß
	1. Stellvertreter	Prof. Dr. Lothar Finke
	2. Stellvertreter	Heinz-Werner Persiel
	Schriftführer	Dipl. Ing. Angelika Wurzel
	Schatzmeister	Prof. Dr. Wolfgang Erz

1994   Vorsitzender   Prof. Dr. Lothar Finke
                1. Stellvertreter   Heinz-Werner Persiel
                2. Stellvertreter   Prof. Dr. Angelika Wolf
                Schriftführer   Dipl. Ing. Angelika Wurzel
                Schatzmeister   Prof. Dr. Wolfgang Erz

1996   Vorsitzender   Prof. Dr. Lothar Finke
                1. Stellvertreter   Heinz-Werner Persiel
                2. Stellvertreter   Dorothea Oldendorf
                Schriftführer   Dipl. Ing. Angelika Wurzel
                Schatzmeister   Prof. Dr. Wolfgang Erz

1998   Vorsitzender   Prof. Dr. Christian Krause
                1. Stellvertreter   Heinz-Werner Persiel
                2. Stellvertreter   Prof. Klaus Werk
                Schriftführer   Dipl. Ing. Angelika Wurzel
                Schatzmeister   Dir. Prof. Arnd Winkelbrand

2000   Vorsitzender   Prof. Dr. Christian Krause
                1. Stellvertreter   Heinz-Werner Persiel
                2. Stellvertreter   Prof. Klaus Werk
                Schriftführer   Dipl. Ing. Angelika Wurzel
                Schatzmeister   Dir. Prof. Arnd Winkelbrand

2002   Vorsitzender   Prof. Dr. h. c. Johann Schreiner
                1. Stellvertreter   Heinz Werner Persiel
                2. Stellvertreter   Prof. Klaus Werk
                Schriftführer   Dipl. Ing. Angelika Wurzel
                Schatzmeister   Dir. Prof. Arnd Winkelbrand

Anhang 4

Tagungsorte der Hauptversammlungen des Vereins Naturschutzpark e. V.

Im Zusammenhang mit diesen Hauptversammlungen (HV) fanden regelmäßig Exkursionen in die Naturparke statt, die u. a. zum Erfahrungsaustausch unter den für die Naturparke Verantwortlichen beitrugen. Die Auflistung zeigt, dass sich der Verein Naturschutzpark nach Ausweitung des Naturparkprogramms darum bemüht, durch eine gewisse Rotation in der Auswahl der Tagungsorte alle Gebiete zu erreichen. Die Daten zur Tabelle wurden vom VNP mit Schreiben vom 28.2.2002 mitgeteilt.

Nummer	Datum	Tagungsort
Gründung	23. Oktober 1909	München
1. HV	10. September 1910	Stuttgart
2. HV	29. Oktober 1911	Frankfurt am Main
3. HV	21. September 1922	Bremen
4. HV	4. Oktober 1913	Salzburg
5. HV	Wegen Ausbruch des Ersten Weltkrieges abgesagt	Geplant war Wiesbaden
5.. HV	18.November 1916	Stuttgart
6. HV	2. April 1922	Stuttgart
7. HV	7. Juni 1925	Stuttgart
8. HV	27.Juni 1926	Stuttgart
9. HV	17. Juli 1927	Stuttgart
10. HV	8. Juni 1928	Hamburg
11. HV	13. Juli 1929	Würzburg
12. HV	14. September 1930	Stuttgart
13. HV	30. August 1931	Stuttgart
14. HV	20.Oktober 1934	Lüneburg
15 HV	3. Oktober 1937	Stuttgart
16. HV	25. Juni 1948	Stuttgart
17. HV	6. Dezember 1953	Stuttgart
18. HV	26. März 1955	Hamburg
19. HV	7. Juni 1956	Bonn
20. HV	29. Mai 1957	Essen
21. HV	11. Juni 1958	Frankfurt am Main
22. HV	11. Juni 1959	München
23. HV	19. Mai 1960	Ludwigshafen und Neustadt/Weinstraße
24. HV	12. Mai 1961	Hannover und Lüneburg
25. HV	10. Mai 1962	Aachen

Nummer	Datum	Tagungsort
26. HV	17. Mai 1963	Kassel
27. HV	1. Mai 1964	Freiburg/Breisgau
28. HV	7. Mai 1965	Lübeck
29. HV	6. Mai 1966	Regensburg
30. HV	5. Mai 1967	Clervaux / Luxemburg
31. HV	10.Mai 1968	Osnabrück
32. HV	2. Mai 1969	Stuttgart
33. HV	4. Juni 1970	Salzburg
34. HV	14. Mai 1971	Bremen
35. HV	12. Mai 1972	Nürnberg
36. HV	11. Mai 1973	Saarbrücken
37. HV	18. Mai 1974	Goslar
38. HV	10. Mai 1975	Passau
39. HV	8. Mai 1976	Bonn
40. HV	27. Mai 1977	Salzburg u. Neukirchen am Großvenediger
41. HV	27. Mai 1978	Aachen
42. HV	25.Mai 1979	Würzburg
43. HV	17. Mai 1980	Kiel
44. HV	30. Mai 1981	Eichstätt (Naturpark Altmühltal)
45. HV	21. Mai 1982	Neukirchen am Großvenediger
46. HV	14. Mai 1983	Schneverdingen
47. HV	2. Juni 1984	Stuttgart-Degerloch
48. HV	28. September 1985	Hamburg
49. HV	10. Mai 1986	Bad Nenndorf
50. HV	30. Mai 1987	Petersberg / Fulda
51. HV	14. Mai 1988	Celle
52. HV	9. Juni 1989	Neukirchen am Großvenediger
53. HV	26. Mai 1990	Nienburg an der Weser
54. HV	11. Mai 1991	Arnsberg / Sauerland
55. HV	20. Mai 1992	Detmold
56. HV	22. Mai 1993	Schneverdingen
57. HV	14. Mai 1994	Coburg
58. HV	29. Mai 1995	Trier
59. HV	11. Mai 1996	Hamburg
60. HV	13. Juni 1997	Neukirchen am Großvenediger
61. HV	23. Mai 1998	Egestorf
62. HV	8. Mai 1999	Masserberg (Thüringer Wald)
63. HV	3. Juni 2000	Wildeshausen
64. HV	26. Mai 2001	Lüneburg
65. HV	26. April 2002	Behringen

Anhang 5

Zusammenstellung der Themen zu Natur, Umwelt, Leben auf den Deutschen Katholischen Kirchentagen und den Deutschen Evangelischen Kirchentagen.

1. Deutsche Evangelische Kirchentage.

Beiträge zu den Themen Ökologie, Umwelt und Schöpfung seit dem Kirchentag Hamburg 1981. Zusammengestellt von Marlies Neidhart.

Hamburg 1981 „Fürchte dich nicht"
– Vorträge Reihe 4: Glaubwürdig leben
– Schritte zum Leben – Prof. Dr. Tobias Brocher
– Leben als Umkehr – Prof. Dr. Dorothee Sölle
– Schöpfung, Glaube, Evolution; Kurzreferate und Podiumsgespräch
    Prof. Dr. Heinrich K. Erben
    Prof. Dr. Günter Ewald
    Prof.. Dr. Joachim Illies

Hannover 1983: „Umkehr zum Leben"
– Arbeitsgruppe 5: Schöpfung bewahren
    Leben weitergeben – Generationengespräch
– Umkehr zum Leben in der Technik
    Prof. Dr. Klaus-Michael Meyer-Abich
– Für die Schöpfung streiten – für die Schöpfung leiden
    Staatsminister a.D. Diether Deneke

Düsseldorf 1985: „Die Erde ist des Herrn"
– Themenbereich 6: Solange die Erde steht – Leben in der Schöpfung. Podiumsdiskussion und Werkstatt, Forum Gesundheit und Forum Ökonomie-Ökologie
– Vorträge zum Thema
    Manipulation am Menschen – Prof. Dr. Georges Fülgraff
    Der Mensch als Objekt – Prof. Dr. Ernst Benda
    Der Mensch als Geschöpf – Prof. Dr. Dr. Günter Altner

Frankfurt/Main 1987: „Seht, welch ein Mensch"
– Themenbereich 2: Wege des Menschen – Wege zum Menschen
    Beginn des Lebens – Christine von Weizsäcker
    Zeit des Lebens – Prof. Dr. Michael Theunisseb
    Grenzen den Lebens – Prof. Dr. Helmut Gollwitzer
– Arbeitsgruppe und Werkstatt, Forum Familientag, Forum Gesundheit

Berlin 1989: „Unsere Zeit in Gottes Händen"
- Themenbereich 5: Schöpfung und Technik: Handeln, solange noch Zeit ist
  Natur im Schatten der Gewalt – Prof. Dr. Wolfgang Huber
  Die Macht der Naturwissenschaft und die Grenzen der Wissenschaftsfreiheit –
  Dr. Regine Kollek
  Die Zeit der Natur – Prof. Dr. Hans-Peter Dürr
- Arbeitsgruppe, Forum Produktion und Konsum, Verschwendung und Askese,
  Forum Risiken der Technik

Ruhrgebiet 1991: „Gottes Geist befreit zum Leben"
- Vortragsreihe 1
  Wodurch wird Marktwirtschaft sozial - Ministerin Dr. Regine Hildebrandt
  Ökologie und Ökonomie sind keine Gegensätze – Heinz Dürr
  Wie werden marktwirtschaftlich organisierte Industrieländer partnerschaftsfähig
  für die Dritte Welt? – Minister Dr. Jan P. Pronk
- Arbeitsgruppe, Forum Müll, Forum Landwirtschaft, Lateinamerikatag,
- Liturgischer Tag: Wasser – Quelle des Lebens

München 1993: „Nehmet einander an"
- Themenbereich 5: Mensch: Zum Bilde Gottes schuf er sie
  Leben ohne Schmerz und Leid – Dr. Gerta Schaffenorth
  Wer verfügt über die Grenzen des Lebens – Prof. Dr. Traute Schroeder-Kurth
  Freundschaft und Liebe – Suche nach verlässlichen Beziehungen – Bärbel War-
  tenburg-Potter. Dr. Michael Albus
- Liturgischer Tag : Rettung der Erde

Hamburg 1995: „Es ist Dir gesagt Mensch, was gut ist"
- Themenbereich 3: Arbeit für das Leben
  Vom Marktwert der Arbeit – vom Wert des Mensch – Prof. Dr. Franz J. Hinke-
  Lammert
  Frauenarbeit und Männerarbeit – Dr. Christine Bergmann
  Herausforderung für die Arbeitswelt: Gerechtigkeit, Frieden und Bewahrung der
  Schöpfung – Christine von Weizsäcker
- Ökologische Abendgespräche, Forum Landwirtschaft, Liturgischer Tag: Schöp-
  fung – Wasser – Elbe

Leipzig 1997: „Auf dem Weg der Gerechtigkeit ist Leben"
- Themenbereich Zukunft: Säet Gerechtigkeit und erntet nach dem Maß der Liebe
- Halle der Schöpfung, Liturgischer Tag: Wasser, Quelle des Lebens, Liturgischer
  Tag: Klima Luft zum Atmen; Forum Medizin und Bioethik

Stuttgart 1999: „Ihr seid das Salz der Erde"

– Themenbereich 2: Zukunft des Menschen
  Forum Medizin und Bioethik Liturgischer Tag: Schöpfung – damit Schöpfung
  Zukunft hat, Veranstaltung (3 Tage): Auf dem Land lebt Hoffnung
– Themenbereich 3: Zukunft der Gesellschaft
  Hochschulzentrum

Frankfurt/Main 2001: „Du stellst meine Füße auf weiten Raum"

– Themenbereich 2: In Würde leben
  Würde des Menschen – Würde des Lebens – Prof. Dr. Ernst Benda
  Würde des Sterbens/Leben bis zuletzt begleiten – Dr. Gustava Everding
  In Würde arbeiten – Prof. Dr. Frithjof Bergmann
– Arbeitsgruppe Forum Landleben, Forum Gentechnik, Abendreihe Ökologie,
  Geld, Gerechtigkeit

2. Deutsche Katholikentage

Beiträge auf den Deutschen Katholikentagen zum Thema „Umwelt". Zusammengestellt von Heinz Terhorst.

1974 entspricht dem 84. KT Mönchengladbach;
1982 entspricht dem 87. KT Düsseldorf;
1984 entspricht dem 88. KT München;
1986 entspricht dem 89. KT Aachen;
1990 entspricht dem 90. KT Berlin.

Auer, Alfons: Krone der Schöpfung? Schöpfungsglaube und Umweltverantwortung. 1984, S. 945–954.

Buchner, Werner: Die Menschen schützen – die Umwelt schützen. 1974, S. 602–605.

Glück, Alois: Umwelt – Lebenswelt. Von der Umweltdiskussion zur Wertediskussion. 1982, S. 521–525.

Ders.: Verantwortung wahrnehmen für die Schöpfung. 1990, S. 717–719.

Heinz, Hanspeter: Christentum und technische Kultur. Maßstäbe für eine Spiritualität des christlichen Weltverhaltens. 1986, S. 1091–1095.

Hemmerle, Klaus: Umwelt – Lebenswelt. Die schöpfungstheologischen Grundlagen. 1982, S. 510–514

Jonas, Hans: Krone der Schöpfung? Schöpfungsglaube und Umweltverantwortung. 1984, S. 934–945

Jauch, Robert: Mit Kindern Natur kennen lernen,. Franziskus weist Wege zur Anerkennung, Ehrfurcht und Verantwortung gegenüber Gottes Schöpfung. 1986, S. 1084–1088.

Löw, Reinhard: Mit Kindern Natur kennen lernen, Wege zur Anerkennung, Ehrfurcht und Verantwortung gegenüber Gottes Schöpfung. 1986, S. 1079–1084.

Roos, Lothar: Umwelt – Lebenswelt. Von der sozialen zur ökologischen Frage. 1982, S. 515–521.

Töpfer, Klaus: Energie und Ökologie. Dynamik und Risiken technologischer Entwicklungen. 1986, S. 1066–1073

Weizsäcker, Ernst Ulrich von: Sanfte und harte Technologien. Auf dem Weg in das Jahrhundert der Umwelt. 1990, S. 1817–1825.

Wulffen, Barbara von: Mit Kindern Natur kennen lernen, Wege zur Anerkennung, Ehrfurcht und Verantwortung gegenüber Gottes Schöpfung. 1986, S. 1074–1079.

Hermann Behrens

Landeskultur als Naturgeschehen auf höherer Ebene

Georg Bela Pniower (1896–1960) und der Naturschutz

Der Garten- und Landschaftsarchitekt Georg Bela Pniower gehörte zu den Wegbereitern einer als umfassende, produktions- wie schutzorientierte Landespflege verstandenen „Landeskultur" und der angewandten Dendrologie in der DDR.

Pniower war einer der Garten- und Landschaftsarchitekten, die während der Nazizeit mit Berufsverbot belegt worden waren. Neben Pniower waren auch Garten- und Landschaftsarchitekten wie Reinhold Lingner oder Hans Felix Kammeyer[1] von Berufsverboten betroffen. Diese drei gehörten zu den Wenigen, die nach dem Krieg mit ihren Veröffentlichungen zu einer Distanzierung von der Blut-und-Boden-Ideologie der Nazis beitrugen.

In der Sowjetischen Besatzungszone (SBZ) wurde nach der Befreiung vom Faschismus in personeller Hinsicht in den Fachgebieten Garten- und Landschaftsarchitektur oder Landespflege zwar zunächst „aufgeräumt", in inhaltlicher jedoch nicht, d. h. es erfolgte keine Aufarbeitung der Geschichte – abgesehen von wenigen Ausnahmen. Grund genug für eine Aufarbeitung hätte es gegeben. Zum Beispiel lebten einige Garten- und Landschaftsarchitekten in der SBZ, die als „Landschaftsanwälte" unter dem „Reichslandschaftsanwalt" Alwin Seifert beim Reichsautobahnbau oder mit der landschaftspflegerischen Begleitung der Arbeiten des Reichsarbeitsdienstes (RAD) beschäftigt gewesen waren, z. B. Otto Rindt, Werner Bauch, Rudolf Ungewitter oder Hermann Göritz. Bauch, Rindt und Göritz konnten ihre berufliche Tätigkeit bruchlos fortsetzen, d. h. ihr früherer Wirkungszusammenhang wurde niemals thematisiert. Der ehemalige Gartendirektor von Dresden, Hermann Schüttauf, wurde zunächst, weil er bereits seit 1933 NSDAP-Mitglied gewesen war, entlassen, dann aber gewissermaßen rehabilitiert. Er galt später als der Begründer der Gartendenkmalpflege in der DDR.

---

1 Kammeyer wurde während des Faschismus als „Halbjude" mit Berufsverbot belegt. Nach dem Krieg wurde er Fachgebietsleiter in der Gartenbauschule Pillnitz. Vgl. Kerstin Nowak, Reinhold Lingner – sein Leben und Werk im Kontext der DDR-Geschichte, Diss. Hamburg 1995, S. 43.

Zum beruflichen Werdegang Georg Bela Pniowers

Georg Bela Pniower (Abb. 1)[2] wurde am 29. April 1896 in Breslau geboren. Nach der Schule erlernte er von 1911 bis 1914 in einer Handelsgärtnerei in Glatz, danach in einer Breslauer Baumschule, den Beruf des Gärtners. Wie damals noch üblich, vertiefte er nach der Gehilfenprüfung seine Praxiserfahrungen in verschiedenen gärtnerischen Betrieben in Echternach/Luxemburg, Trier und in der Gartenverwaltung der Stadt Beuthen. Von 1915 bis 1917 und, nach Kriegsdienst, weiter von 1919 bis 1920 besuchte er die „Staatliche Lehranstalt für Obst- und Gartenbau" in Proskau (Schlesien), die er als „Staatlich geprüfter Gartenbautechniker" verließ.

Abb. 1: Georg Bela Pniower.
Gert Gröning, Joachim Wolschke-Bulmahn, Grüne Biographien, Berlin, Hannover 1997, S. 291.

1920/1921 war er als Assistent des Stadtgartendirektors Kube im Gartenbauamt Hannover tätig. In dieser Zeit bildete er sich als Gasthörer an der dortigen Technischen Hochschule im Zeichnen und in den Fächern Architektur, Städtebau und Kunstgeschichte weiter. Nebenberuflich erteilte er selbst Fachunterricht an der Israelitischen Gartenbauschule Ahlen bei Hannover. Über das Entwurfsbüro von J. Buerbaum in Düsseldorf führte Pniowers Weg nach Berlin in das Entwurfsbüro für Gartenanlagen der weltbekannten Baumschule L. Späth, dessen Leiter er von 1922 bis 1924 war.

---

2 Zum Werdegang vgl. Klaus-Dietrich Gandert, Georg Bela Pniower – Sein Leben und Wirken für die Garten- und Landeskultur, in: Institut für Umweltgeschichte und Regionalentwicklung e. V. (Hg.), Landschaft und Planung in den neuen Bundesländern – Rückblicke, Berlin 1999, S. 221–235; ders. Die Tätigkeit des Zentralen Fachausschusses Dendrologie und Gartenarchitektur, in: Institut für Umweltgeschichte und Regionalentwicklung (Hg.), Naturschutz in den neuen Bundesländern – Ein Rückblick. Redaktion: Regine Auster, Hermann Behrens, Marburg 1998 (Forum Wissenschaft, Studien, Bd. 45), Halbband I, S. 167–196. Vgl. außerdem Gert Gröning, Joachim Wolschke-Bulmahn, Grüne Biographien, Berlin, Hannover 1997, S. 291–294.

1923 legte er in Proskau die Prüfung als „Staatlich diplomierter Gartenbauinspektor" ab, die damals höchste gärtnerische Qualifikationsstufe, bevor im Jahre 1929 das akademische Gartenbaustudium begann. 1924 übernahm er für kurze Zeit die Leitung der Abteilung Gartengestaltung der renommierten Gartenbaufirma H. Rothe in Berlin, um sich dann 1925 als Gartenarchitekt und Inhaber eines Betriebes für Planung und Ausführung von Grünanlagen in Berlin selbstständig zu machen.

Mit zahlreichen Gartenschöpfungen und auf Gartenbau- und Kunstausstellungen gezeigten Entwürfen, aber auch durch deren Veröffentlichung in Zeitschriften sowie durch Aktivitäten im „Bund der Gartenarchitekten" erlangte Pniower bald den Ruf eines progressiven Gartenkünstlers.

Pniower schuf Hunderte von Wohngärten, aber auch Volksparke, Friedhöfe, Sportanlagen, Kleingartenanlagen und gärtnerische Innenraumgestaltungen. Er trat bald in Verbindung mit namhaften Gartenarchitekten wie L. Migge, H. Maaß, H. König, E. Barth u. a., sowie mit reformfreudigen Architekten. Wie diese setzte er sich für eine bessere Versorgung breiter Volksschichten mit Gärten und vielseitig benutzbaren öffentlichen Grünanlagen ein. Die reformorientierten Architekten und Gartenarchitekten wollten die sozialen, hygienischen und kulturellen Bedürfnisse der Masse der Großstadtbewohner in der Entwicklung der Architektur der Städte und ihrer Grünanlagen besser berücksichtigt sehen und machten dafür realisierbare Vorschläge. Diese „Gartensozialisten" wollten nicht per se eine neue Gesellschaftsform einführen, sondern entwickelten neue gebrauchsfähige und erschwingliche Garten- und Grünanlagentypen, die den Forderungen der weniger Begüterten nach Freiräumen besser entsprachen.

Pniower war nebenbei langjährig ehrenamtlicher Fachberater im Provinzialverband Berlin der Kleingärtner und entwarf Musterpläne für die Gestaltung von Kleingärten. Gemeinsam mit L. Migge war er an der Planung der Gartenflächen an gemeinnützigen Siedlungen in Berlin-Siemensstadt beteiligt. Ebenso plante er die Gartenanlagen in der Genossenschaftssiedlung Onkel Toms Hütte (1925) in Berlin-Zehlendorf.

1931 bereits setzte er sich vorausschauend für die landschaftliche Eingliederung von und die Bepflanzung an „Automobilstraßen" ein und riet den Gartenarchitekten, „sich bei diesen bevorstehenden Aufgaben einzuschalten und vor allem auf die Straßenbepflanzung und Landschaftsgestaltung entscheidenden Einfluss zu erlangen."[3] Er erkannte diese wichtige Aufgabe, lange bevor dann Alwin Seifert in der Zeit des Faschismus die landschaftspflegerischen Arbeiten an den Reichsautobahnen an sich zog.

---

3 Georg Bela Pniower, Schafft Automobilstraßen!, in: Der Deutsche Gartenarchitekt 8 (1931), H. 7, S. 78.

1933 wurde Pniower als einziger deutscher Gartenarchitekt zusammen mit den damals führenden deutschen Architekten Mies van der Rohe, Pölzig, Mendelsohn und Breuhaus von der italienischen Regierung zur Gestaltung der Triennale nach Mailand eingeladen.

Nach der Machtübernahme durch die Nationalsozialisten und mit der Gleichschaltung seines ganzen Berufsstandes wurde Pniower sehr bald jede Möglichkeit der weiteren Berufsausübung als Gartenarchitekt genommen. „Aus sogenannten rassischen und politischen Gründen wurde ihm von der nationalsozialistischen Reichskammer der bildenden Künste Berufsverbot erteilt. Die Reichskammer versuchte Pniowers Tätigkeit als Gartenarchitekt vollständig zu unterbinden und nahm daher auch seine Ehefrau Ruth Pniower nicht in die Kammer auf, um zu verhindern, daß ihr Mann unter ihrem Namen weiter als Gartenarchitekt tätig sein konnte."[4]

Gleich nach dem Zweiten Weltkrieg entsannen sich die Besatzungsmächte seiner fachlichen Kompetenz und politischen Integrität. So führte er schon 1945/46 für die damaligen Stadtkommandanten in drei Sektoren Berlins als erster Gartenarchitekt repräsentative Gestaltungsaufgaben aus. Er projektierte 1945/46 z. B. den Kleistpark in Berlin-Schöneberg und beteiligte sich an der Gestaltung der Umgebung des sowjetischen Ehrenmals im Tiergarten.

Sein guter Ruf und sein Können ebneten ihm den Weg zur Berufung als ordentlicher Professor auf den damals einzigen Lehrstuhl für Garten- und Landschaftsgestaltung in Deutschland an der Landwirtschaftlichen Fakultät der Berliner Universität, die seit dem 8. Februar 1949 „Humboldt-Universität zu Berlin" hieß. Mit der Berufung als Ordinarius zum 1. Juni 1946 übernahm er auch die Leitung des von ihm gegründeten Instituts für Garten- und Landschaftsgestaltung, das mit der Wiedereröffnung der Universität zum Beginn des Wintersemesters 1946/47 den Lehrbetrieb aufnahm. 1951 verließ Pniower das von ihm in Dahlem aufgebaute Institut, als der damalige Senat es der Technischen Universität im Westteil der Stadt angliederte. Er baute fortan ein Institut für Garten- und Landeskultur an der Humboldt-Universität im Ostteil Berlins auf.

Naturschutz durch Landeskultur ...

In den knapp 15 Jahren seines Wirkens in Berlin, der SBZ und der DDR profilierte sich Pniower nicht nur in seinem erlernten Beruf als Gartenarchitekt. Er wurde darüber hinaus zum Mitinitiator und Vordenker für eine sehr umfassend konzipierte Landeskultur, die sich an den aktuellen sozial-ökonomischen wie auch soziokulturellen

---

4 Gröning, Wolschke-Bulmahn, Grüne Biographien, S. 294. Pniower wurde als „Halbjude" mit Berufsverbot belegt.

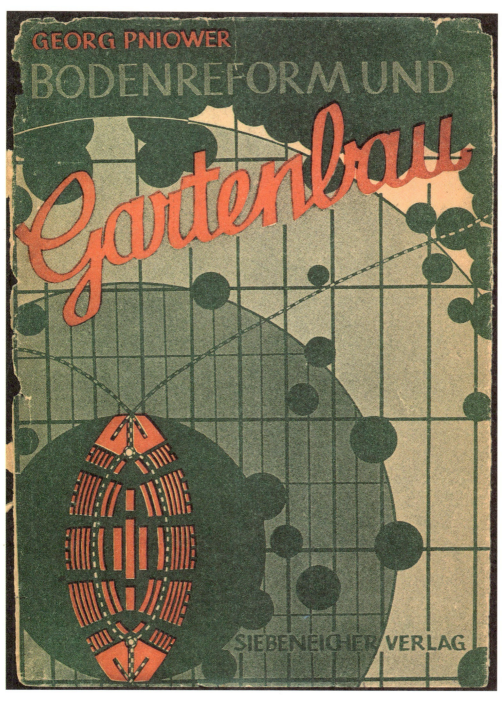

Abb. 2: Deckblatt der Veröffentlichung von Georg
Bela Pniower, Bodenreform und Gartenbau, Berlin 1948.

Aufgaben orientierte, die sich angesichts der desaströsen politischen, ökonomischen, sozialen und moralischen Folgen des Faschismus stellten.

Pniower trat vor dem Hintergrund der Nachkriegs-Mangelsituation für die Erzielung möglichst hoher Nutzungs- und Wirkungsintensitäten von Bodenflächen und Naturraumpotenzialen ein, forderte zugleich aber die Sicherung einer hohen Nachhaltigkeit aller genutzten Naturressourcen. Eine erste umfassende Auseinandersetzung mit einer zukünftigen Landeskultur findet sich in der Arbeit „Bodenreform und Gartenbau"[5] (Abb. 2). Darin beschäftigte sich Pniower mit den Aufgaben, die der Gartenbau und die Landschaftspflege im Zusammenhang mit der in den Potsdamer Beschlüssen vorgesehenen Bodenreform in Deutschland leisten sollten.

Er forderte nicht nur die Aufteilung des Großgrundbesitzes, sondern gleichermaßen eine umfassende Landschaftspflege zur Behebung der großräumigen Landschaftsschäden, die er – hier ähnlich wie Lingner[6] – als Hinterlassenschaft der kapitalistischen Wirtschaftsweise ansah.

„Die Aufteilung des Großgrundeigentums im Zuge der Bodenreform wäre […] eine halbe Maßnahme, wenn nicht gleichzeitig mit der Abkehr von der extensiven Wirtschaftsweise die Neugestaltung unserer Kulturlandschaften und die Wiederherstellung aller natürlichen Voraussetzungen für stetige Höchsterträge geschaffen würden. Eine der wichtigsten Teilaufgaben ist hierbei die Wiederherstellung bzw. Schaffung schützender Feldhecken.

Daneben muss eine systematische Planung für die Neugestaltung der künftigen Bauernlandschaften im Sinne von Heckenlandschaften einsetzen, natürlich unter Berücksichtigung genügend großer Ackerparzellen und Beschränkung der Hecken- und Gehölzpflanzen auf das notwendige Mindestmaß."[7]

Es ist an Hand von Luftbildern aus den frühen 1950er Jahren durch einen vergleichenden Blick auf die kleinteilig strukturierte „Landschaft der Bodenreformphase" möglich, den räumlichen Bezug von Pniowers Vorstellungen nachzuvollziehen. Die realsozialistische oder modern-kapitalistische Großraumwirtschaft schwebte ihm jedenfalls nicht vor.

Pniowers Auffassungen von der zukünftigen Kulturlandschaft und den Aufgaben der Landschaftspflege darin speisten sich aus zwei Quellen: aus seiner Biographie, die von Beginn an sozialpolitisches Engagement einschloss, und aus den gesellschaftlichen Rahmenbedingungen in den Jahren nach dem Zweiten Weltkrieg, die einen Naturschutz um seiner selbst willen damals ausschlossen. An diese Rahmenbedingungen muss hier erinnert werden, denn in der SBZ/DDR bestanden bei der

---

5 Georg Bela Pniower, Bodenreform und Gartenbau, Berlin 1948.
6 Vgl. Reinhold Lingner, Landschaftsgestaltung, Berlin 1962.
7 Pniower, Bodenreform, S.84.

Bewältigung der Kriegsfolgen noch weit größere materielle und personelle Probleme als in den Westzonen.

Auch die raumstrukturelle Ausgangslage war problematischer. Zwar gab es sowohl in den Westzonen als auch in der SBZ räumliche Disparitäten, jedoch war die SBZ durch ein ausgeprägtes Gefälle zwischen den Verdichtungsgebieten im Süden und den extrem dünn besiedelten Räumen im Norden gekennzeichnet, während in den Westzonen die Verdichtungsräume relativ günstig verteilt waren. Während in den Westzonen die Siedlungsstruktur ein eher „großstädtisches Gepräge" zeigte, war sie in der SBZ eher klein- und mittelstädtisch. Die SBZ war zwar stärker industrialisiert, es dominierte jedoch das verarbeitende Gewerbe, „bestimmt durch Konsumgüterindustrie und -handwerk und arbeitsintensive Investitionsgüterindustrie."[8] Und während im ländlichen Raum in den Westzonen mittel- und kleinbäuerliche Betriebe vorherrschten, war der ländliche Raum in der SBZ durch eine „überkommene junkerliche Struktur (extensiv wirtschaftende Großbetriebe in Mecklenburg-Vorpommern, Brandenburg und der Provinz Sachsen), verbunden mit erheblicher sozialökonomischer Rückständigkeit" gekennzeichnet.[9]

Aufgrund der strukturellen Ausgangssituation traf „der Abriß der traditionellen Arbeitsteilung zwischen West- und Ostdeutschland die ostdeutsche Wirtschaft stärker als die Westdeutschlands und führte im Osten zu irreparablen Schäden."[10] Es kamen Probleme durch die Veränderung der Macht- und Eigentumsverhältnisse hinzu.

Der Aufbau einer von den Westzonen abgeschnittenen Wirtschaft, die Veränderung der Industriestruktur und der Übergang zur Friedensproduktion, die Sicherung der Ernährungsgrundlage, die Bewältigung der Flüchtlingsströme,[11] der Wohnungsnot usw. mussten in einer Situation bewältigt werden, in der

- die Bodenreform konsequent durchgeführt wurde (in den Westzonen unterblieb sie weitgehend – trotz anders lautender Festlegungen im Potsdamer Abkommen). Sie schuf landesplanerische Folgeprobleme wie den Bau von Neubauernhöfen und -siedlungen sowie die materiell-technische Versorgung der Landwirtschaftsbetriebe;

---

8 D. Casper, Gerhard Kehrer, W. Menge, Konrad Scherf, Rainer Winkel, Raumplanung und Raumforschung in der DDR – Gegensätze und Unterschiede, Analogien und Gemeinsamkeiten zur Raumplanung und Raumforschung in der BRD. Thesen zur Arbeitstagung der Fachgruppe Geographie und Raumplanung der Gesellschaft für Deutschlandforschung e.V. am 7.11.1996 in Berlin, S. 6.

9 Ebd.

10 Ebd.

11 Die SBZ musste ca. 4,2 Millionen Flüchtlinge und Umsiedler aufnehmen. Wie in den Westzonen wurde versucht, einen großen Teil davon in ländlichen Gebieten anzusiedeln, was zunächst eine Stadt-Land-Bewegung unterstützte.

- die grundlegende Umwandlung der Eigentumsverhältnisse in Industrie, Handel und beim Bodeneigentum, der Übergang zu einer zentral geleiteten Wirtschaft und damit einhergehende „Kaderprobleme" (Abwanderung von Fachleuten, anfangs geringes Qualifikationsniveau der neuen Leitungskräfte) den Wiederaufbau erschwerten oder verzögerten;

- die *Demontagen um das Zehnfache höher* waren *als in den westlichen Zonen:* 2.000 Betriebe und fast 50 % aller industriellen Kapazitäten des Standes von 1936 wurden demontiert. Fast vollständig wurde das zweite Gleis der Eisenbahn abgebaut. Dies führte zu erheblichen Einschränkungen in der Logistik, die Jahrzehnte nachwirkten. In der späteren BRD wurden dagegen im Zeitraum 1948-1950 nur ca. 5 % des Anlagevermögens demontiert;

- die *Reparationsleistungen* zwischen 1945-1953 ca. 15 Mrd. Dollar betrugen und damit *25mal höher* waren als diejenigen Westdeutschlands . Vom erwirtschafteten Bruttosozialprodukt musste die SBZ 1945/46 fast 50 %, bis 1949 30 % und bis 1953 15 % für Reparationen aufwenden. In den Westzonen ging der Aufwand zur gleichen Zeit von 14,6 % (1946) auf 3,8 % (1953) zurück;[12]

- keine „Marshallplan"-Hilfe mit ihrer Initialfunktion zur Verfügung stand;

- die von der Sowjetischen Militäradministration (SMAD) verfügte Aufnahme der Uranproduktion zwischen 1945 und 1953 allein 7 Mrd. Mark verschlang und 70.000 bis 100.000 Arbeitskräfte absorbierte, die dringend an anderer Stelle benötigt wurden;

- der innerdeutsche Warenverkehr 1946 nur noch 176 Mio. Mark betrug, während er 1936 ca. 8,6 Mrd. Reichsmark umfasste;[13]

- unter dem Einfluss der Stalinschen These von der zentralen Rolle einer eigenständigen Basis für die Schwerindustrie eine Fehllenkung der ohnehin knappen Mittel in die Montanindustrie mit schwerwiegenden Folgen für die DDR-Wirtschaft vorgenommen wurde. Es wurden, wie Gerhard Schürer, ehemaliger Chef der Staatlichen Plankommission der DDR, rückblickend schrieb, auf der grünen Wiese „solche Industriegiganten geschaffen wie die Großkokerei Lauchhammer, das Energiekombinat ‚Schwarze Pumpe' und viele andere Kapazitäten der Metallurgie, der Energie und des Schwermaschinenbaus. Trotz steigender Rate der produktiven Akkumulation zu Lasten der Konsumtion hatte das zur Konsequenz, daß die auf dem Gebiet der DDR früher stark vertretenen Zweige des mittleren und Verarbeitungs- Maschinenbaus, der Elektrotechnik, der Leichtindustrie und zunächst auch der Chemie, kaum ausreichende Mittel zu ihrer Wiederherstellung,

---

12 Vgl. hierzu Rainer Karlsch, Allein bezahlt? Die Reparationsleistungen der SBZ/DDR 1945–53, Berlin 1993.

13 Vgl. zu den Daten Gerhard Schürer, Gewagt und verloren. Eine deutsche Biografie, Frankfurt/Oder 1996², S. 31–34.

geschweige zur Rekonstruktion oder Erweiterung erhalten konnten. Wir hatten aber dazu keine Alternative, denn die Ressourcen der UdSSR waren begrenzt und von den westlichen Märkten waren wir im wesentlichen abgeschnitten. Zu Einkäufen auf dem freien Markt fehlten uns die Devisen. Logische Folge dieser Strukturpolitik waren der akute Mangel an Konsumgütern auf dem Binnenmarkt – ein Teil mußte auch noch zur Bezahlung der Reparation aus der Produktion entnommen werden – und die lang anhaltende Rationierung des Verbrauchs."[14]

Schon frühzeitig orientierte Pniower vor einem solchen gesellschaftlichen Hintergrund die Forschungsvorhaben seines Instituts für Garten- und Landeskultur in dem oben geschilderten Sinne auf die Wiederherstellung bzw. Verbesserung der land- und forstwirtschaftlichen Bodennutzung, z. B. durch Rekultivierung devastierter Kippen und Halden im Braunkohlentagebaugebiet der Niederlausitz. Auf seine Initiative hin wurde ein Forschungs- und Entwicklungsplan für das Niederlausitzer Bergbaugebiet entwickelt. Im Zusammenhang mit Forschungs- und Entwicklungsaufgaben der späteren Deutschen Bauakademie im Niederlausitzer Braunkohlenrevier entstand übrigens auch die berühmte „Landschaftsdiagnose der DDR" unter Leitung der Garten- und Landschaftsarchitekten Reinhold Lingner und Frank-Erich Carl.[15]

Beispiellandschaft Huy-Hakel

Die „Landschaftsdiagnose der DDR" war ihrer Zeit weit voraus. Sie führte nicht zu den von den Initiatoren Lingner, Carl und anderen erhofften großräumigen Landschafts-„Heilungsmaßnahmen", sondern lediglich zu einigen (großräumig angelegten) Forschungs- und Entwicklungsvorhaben in „Beispiellandschaften". Zu diesen gehörte auch das Huy-Hakel-Gebiet; die Forschungs- und Entwicklungsarbeiten dort wurden von Georg Bela Pniower geleitet.

Ziel der Forschungs- und Entwicklungsarbeiten im 130 km² großen Huy-Hakel-Gebiet im Harzvorland war die Umwandlung einer „Problem-Landschaft" in eine „Beispiellandschaft" – auf der Grundlage einer komplex und interdisziplinär angelegten Landschaftsdiagnose und daraus abgeleiteter komplexer landeskultureller Maßnahmen.[16] Der mit den Arbeiten betraute Mitarbeiter Pniowers, Gustav Heinrichsdorff, beschrieb die Landschaftsschäden u. a. wie folgt:[17]

---

14 Ebd., S.42 f.

15 Vgl. zu Entstehungszusammenhang und Wirkung der Landschaftsdiagnose Hermann Behrens, Von der Landesplanung zur Territorialplanung, Marburg 1997.

16 Vgl. Gustav Heinrichsdorff, Erkenntnisse und Erfahrungen aus den Forschungs- und Entwicklungsarbeiten im Huy-Hakel-Gebiet, in: Naturschutz und Landschaftsgestaltung im Bezirk Magdeburg, 3. Folge, hg. vom Rat des Bezirkes Magdeburg, Magdeburg 1959, S. 49–64.

17 Ebd., S. 60–61.

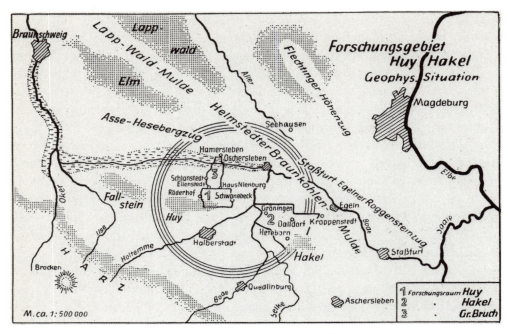

Abb. 3: Plan zum „Forschungsgebiet Huy-Hakel".
Gustav Heinrichsdorff, Erkenntnisse und Erfahrungen aus den Forschungs-
und Entwicklungsarbeiten im Huy-Hakel-Gebiet, in: Naturschutz und
Landschaftsgestaltung im Bezirk Magdeburg, 3. Folge,
hrsg. Vom Rat des Bezirkes Magdeburg, Magdeburg 1959, S. 50.

– Durch Jahrhunderte lange Entwaldungsprozesse „eine nahezu völlig verkahlte
  Flur [...]" (vgl. Abb. 4);
– „Waldverwüstung im Ost- und Südhuy, insbesondere durch den Abtrieb der
  Kammlagen mit schwerwiegenden Folgeerscheinungen [...]";
– „großflächige Erosionen im Südhuy [...]";
– „die Verkarstung nimmt immer breiteren Raum ein, die Ödlandzonen mehren
  sich, die wenigen noch vorhandenen Äcker tragen von Jahr zu Jahr weniger
  Frucht, kaum noch, daß sich die Aussaat lohnt [...]";
– „der Wald hat seine Eigenschaft als Regulativ für die allgemeine Wasserführung
  verloren. [...]";
– „die Abspülung der Bodenkrume und Humusdecke in den Kammlagen bildet häufig nur den Anfang einer großen Reihe von außerordentlichen Schäden, wie u. a.
  das Abrutschen ganzer Hangteile, Bergfälle und -rutsche, Bodenabtragungen bis
  auf das nackte Grundgestein. Harmlose Bäche und Rinnsale werden zu reißenden
  Wildwässern mit hoher Geröllführung. Siedlungen, Wiesen und Felder am Hang
  oder Gebirgsfuß werden überflutet und mit Geröll überdeckt [...]";

– „in der Ackerflur sind ebenfalls schwere Nachteile für die Bodenverhältnisse zu verzeichnen. Die verkahlten, z. T. verkarsteten Kuppen, besonders im Gebiet Dalldorf-Gröningen-Heteborn, sind zu einem Musterbeispiel von Bodenzerstörung und Hochwassergefahr geworden. Der austrocknenden Wirkung der Winde ist kein Hindernis gesetzt, und die Bodenabschwemmungen sind in einem Maße begünstigt, daß die Schadenauswirkungen zu einem ernst zu nehmenden Faktor künftiger Gegenmaßnahmen geworden sind. An der Vertiefung der Schadenserscheinungen tragen bei:

a) die äußerst bewegte Topographie des Geländes,

b) die z. T. recht beträchtliche Reliefenergie,

c) die besonderen physikalischen Eigenschaften des Lößes, der nach jedem Starkregen oder nach der Schneeschmelze oberflächlich zu Schlamm verwandelt und nach seiner Absättigung, je nach Gefälle, mehr oder weniger rasch hangabwärts befördert wird,

d) die Ackerbewirtschaftung vertikal zu den Hängen,

e) die vernachlässigte Flurpflege, sowohl der Wege wie der Flurgräben usw."

– „[…] Als gefährliche Vorfluter erweisen sich die tief eingeschnittenen Hohlwege, die z.T. bis auf das Muttergestein entblößt sind. Die wertvolle Lößfeinerde wird ungehindert talwärts verlagert oder in die Bode bzw. Holtemme verfrachtet. Der

Abb. 4: „Verschlämmung nach 12-minütigem Regenguß" in der Beispiellandschaft
Huy-Hakel. Heinrichsdorff, Erkenntnisse, S. 55.

Verarmung der Kuppen und Hanglagen stehen extrem die hohen Bonitäten der Talgründe und Mulden gegenüber. Die Aufschwemmungen im Gebiet Grörtingen betragen bis zu 3 Metern, praktisch ist Dalldorf auf reiner Lößschwemmerde gegründet. Der Bodenschwund in der Gemeinde Heteborn […]."

Ziel der interdisziplinär angelegten Forschungs- und Entwicklungsaufgaben war nun neben der zeitnahen Schadensbehebung die Anpassung der Nutzung an die Standortbedingungen, die standortgerechte Produktion. Heinrichsdorff beschrieb dieses Ziel und die wissenschaftliche Herangehensweise so:

„So haben […] die Anzeichen einer Bodenwertminderung durch ‚Humusabbau' […], ‚Strukturzerfall', ‚Bodenverdichtung' […], ‚Bodenversauerung', ‚Aushagerungserscheinungen', ‚Störungen des landschaftlichen Wasserhaushaltes' usw., wie schon Schucht, Stremme, Neugebauer, Killbinger u. a. m. nachgewiesen haben, ebenso ihre Ursachen in nicht ausgewogenen Eingriffen des Menschen in das Landschaftsgefüge wie auch alle daraus resultierenden Folgeerscheinungen, die durch die Begriffe ‚Wind- und Wassererosion',gestörter Landeswasserhaushalt', ‚Klimaverschärfung' usw. (Wolff, Kuron, Athenstedt, Oberndorf usw.) gekennzeichnet sind und stets eine Beeinträchtigung des Ertragspotentials zum Gefolge haben. Ludwig, Thienemann, Keller, Pniowier u. a. z. B. weisen mit Recht darauf hin, daß bisher bei der Erforschung des Landschaftshaushaltes der Faktor ‚Wasser' viel zuwenig berücksichtigt wurde und eine auf Klärung dieses Problems hinzielende, auf ökonomisch-komplexer Betrachtungsweise aufgebaute Gemeinschaftsarbeit in Zukunft größere Beachtung erfahren müsse.

Die fühlbaren Schwächepunkte, sowohl in der Wissenschaft wie auch in der Praxis, insbesondere auf dem Gebiet der Bodenanalyse unter Einbeziehung der Mikrovorgänge im Bereich des Edaphons, die Vertiefung der vegetationskundlichen und klimatischen Untersuchungen zum Zwecke bioklimatischer Gebietskartierungen und ihre Auswertung für die landwirtschaftliche und forstwirtschaftliche Praxis, Analyse und Synthese des Naturhaushaltes, die Synthese zur Betriebswirtschaft und Produktionstechnik usw. weisen eindeutig darauf hin, daß die systematisch methodischen Klärungen bisher nur einseitig erfolgt sind und daß diese Lücke nur durch eine komplexe Gemeinschaftsarbeit in kontinuierlicher Ergänzung von Lehre und Forschung geschlossen werden kann.

Bei den Arbeiten in dem nahezu 130 km² umfassenden Forschungsraum Huy-Hakel wurde erstmalig versucht, diesen Erkenntnissen Rechnung zu tragen."[18]

„Die Gliederung der Gesamtaufgabe umfaßt demnach

a) einen praktischen Teil und beinhaltet die auf Grund der landschaftsanalytischen Erhebungen notwendigen Sofortmaßnahmen zur Beseitigung der als vordringlich erkannten landschaftlichen Notstände, die in enger Bindung an die Operative

---

18 Ebd., S. 52.

und im Zusammenarbeit mit den einschlägigen Dienststellen der Bezirke und Kreise vordringlich verwirklicht werden müssen,

b) den Perspektivplan als Grundlage für Maßnahmen, die an Hand von Projektierungsvorschlägen in mehrjährigen Aufbauplänen schwerpunktmäßig zu verwirklichen sind,

c) einen wissenschaftlichen Teil, der alle speziellen wissenschaftlichen Untersuchungen und Versuchsanstellungen, wie z. B. Untersuchungen über den Erosionsablauf, Bodenuntersuchungen, Saat- und Pflanzversuche, Aufwuchsbeobachtungen hinter natürlichem und künstlichem Windschutz, agrarmeteorologische Erhebungen, landschaftsanalytische Erhebungen usw., erfaßt, die in der Gesamtheit dem Fernziel der Aufgabe ‚Erstellung einer Beispiellandschaft' dienen."[19]

Von der Forschungsgruppe wurden dann, abhängig von betriebswirtschaftlichen Bedingungen vor Ort und volkswirtschaftlichen Zielen wie die Einführung der Großraumwirtschaft, folgende Maßnahmekomplexe vorgeschlagen:

- Flurschützende Pflanzungen, u. a. Streuobstwiesen auf schwer zu beackernden Standorten sowie Großobstplantagen mit landwirtschaftlicher Zwischennutzung sowie Heckenanpflanzungen; (vgl. Abb. 5)

Abb. 5: „Schwierige Ödlandaufforstung in der Beispiellandschaft Huy-Hakel".
Heinrichsdorff, Erkenntnisse, S. 57.

---

19 Ebd., S. 59.

– Anpassung der Bodenbearbeitung an Relief und Böden (Entwicklung standortan-
  gepasster Maschinen, hangparalleles Pflügen usw.); Neuordnung der Acker-
  schläge nach Höhenschichtlinien;
– wasserwirtschaftliche Maßnahmen wie Wasserrückhaltungen, die wirtschaftlich
  durch Fischzucht, Aufzucht von Wassergeflügel bzw. durch die Anlage von
  Berieselungskoppeln für die Jungviehaufzucht genutzt werden sollten. Einführung mechanisch-biologischer Arbeitsverfahren;
– neues Wegesystem;
– Einrichtung flexibler Windmesszüge.

Im Huy-Hakel-Gebiet ließ Pniower als Teil der vegetationskundlichen Analysen u. a.
systematische Untersuchungen der Auswirkungen von Anpflanzungen nicht einheimischer Gehölze durchführen mit dem Ziel, daraus ggf. optimale Kulturpflanzenge-
sellschaften zu entwickeln.[20] Auf dieses unter Naturschützern bis heute umstrittene
Thema gehe ich weiter unten noch im Zusammenhang mit einem Aufsatz Pniowers
ein, in dem er sich mit der Geschichte des Naturschutzes auseinander setzte.

Interessant ist nun, welche Aufgaben dem Naturschutz zukommen sollten:

„Alle Komponenten, welche die Landschaft ausmachen, Geologie, Wasser, Boden,
Vegetation, Klima usw., stehen in so enger Wechselbeziehung zueinander, daß nur die
eingehende Kenntnis ihres Zusammenwirkens auch die Eingriffe rechtfertigen kann, die
der Mensch in ihrem Organismus vollzieht. In diesem weitgespannten Rahmen erwachsen auch dem Naturschutz und in Weiterung dessen der Landschaftspflege ihre besonderen Aufgaben. Es geht nicht mehr darum, einzelne Pflanzen, Bäume und Tiere zu schützen (was unter bestimmten wertwägenden Voraussetzungen durchaus möglich bleibt),
also nur konservierenden Naturschutz zu treiben, sondern mit Rücksicht auf nicht mehr
aufzuhaltende Entwicklungstendenzen der Gesamtwirtschaft einen der Entwicklung
Rechnung tragenden progressiven Landschaftsnaturschutz aufzuzeigen. Die landschafts-
nutzenden, gesellschaftlichen und wirtschaftlichen Institutionen sind ebenfalls der Mitarbeit zu verpflichten.“[21] So schrieb dies der Pniower-Mitarbeiter Heinrichsdorff auf.

Pniowers eigene Haltung zum Naturschutz lässt sich in folgendem Zitat aus seinem 1952 erschienenen Aufsatz „Naturschutz im Spiegel der Landeskultur" wieder-
geben: „Ganzheitlich veränderte Kulturlandschaften stehen der Naturgesetzlichkeit
ebenso nahe wie unberührte Natur, nur mit dem Unterschied, daß bei ihnen der Zufall
größtenteils ausgeschaltet und ein vielfach größeres biologisches Potential geschaffen wurde. Die Technik ist hier zum biotischen Faktor und die Landeskultur zum
Naturgeschehen auf höherer Ebene geworden.“[22]

---

20 Vgl. Gröning, Wolschke-Bulmahn, Grüne Biographien, S. 294.
21 Heinrichsdorff, Erkenntnisse, S. 63.
22 Georg Bela Pniower, Naturschutz im Spiegel der Landeskultur, in: Natur und Heimat 1
    (1952), H. 2, S. 8.

Pniowers „gesellschaftliche Tätigkeit" im Kulturbund

Bei den Natur- und Heimatfreunden im Kulturbund zur demokratischen Erneuerung Deutschlands, der später Deutscher Kulturbund bzw. Kulturbund der DDR hieß, wirkte Pniower bis 1958 als Vorsitzender des Zentralen Fachausschusses für Dendrologie und Gartengestaltung. Pniower stand auch in diesem Arbeitszusammenhang außerordentlich kritisch zum bis dahin überwiegenden rein konservierenden Naturschutz. Er forderte neue Formen der Landschaftsgestaltung, eine Synthese von Natur und Technik, um die Natur planmäßig im Sinne ihrer fortgesetzten potenziellen Bereicherung zu entwickeln. So setzte er sich in diesem Sinne bereits während der Vorarbeiten zum Naturschutzgesetz der DDR von 1954 für die Schaffung eines umfassenderen „Landschaftsschutzgesetzes" ein, das sich damals jedoch noch nicht verwirklichen ließ. Seine Positionen zu Fragen der Landeskultur, die er nicht in dem traditionellen engeren landwirtschaftlichen Sinne von Verbesserung des Bodenertrages durch Flurbereinigung, Melioration, Düngung usw. verstand, sondern als Begriff für eine pflegliche, auch den Naturschutz einschließende Entwicklung der gesamten Landschaft (einschließlich der Ortschaften) auf interdisziplinärer Wissenschaftsgrundlage, gaben Anstöße für Diskussionen der Natur- und Heimatfreunde um einen modernen Naturschutzbegriff. So kann Pniower insgesamt als Vorreiter eines Landeskulturkonzeptes im Sinne der später von Hugo Weinitschke geforderten „Einheit von Nutzung und Schutz der Umwelt" oder eines „in die Nutzung integrierten Naturschutzes" bezeichnet werden.

Ich möchte im letzten Teil meines Beitrags auf ein Steckenpferd Pniowers, die Beschäftigung mit nicht einheimischen Gehölzen, zurückkommen. In seinem Aufsatz „Naturschutz im Spiegel der Landeskultur", der in drei Teilen in der seit 1952 in der DDR erscheinenden Zeitschrift „Natur und Heimat" abgedruckt wurde, führte Pniower unter Rekurs auf die Geschichte des Naturschutzes eine grundlegende Auseinandersetzung über die zukünftigen Ziele und Aufgaben des Naturschutzes und der Landschaftspflege in der DDR.[23]

Georg Bela Pniower nahm darin auch – als einziger mir bekannter Garten- und Landschaftsarchitekt oder Naturschützer öffentlich – Stellung zur Geschichte des Naturschutzes im Faschismus. Er nahm sich dabei in Auseinandersetzung mit Auffassungen des Garten- und Landschaftsarchitekten Alwin Seiferts, des „Reichslandschaftsanwalts", des Themas „fremdländische Pflanzen" an.

---

23 Vgl. ebd., H. 1, S. 4–7; H. 2, S. 4–7; H. 4, S. 18–22; zur Verwendung ausländischer Gehölze auch ders., Über die Entwicklungsgeschichte und landeskulturelle Bedeutung der Dendrologie, in: Kulturbund zur demokratischen Erneuerung Deutschlands (Hg.), Gehölzkunde und Landeskultur. Referate der Ersten Zentralen Tagung für Dendrologie in Dresden-Pillnitz vom 29. bis 31.August 1953, Berlin 1954, S. 13–141.

Garten- und Landschaftsarchitekten wie Alwin Seifert unterstützten mit ihren Veröffentlichungen und Vorträgen Leitbilder wie das einer „urbäuerlichen deutschen Heckenlandschaft" und warnten vor einer „Versteppung Deutschlands" durch die industrielle Agrarproduktion. Seifert schrieb 1944: „Wogendes Korn von Horizont zu Horizont – das wurde mir als Idealbild der deutschen Kulturlandschaft entgegengehalten, als ich 1935 zum erstenmal und als erster, 1936 aber in einer nicht mehr zu überhörenden Weise meine Stimme wider die ‚Versteppung Deutschlands' erhob. […] Und wenn wir uns gegen 1950 nach Ablauf der 1942 anhebenden Dürrezeit wieder sprechen, dann wird es keinen Einwand mehr geben gegen meine seit 1931 immer mehr gefestigte Ansicht, daß es keinen besseren Helfer des Bauern wie des Landwirtes in ihrem Kampf um Erhaltung ewiger Bodenfruchtbarkeit gibt, als die urbäuerliche deutsche Heckenlandschaft."[24]

Die Notwendigkeit einer Heckenlandschaft leitete Seifert aus der Geschichte des Gartenbaus ab. Der Gärtner produziere viel mehr als der (industrielle) Landwirt, das Geheimnis dessen sei die Einhegung, die Eingrenzung des Garten-Grundstücks, meist durch Hecken, als Windschutz. Hier lebten noch Vorstellungen der Bewegung der Landesverschönerer weiter („Ganz Deutschland ein Garten"). Seifert vergaß allerdings dabei zu erwähnen, dass die von ihm als „urbäuerlich" gepriesene Heckenlandschaft eine noch junge Erscheinung war, denn sie war Resultat der Bauernbefreiungen mit der Privatisierung des Grundeigentums, d. h. rechtlicher und ökonomischer Entwicklungen in der Übergangsphase vom Feudalismus (Mittelalter) zum Kapitalismus (Neuzeit).

Seifert war ein fanatischer Feind „fremdländischer" Pflanzen. Linde und Nussbaum waren ihm deutsches „Volksgut wie Centifolien, Lilien, Ringelblumen und Lavendel, und ein noch so reicher Betriebsführer kann, wenn er es ganz richtig macht, keine anderen Linden in seinem Garten haben wie sein Gefolgsmann."[25] An anderer Stelle heißt es: „[…] wir bedauern es, daß die Forstleute aus Gründen des Holzmarktes noch andere Bäume in ihren Forsten haben müssen, als eigentlich dort hingehören. Wir hoffen, daß die Zeit noch mehr solche Versuche als unwirtschaftlich, weil unnatürlich, erweisen wird, als heute schon feststeht. Wenn aber ein Forstmann glaubt, für uns andere oder für das Landschaftsbild ein übriges tun zu müssen dadurch, daß er den Saum seiner Stangenäcker (Seifert meinte Hochwald-Monokulturen, H.B.) nun ‚schmückt' mit Roteichen oder japanischen Lärchen, dann ist er auf dem Holzweg. Uns gefallen Schlehen und Weißdorn, Pfaffenhütchen und Haselsträucher, Wildbirnen, Linden und Wildkirschen am Waldrand besser als alle Roteichen und Douglasien der Welt, und vor allem: Sie stehen unserem Herzen näher!

---

24 Alwin Seifert, Die Heckenlandschaft, Potsdam 1944, S. 8.

25 Ders., Im Zeitalter des Lebendigen. Natur – Heimat – Technik, Planegg vor München 1942, S. 187f.

[…] Wir erklären Picea pungens glauca zum Staatsfeind Nr. 1 […] Wir erklären weiterhin Krieg allen Gartendirektoren und Stadtgärtnern, die Pinus montana in Anlagen pflanzen. Denn es ist eine Sünde wider den Adel unserer Gebirge, wenn drunten in den Städten Zerrbilder ihrer freiheitlichsten Landschaftsbilder geschaffen werden.''[26]

Als seine Bundesgenossin führte Seifert stets die Pflanzensoziologie ins Feld, die untrüglich angeben könne, was jeweils bodenständig im engsten Sinne des Wortes sei, „was also von allein dort wachsen würde, wenn der Mensch nicht mit störender Hand eingriffe. ''[27]

Die Vorstellungen Seiferts haben sich in gleicher oder ähnlicher Weise bis heute erhalten. Davon zeugte z.B. der Film „Grün kaputt" zur gleichnamigen Ausstellung aus den 1980er Jahren mit seiner vehementen Ablehnung fremdländischer Gehölze in der Gartengestaltung. Davon zeugt auch die Tendenz, z. B. in Dorfentwicklungs-, Landschafts- oder Grünordnungsplänen unkritisch die Verwendung „einheimischer" Arten zu empfehlen.

Pniower kommentierte Seiferts Auffassungen wie folgt: „Der blinde Haß gegen alles ‚Fremde' in der Landschaft und die im engsten Sinne des Wortes gefeierte ‚Bodenständigkeit' können […] als fixe Ideen abgetan werden. […] rein naturkundlich betrachtet, erweist sich, daß auch dieser neueren Variation des Themas ‚Zurück zur Natur' der Kontrapunkt fehlt. ‚Bodenständigkeit' ist ein ebenso relativer Begriff wie die ‚Fremdheit' irgendwelcher Pflanzen. […] Obwohl ‚festgewurzelt in der Erden' gibt es bei den Pflanzen keine ewige Bodenständigkeit, sondern nur eine solche von begrenzter, wenn auch unbestimmter und meist unbestimmbarer Dauer. Der Boden selbst verändert sich von Natur aus in längeren oder kürzeren Zeiträumen nach der positiven oder negativen Seite hin. […] Mit dem Boden verändert sich auch die Vegetation. Häufig ist sie selbst ein bestimmender Faktor der Bodenveränderung; sie verwandelt dabei den Standort zugunsten nachfolgender, anders zusammengesetzter, ‚höherer' und ‚niederer' Pflanzengesellschaften. Die Pflanzensoziologie sucht dieser Veränderung in der Sukzessionslehre Rechnung zu tragen, wobei sie verständlicherweise dem Zufall gegenüber weitgehend machtlos ist. Sie sieht sich z. B. bei Hinzutreten fremder, noch unbekannter Pflanzen (z. B. genotypisch veränderter bzw. züchterisch bearbeiteter sowie ausländischer Pflanzen) vor unbekannte Probleme gestellt, die nur durch Erfahrung geklärt werden können. […] Die Zahl der derzeitig bei uns heimischen Pflanzenarten, insbesondere der Gehölzarten, ist der kümmerliche Rest dessen, was noch in der letzten großen Zwischeneiszeit und erst recht vor der Eiszeit, also zu Ende des Tertiär, in Mitteleuropa vorhanden war. Der größere Teil der Arten wurde durch die Vergletscherung bzw. durch Kälteeinbrüche, besonders in der letzten Phase des Diluviums, vernichtet oder zur Abwanderung nach Süden und Süd-

---

26 Ebd., S. 186–188.
27 Ebd., S. 186.

osten gezwungen. Wenn daher ‚Fremdpflanzen' nunmehr wieder einwandern oder zielbewußt eingeführt werden, dann wird die ursprüngliche Vielfalt der Arten wiederhergestellt, die durch die Eiszeit roh zerstört worden ist. Artenwanderung und Artenaustausch vollziehen sich überall in der Natur."[28]

Pniower schuf sich durch diese „internationalistischen" Auffassungen nur wenige Freunde unter den Lesern und Leserinnen der „Natur und Heimat", im Gegenteil stießen sie – wie der Weggefährte Pniowers und Nachfolger als Leiter des Zentralen Fachausschusses Dendrologie und Gartenarchitektur, Prof. Dr. Klaus-Dietrich Gandert, schrieb: „[…] besonders im Hinblick auf die Verwendung fremdländischer Gehölze bei pflanzensoziologisch ausgerichteten Botanikern und bei mehr dem konservierenden Naturschutz verbundenen Natur- und Heimatfreunden auf zunehmendes Unverständnis und häufig gab es Streitgespräche, die dann auch die öffentlichen Veranstaltungen würzten."[29]

Pniower, so meinte Kurt Kretschmann in einem Gespräch am 11.3.2002, sei ein eloquenter Referent gewesen und habe mit seinen Vorträgen auch unter Naturschützern Säle gefüllt. Pniower und der erste ILN-Direktor Hermann Meusel, hätten in schroffer Gegnerschaft zueinander gestanden, sowohl politisch als auch fachlich. Meusel habe den traditionellen Naturschutz verkörpert, während Pniower sich – erklärtermaßen auch politisch motiviert – für einen Naturschutz einsetzte, der in die allgemeine Wirtschafts- und Gesellschaftsentwicklung integriert werden sollte, ja ihr sogar dienen sollte.

Karl Kneschke, der damalige Sekretär der Natur- und Heimatfreunde im Kulturbund, habe zwar immer wieder vermitteln wollen, sei aber stets gescheitert. Das sei so weit gegangen, dass Pniower und Meusel darauf geachtet hätten, nicht auf derselben Veranstaltung aufzutreten.[30]

Pniower starb 1960 in Berlin und mit ihm die u.a. aus der Zusammenarbeit mit Reinhold Lingner entwickelten Ansätze für die Bearbeitung von „Beispiellandschaften". Nicht gestorben ist die Auseinandersetzung mit dem Naturschutzbegriff. Und nicht gestorben sind die Auseinandersetzungen um die Aufgaben, die der Naturschutz in der heutigen Gesellschaft erfüllen soll.

---

28 Pniower, Naturschutz im Spiegel, S. 19 und 20.
29 Gandert, Tätigkeit, S. 174f.
30 Vgl. den Beitrag von Lebrecht Jeschke, Naturschutz der Wendezeit, in diesem Band.

Lebrecht Jeschke

Naturschutz der Wendezeit in der DDR

Die allgemeine Situation

Wenn ich hier den Versuch unternehme, die Entwicklung der Naturschutzbestrebungen in der Wendezeit der DDR zu skizzieren,[1] so erscheint es mir unumgänglich, wenigstens kurz die allgemeine Situation in der DDR in den 1970er und 1980er Jahren zu betrachten. Denn nur dann besteht Aussicht, einige Grundlinien der Entwicklung und ihre sozial-ökonomischen Hintergründe einigermaßen plausibel darzustellen.

Ein Charakteristikum der allgemeinen gesellschaftlichen Entwicklung dürfte aus heutiger Sicht die bereits in den 1970er Jahren immer offensichtlicher werdende ökonomische Abhängigkeit vom Westen sein, deren Ursache wiederum im immer deutlicher zutage tretenden technologischen Rückstand lag. Die Konsequenz war schließlich, dass die Industrieproduktion nicht mehr ausreichte, den Devisenbedarf zu decken und immer stärker versucht wurde, durch die Steigerung des Exports landwirtschaftlicher Produkte den Zahlungsschwierigkeiten zu begegnen. Vorausgegangen war dem bereits 1967 der Beschluss des VII. Parteitags der SED zur „Industrialisierung der Landwirtschaft". Das mag im Zusammenhang mit unserem Thema zunächst belanglos erscheinen, hatte aber einen bis dahin nicht erlebten Intensivierungsschub der agrarischen Landnutzung zur Folge, mit allen sich daraus ergebenden Konsequenzen für die Umwelt und insbesondere für den Erhalt wild wachsender Pflanzen- und frei lebender Tierarten und deren Lebensräume. Es sei nur daran erinnert, dass in der DDR die weltgrößten Schweine- und Rindermastanlagen errichtet wurden. Dass im Westen diese Intensivierung der landwirtschaftlichen Produktion schon früher einsetzte, tut nichts zur Sache. Die Intensivierung der landwirtschaftlichen Produktion in der DDR kann mit den Schlagworten Mechanisierung, Chemisierung und Melioration sowie Konzentration von Tierproduktionsanlagen mit bisher unbekannten Kapazitäten umschrieben werden.

---

1 Vgl. zu diesem Kapitel deutscher Naturschutzgeschichte Lebrecht Jeschke, Hans Dieter Knapp, Michael Succow, Die Krise als Chance – Naturschutz in neuer Dimension, Neuenhagen 2001; Michael Succow (Hg.), Birgit Gläser, Stefan Kuballa, Joachim Zeller u.a. (Red.), Unbekanntes Deutschland, München 2001.

Die Rolle der Wissenschaft

Mit der Akademie der Landwirtschaftswissenschaften hatte sich die Staatsführung einen enormen wissenschaftlichen Apparat geschaffen, der offenbar bis in die 1960er Jahre noch weitgehend nach eigenem Ermessen Themen und Ziele der Arbeit wählen konnte. Das für den Naturschutz in der DDR zuständige Institut für Landesforschung und Naturschutz (ILN) erhielt allerdings bereits Ende der 1950er und Anfang der1960er Jahre nach der Herstellung der Vollgenossenschaftlichkeit den Auftrag, Beispielsprojekte der Flurneugestaltung zu bearbeiten, damals noch unter der Leitung von Professor Meusel. Es ist unschwer zu erkennen, dass hier wahrscheinlich Georg Bela Pniower, der Konkurrent Meusels, im Hintergrund eine Rolle gespielt haben dürfte.[2]

In den 1970er Jahren schließlich war es nur noch einem ausgewählten Kreis von Mitarbeitern des ILN möglich, sich offiziell mit originären Naturschutzthemen zu befassen. Vieles was in den 1950er Jahren mit großem Enthusiasmus begonnen wurde, blieb unaufholbar auf der Strecke, wie z. B. eine vertiefte Auseinandersetzung mit Fragen der Waldentwicklung in den 1961 endgültig festgelegten waldbestockten Naturschutzgebieten oder die seinerzeit von Professor Meusel im ILN Halle verankerte Pflanzenkartierung für die DDR. Als neue Aufgaben standen fortan die Rekultivierung der Braunkohlekippen und die Flurneugestaltung im Mittelpunkt.

Immerhin war es in einigen, aus damaliger Sicht der Institutsleitung als Außenseiter rangierenden Arbeitsgruppen möglich, sich weiter vertieft mit breit angelegten Naturschutzthemen, wie z. B. den „labilen natürlichen und halbnatürlichen Ökosystemen" zu befassen. Ich nenne nur die Stichworte „Moore, Heiden und Hutungen"[3] sowie „Salzgrasländer an der Ostsee"[4]. Als allgemeines Ergebnis konnte damals ein dramatischer Flächenverlust und eine fortschreitende Verschlechterung des Zustandes dieser Ökosystemtypen selbst in den Schutzgebieten festgestellt werden. Die Ursachen lagen auf der Hand: die forcierte Intensivierung der Landnutzung mit der damit einhergehenden Nährstoffüberfrachtung auf der einen und der Rückzug der Nutzung, also die Aufgabe der Nutzflächen, auf der anderen Seite. Diese Ergebnisse blieben nicht geheim, sie wurden in den Kreisen der Naturschutzbeauftragten und der im Kulturbund organisierten Natur- und Heimatfreunde diskutiert.

---

2 Vgl. den Beitrag von Hermann Behrens, Landeskultur als Naturgeschehen auf höherer Ebene – Georg Bela Pniower (1896–1960) und der Naturschutz, in diesem Band.

3 Vgl. Lebrecht Jeschke, Lutz Reichhoff, Heiden und Hutungen, in: Uwe Wegener (Hg.), Schutz und Pflege von Lebensräumen, Jena 1991, S. 188–215.

4 Lebrecht Jeschke, Landeskulturelle Probleme des Salzgraslandes an der Küste, in: Naturschutzarbeit in Mecklenburg 30 (1983), S. 5–12; vgl. ders. Salzweiden, in: Wegener, Schutz und Pflege, S. 225–232.

Kulturbundgruppen ergreifen die Initiative

Auch im Rahmen der Arbeiten im Bereich Flurneugestaltung wurde insbesondere in der Arbeitsgruppe von Dr. Reichhoff versucht, Belangen des Naturschutzes gerecht zu werden. Im Halleschen Institut kam es in diesem Zusammenhang zwangsläufig auch zu Diskussionen strategischer Fragen künftiger Landnutzung und Naturschutzentwicklung, doch das blieben weitgehend interne Diskussionen ohne Auswirkungen auf das, was wirklich im Lande geschah. Ich kann in diesem Zusammenhang auf einen bemerkenswerten Aufsatz von Reichhoff und Böhnert verweisen,[5] der „nicht in allen geäußerten Gedanken den Vorstellungen des Redaktionskollegiums" entsprach, wie der Direktor des Instituts in einer „Vorbemerkung der Redaktion" feststellen zu müssen glaubte.

Die Folge einer weitgehenden Abstinenz in Fragen des wissenschaftlichen Naturschutzes im ILN war, dass die Initiative an die Fachgruppen des Kulturbundes überging. Nach Gründung der Gesellschaft für Natur und Umwelt (1980) wurden die Diskussionen in den Zentralen Fachausschüssen weitergeführt. Es wurde auf offensichtliche Defizite hingewiesen – ich erinnere nur an die Roten Listen, die nicht das ILN veröffentlichte, sondern der Kulturbund bzw. die Gesellschaft für Natur und Umwelt. Ich möchte in diesem Zusammenhang ganz besonders auf die Broschüre „Die gefährdeten Pflanzengesellschaften der DDR" hinweisen, die 1986 erschienen ist.[6] Hier haben wir versucht, eine realistische Analyse der Situation in der DDR hinsichtlich der natürlichen und halbnatürlichen Vegetation vorzulegen. Die Diskussionen um eine neue Naturschutzstrategie wurden in verschiedenen Gremien geführt, aus der Rückschau lässt sich heute sagen, dass der Zentrale Fachausschuss Botanik hierbei ganz gewiss zu den Vorreitern gehörte.[7] Eine besondere Rolle hat dabei jenes Seminar des Fachausschusses 1976 in Wesenberg gespielt. Es wurde zunehmend klar, dass mit den bis dahin eingesetzten Naturschutzinstrumenten, insbesondere mit den Schutzgebieten, der weitere Verlust an Lebensraumqualität, heute würden wir

5 Wolfgang Böhnert, Lutz Reichhoff, Aktuelle Aspekte des Naturschutzes, in: Archiv für Naturschutz und Landschaftsforschung 27 (1987), S. 139–160.

6 Hans Dieter Knapp, Lebrecht Jeschke, Michael Succow, Die gefährdeten Pflanzengesellschaften der DDR, Kulturbund der DDR, Zentraler Fachausschuss Botanik, Berlin 1985; vgl. Dieter Benkert, Werner Hempel, Lebrecht Jeschke, Stephan Rauschert, Liste der in der Deutschen Demokratischen Republik erloschenen und gefährdeten Farn- und Blütenpflanzen, Kulturbund der DDR, Zentraler Fachausschuss Botanik, Berlin 1978.

7 Vgl. Rolf Weber, Der Zentrale Fachausschuß Botanik im Kulturbund – sein Werden, Wachsen und Wirken, in: Institut für Umweltgeschichte und Regionalentwicklung (Hg.) – Redaktion: Regine Auster und Hermann Behrens, Naturschutz in den neuen Bundesländern – ein Rückblick (Forum Wissenschaft, Studien, Bd. 45), Halbband I, Marburg 1998, S. 147–166.

„Biodiversität" sagen, nicht aufgehalten werden konnte. Während eines mehrtägigen Treffens wurden jene Ideen für ein Netz von Großschutzgebieten unterschiedlicher Schutzkategorien entwickelt, die später das Kernstück des Nationalparkprogramms bilden sollten. Dass sich die Leitung des ILN damals weigerte, die Ergebnisse dieses Seminars zur Kenntnis zu nehmen, lässt ahnen, wie massiv der politische Druck von Seiten der Landakademie gewesen sein muss.

Soweit ich mich erinnere, waren auf dem Wesenberger Seminar Teilnehmer aus allen Bezirken der DDR vertreten, und es waren die Aktivisten, die auf Veränderungen drängten. Ich vermag in diesem kurzen Rückblick nicht im Einzelnen darzulegen, welche Auswirkungen die Diskussionen am Ende auf staatliche Entscheidungen hatten. Ich erinnere nur daran, dass die neue Naturschutzverordnung vom Mai 1989 für das spätere Geschehen zwei wesentliche Neuerungen enthielt. Es sollte künftig möglich sein, Landschaftsschutzgebiete und Naturschutzgebiete von zentraler Bedeutung durch den Ministerrat der DDR beschließen zu lassen. Beides war nach der alten Naturschutzverordnung nicht möglich. Die Ausweisung von Schutzgebieten oblag bisher einzig und allein den Bezirken der DDR.

Schließlich wurde das Biosphärenreservat als eigenständige Schutzkategorie eingeführt.[8] Die Aufnahme der Schutzkategorie „Biosphärenreservat" in die Naturschutzverordnung lässt sich auch als Reaktion auf die sich dramatisch verschlechternde Umweltsituation deuten. Diese war am Ende, wie wir heute wissen, nicht unwesentlich an der Herbeiführung der politischen Wende in der DDR beteiligt.

Uns, die wir damals in diesen Diskussionen standen, war am wenigsten bewusst, welche politische Dimension das Ganze inzwischen gewonnen hatte. Immerhin war Michael Succow als Wissenschaftler Mitglied in der damaligen Liberaldemokratischen Partei Deutschlands geworden und – in wissenschaftlicher Hinsicht nicht mehr unbekannt – bei den letzten Volkskammerwahlen unter Erich Honecker von dieser Partei in die Volkskammer geschickt worden. Im November 1989, also nach dem Sturz Honeckers, stellte Succow in der unscheinbaren, vom Verlag „Volk und Gesundheit" herausgegebenen Broschüre „Einmischung"[9] die Frage nach den Ursachen des Landschaftswandels in der DDR – trotz eines Landeskulturgesetzes, trotz der großen Zahl der Wissenschaftler, trotz der in der Gesellschaft für Natur und Umwelt gebündelten ehrenamtlichen und privaten Naturschutzenergien. Er schlussfolgerte, dass die Wachstumsideologie, der Wahrheits- und Machtanspruch einer Partei und die Ausschaltung und das Versagen der Wissenschaft sowie das Fehlen

8 In der DDR gab es vor 1990 zwei Biosphärenreservate. Zwar waren beide bereits bestehende Naturschutzgebiete, aber von Anfang an spielten auch schon Fragen einer nachhaltigen Landnutzung eine Rolle.

9 Michael Succow, Ängste und Sorgen um die Natur – Hoffnungen auf mehr Ökonomie und Ökologie, in: Marina Krüger (H.), Einmischung, Berlin 1990, S. 40–61.

einer ethischen Komponente im Verhältnis zur Natur Ursachen dieser desaströsen Entwicklung sein mussten. Andere Mitglieder unserer Gruppe wie, Wolfgang Böhnert und Lutz Reichhoff, waren z. T. langjährige Mitglieder der SED. Sie hatten, wie bereits dargelegt, im ILN heftige Diskussionen über eine zukunftsfähige Naturschutzstrategie ausgelöst.

Der im November 1989 täglich fortschreitende Machtverfall der SED löste an allen Orten Diskussionen aus, in denen zuallererst Fälle des offensichtlichen Machtmissbrauchs aufgegriffen wurden. Eine ganz entscheidende Rolle spielten die Staatsjagdgebiete. An der Müritz, wo 1970 das alte Naturschutzgebiet Ostufer der Müritz auf „kaltem Wege" in ein 30.000 ha umfassendes Staatsjagdgebiet einbezogen worden war, bildete sich spontan unter Führung lokaler Naturschutzenthusiasten ein Bürgerkomitee, das die Auflösung des Staatsjagdgebietes und seine Umwandlung in einen Nationalpark forderte. Und es versteht sich von selbst, dass diese Forderung von einer breiten Zustimmung der Bevölkerung getragen wurde.

Am 4. Dezember druckte die zentrale Tageszeitung der Liberaldemokratischen Partei Deutschlands[10] einen Beitrag von Michael Succow unter dem Titel „Wo bleiben unsere Nationalparke?" ab. Das war gewissermaßen der Startschuss für ein Nationalparkprogramm, wie es dann am 18. Dezember von der Warener Bürgerinitiative mit Hans Dieter Knapp, Ulrich Meßner und Ulrich Voigtländer in einem Brief an den Volkskammerpräsidenten und den Vorsitzenden des Ministerrates vorgeschlagen wurde. Am 27. Dezember unterbreiten Hans Dieter Knapp und Ulrich Meßner der Bürgerbewegung auf Rügen den Vorschlag für einen „Nationalpark Rügen" und das, obwohl es auf Rügen keine richtigen Staatsjagdgebiete gab und auch die militärischen Sperrgebiete unbedeutend waren.

Schließlich muss ich kurz auf jene denkwürdige Sitzung des Nationalkomitees MAB[11] der DDR am 8. Januar 1990 in Berlin eingehen. In diesem Nationalkomitee saßen durchaus ernst zu nehmende Männer, die einigermaßen wussten, was in der Welt vor sich geht. Der Vorsitzende, Professor Seidel, war in den zurückliegenden Jahren mehrfach mit Vorschlägen für Nationalparke in der DDR hervorgetreten. Doch niemand hatte diese Vorschläge wirklich ernst genommen. Michael Succow hatte eine Einladung zu dieser Sitzung, konnte aber nicht teilnehmen und bat Hans Dieter Knapp und mich, ihn dort zu vertreten. Auf der Sitzung erläuterten wir das Konzept unseres Nationalparkprogramms, dass die DDR-weite Festsetzung von Nationalparken, Biosphärenreservaten und Naturschutzparken vorsah. Vorausgegangen waren interne Diskussionen um den Begriff „Naturschutzpark". Dieser Begriff wurde von uns bewusst gewählt, um einerseits an die Tradition anzuknüpfen – schließlich war ich Anfang der 1960er Jahre Mitglied des Vereins „Naturschutz-

---

10 Der Morgen.
11 UNESCO-Programm „Der Mensch und die Biosphäre".

parke e. V." geworden – und außerdem wollten wir uns durch die Wahl dieses Begriffes von dem westdeutschen Naturparkkonzept abgrenzen. Wir beobachteten in der DDR sehr wohl, was im Westen geschah. Und uns wurde sehr schnell klar, dass der westdeutsche Naturpark so stark von der Erholungsvorsorge dominiert wird, dass originäre Naturschutzaufgaben im Hintergrund bleiben mussten. Wir wollten einfach mehr Naturschutz. Inzwischen hat wohl auch auf diesem Gebiet eine weitgehende Angleichung stattgefunden. Uns kümmerte damals übrigens wenig, dass weder das Landeskulturgesetz noch die Naturschutzverordnung der DDR diesen Begriff überhaupt kannten. Von Nationalparken war ja in den einschlägigen gesetzlichen Bestimmungen der DDR auch nicht die Rede. Und wir taten gut daran.

Im Januar übernahmen dann die Runden Tische zunehmend Aufgaben der Volkskammer.

Die Initiative geht an den Staat über

Am 15. Januar wurde Michael Succow als Mitglied der Volkskammer vom damaligen Vorsitzenden des Ministerrates, Hans Modrow, zum Stellvertretenden Umweltminister berufen, zuständig für den Bereich Naturschutz und Bodenschutz.[12] Für den Bereich Naturschutz setzte Succow unverzüglich die Erweiterung der Naturschutzverwaltungen auf Bezirks- und Kreisebene durch. Er erließ die Weisung, in den Kreisen Naturschutzstationen einzurichten. Der Name Michael Succow steht aber auch für das Nationalparkprogramm, das bereits am 24. Januar dem „Runden Tisch" im Ministerium vorgestellt wurde. Hans Dieter Knapp, der sich und seine Familie einige Jahre als „Freischaffender" ernähren musste, wurde von Succow noch im Januar in das Ministerium geholt und für die weitere Umsetzung des Nationalparkprogramms verantwortlich gemacht. Das Ministerium, das sich nunmehr Ministerium für Naturschutz, Umwelt und Wasserwirtschaft nannte, war damit vorgesetzte staatliche Behörde auch für das ILN in Halle. Aus dem ILN gingen dann Reichhoff, Böhnert und ich ins Ministerium.

Neben dem Nationalparkprogramm, das uns alle stark in Anspruch nahm, war gewissermaßen über Nacht das Schicksal der frei werdenden Truppenübungsplätze zur aktuellen Aufgabe geworden. Es entwickelte sich eine unerwartet gute Zusammenarbeit mit den Militärs.[13]

---

12 S. Ministerium für Umwelt, Naturschutz, Energie und Reaktorsicherheit (Hg.) – Redaktion: Rolf Caspar, Friedemann Koch, Wolfgang Lippert, Umweltreport, Naturschutz und Landschaftspflege, Berlin 1990; sozusagen das Succow'sche Regierungsprogramm.

13 Vgl. ebd., [Generalleutnant a.D.] Wolfgang Kaiser, Truppenübungsplatz und Naturschutzpark, S. 22–25.

Einige Truppenübungsplätze waren bereits mit dem Nationalparkprogramm erfasst, was sollte mit den anderen geschehen? Schließlich mussten die wertvollen Bereiche der nunmehr für jedermann zugänglichen Grenzsperrgebiete gesichert werden. Seit 1961 war hier die land- und forstwirtschaftliche Nutzung eingestellt worden. Es hatten sich im wahrsten Sinne des Wortes „Oasen der Ruhe" gebildet, mit Wäldern, Mooren, Bächen und Seen sowie eindrucksvollen Sukzessionsstadien auf ehemaligem Kulturland. Ich möchte nur an die geradezu jungfräulich anmutende Flusslandschaft der Elbe zwischen Dömitz und Boitzenburg erinnern. Die Bezirke wurden nun angewiesen, Vorschläge für Naturschutzgebiete zu erarbeiten. Herausragende Landschaften, wie das Schaalseegebiet, der Drömling, der Hochharz mit dem Brocken und die Röhn waren schon als Nationalparke, Biosphärenreservat oder als Naturschutzparke Bestandteil des Nationalparkprogramms. Innerhalb weniger Wochen gelang die einstweilige Sicherung von 46 Naturschutzgebieten mit einer Fläche von rund 20.000 ha. Allein in Thüringen wurden im Bereich der ehemaligen Staatsgrenze der DDR zu Bayern, Hessen und Niedersachsen mit einer Länge von ca. 560 km mehr als 20 Naturschutzgebiete mit einer Fläche von rund 10.000 ha einstweilig gesichert, wie dem „Naturschutzreport" der TLU Jena von 1991 zu entnehmen ist. Damals wurden durch die Mitarbeiter der Bezirksnaturschutzverwaltungen und der jeweils zuständigen Arbeitsgruppen des ILN die Grundlagen für das 1393 km lange „Grüne Band" erarbeitet, das heute gelegentlich als „größter Biotopverbund" apostrophiert wird.

Auf die sich nach der Volkskammerwahl vom 18. März 1990 geradezu überschlagenden umweltpolitischen Ereignisse kann hier nicht weiter eingegangen werden. Ich möchte nur erwähnen, dass bereits am 16. März der Ministerrat der Übergangsregierung die „Einstweilige Sicherung" von insgesamt 24 Großschutzgebieten beschloss. Das betraf fünf Nationalparke, sechs Biosphärenreservate und 16 Naturschutzparke, die etwa 10 % der Landesfläche einnahmen. Mit diesem Beschluss wurden gleichzeitig die Mittel bereitgestellt, um in den genannten Schutzgebieten Aufbauleitungen zu installieren. In den Gebieten selbst fanden Bürgerversammlungen statt, auf denen die Schutzgebiete vorgestellt wurden und über sie abgestimmt wurde.

Wir können heute mit Genugtuung feststellen, dass es damals kaum Gegenstimmen gab, ja, dass geradezu eine euphorische Stimmung herrschte, die wiederum uns beflügelte. In der allgemeinen Verunsicherung kamen wir mit einem klaren Programm, das vielen wie ein Lichtblick erscheinen mochte. Es mochte da auch wohl ein Gefühl mitschwingen, das mit dem Wort Wiedergutmachung zu umschreiben ist. Wie die Entwicklung weiterging, ist inzwischen mehrfach ausführlicher als ich es hier darstellen kann, publiziert worden.[14] Nur so viel: am 15. Mai verließ Succow das

---

14 Lebrecht Jeschke, Michael Succow, Das Nationalparkprogramm der Wendezeit – seine Umsetzung und Weiterführung in Mecklenburg-Vorpommern, in: Natur und Landschaft

Umweltministerium. (Der neue Umweltminister Werner Steinberg hatte ihm lediglich eine Stelle als Unterabteilungsleiter in der Abteilung Naturschutz „angeboten".) Bei der Verabschiedung sagte ich vor den versammelten Mitarbeitern: „Wenn Succow heute auch gehen muss, so weiß ich doch eines ganz sicher: die DDR braucht Succow, und Deutschland, nein, auch die Welt braucht Succow!" Ich sollte Recht behalten.

Mit der am 1. Juli 1990 in Kraft tretenden Umwelt-Union galt in der DDR das bundesdeutsche Umweltrecht. Uns, die wir im Ministerium verblieben waren, stellte sich bald die bange Frage, ob das, was wir mit unserem Herzblut geschaffen hatten, Bestand haben oder die neue Regierung zur Tagesordnung übergehen und unsere Arbeit dem Reißwolf anvertrauen werde. Inzwischen hatte, noch vor dem 1. Juli, der damalige Bundesumweltminister Klaus Töpfer seine Mitarbeiter als Berater zu uns geschickt. Succow traf sich mit Töpfer und beeinflusste im Hintergrund die weitere Entwicklung mehr als wir damals ahnen konnten. In den dann noch verbleibenden Wochen wurden mit tatkräftiger Unterstützung der Bonner Kollegen bis zum Beitritt der DDR zur Bundesrepublik Deutschland für die fünf Nationalparke, sechs Biosphärenreservate und drei Naturparke entsprechend den Vorgaben des bundesdeutschen Umweltrechts Verordnungen erarbeitet, die auf der letzten Sitzung des de Maiziere-Kabinetts verabschiedet wurden. Es ist mir ein tiefes Bedürfnis, in diesem Zusammenhang hier wenigstens einen Namen zu nennen: Arnulf Müller-Helmbrecht[15]. Seinem tatkräftigen Bemühen ist es zu danken, dass diese Verordnungen am Ende Bestandteil des Einigungsvertrages wurden.

Der Zufall wollte es, dass Lothar de Maiziere mich 1998 anrief. Er wollte sich bei mir für die Zusendung eines Exemplars des Buches „Unbekanntes Deutschland" bedanken. Wir kamen auf das Nationalparkprogramm der DDR zu sprechen und Lothar de Maiziere sagte, ja, er glaube, dieses würde wohl am Ende die einzige der von seiner Regierung auf den Weg gebrachten rechtlichen Regelungen sein, die Bestand haben werde.

---

75 (2000), S. 90–94; Michael Succow, Die Entwicklung der Großschutzgebiete in den neuen Bundesländern, in: Jeschke, Knapp, Succow, Krise als Chance, S. 66-86; Markus Rösler, Das Nationalparkprogramm der DDR, in: Institut für Umweltgeschichte und Regionalentwicklung (Hg.), Naturschutz in den neuen Bundeländern, Halbband II, S. 561–595.

15 Mitarbeiter des BMU; von Mai–Oktober 1990 Berater des Abteilungsleiters Naturschutz im MUNER Berlin; vgl. Arnulf Müller-Helmbrecht, Endspurt – das Nationalparkprogramm im Wettlauf mit der Zeit, in: Institut für Umweltgeschichte und Regionalentwicklung (Hg.), Naturschutz in den neuen Bundesländern, Halbband II, S. 597–608.

Abschließende Bemerkungen

Wenn ich mich heute frage, was uns damals bewegte, woher wir den Mut nahmen, so ist die Antwort relativ einfach: wir waren zutiefst davon überzeugt, dass wir einer guten Sache dienten. Diese Überzeugung war gepaart mit einer schier nicht zu überbietenden Selbstlosigkeit und Naivität. Das waren unsere Schutzengel, sie halfen uns, an allen gefährlichen Klippen vorbeizusteuern. Hinzu kam, dass eigentumsrechtliche Fragen noch keine Rolle spielten. Die damaligen Landnutzer standen unserem Anliegen durchweg offen gegenüber. Mit anderen Worten, 40 Jahre sozialistische Entwicklung hatten einfach Spuren hinterlassen – nicht nur in der Landschaft, sondern auch im Bewusstsein der Menschen.

Und wenn ich heute, nach zwölf Jahren, weiter frage, was ist aus dem geworden, was wir damals in die Welt gesetzt haben, so kann ich wohl feststellen, auch auf die Gefahr hin, dass es überheblich klingen mag: Wir haben damals in einer unglaublich kurzen Zeit ein neues Kapitel der Geschichte des deutschen Naturschutzes aufgeschlagen. Und es macht mich glücklich sagen zu können: ich bin dabei gewesen.

Anschriften der Autorinnen und Autoren

Prof. Dr. Hermann Behrens,
Institut für Umweltgeschichte e. V. an der Fachhochschule Neubrandenburg,
Postfach 110121, 17041 Neubrandenburg.

Prof. Dr. Gert Gröning,
Universität der Künste Berlin, Postfach 120544, 10595 Berlin.

Dr. Lebrecht Jeschke,
Goethestr. 11, 17489 Greifswald.

Dr. Albrecht Milnik,
Schwappachweg 2a, 16225 Eberswalde.

Thomas Neiss,
Ministerium für Umwelt und Naturschutz, Landwirtschaft und Verbraucherschutz
des Landes Nordrhein-Westfalen, Schwannstr. 3, 40476 Düsseldorf;
Stiftung Naturschutzgeschichte, Drachenfelsstr. 118, 53639 Königswinter.

Dr. Wille Oberkrome,
Historisches Seminar der Universität Freiburg, Werthmannplatz, KG IV,
79085 Freiburg.

Prof. Dr. Joachim Radkau,
Universität Bielefeld, Fakultät für Geschichtswissenschaft, Philosophie und Theologie,
Postfach 100131, 33501 Bielefeld.

Dr. Birgitta Ringbeck,
Ministerium für Städtebau, Wohnen, Kultur und Sport des Landes
Nordrhein-Westfalen, Elisabethstr. 5–11, 40190 Düsseldorf.

Dr. Hermann Josef Roth,
Postfach 424206, 50900 Köln.

Dr. Friedemann Schmoll,
Universität Tübingen, Ludwig-Uhland-Institut für Empirische Kulturwissenschaft,
Schloß Hohentübingen, 72070 Tübingen.

Dr. Frank Uekötter,
Universität Bielefeld Fakultät für Geschichtswissenschaft, Philosophie und Theologie,
Postfach 100131, 33501 Bielefeld.

Anna-Katharina Wöbse,
Mohnpfuhlweg 4, 30938 Burgwedel.

Prof. Dr. Wolschke-Bulmahn,
Universität Hannover, Institut für Grünplanung und Gartenarchitektur,
Herrenhäuser Str. 2a, 30419 Hannover.

Dr. Günter W. Zwanzig,
Eichenweg 12, 91054 Erlangen.

Hülskens-Stiftung für Natur- und Landschaftspflege

Die Hülskens-Stiftung für Natur- und Landschaftspflege ist eine von dem Weseler Unternehmen „Hülskens" Ende 1987 ins Leben gerufene Stiftung, deren Zweck die Förderung des Naturschutzes und der Landschaftspflege, aber auch des Umweltschutzes und des Tierschutzes ist.

Die Tätigkeit des Unternehmens als führendes Unternehmen der Kies- und Sandgewinnung im niederrheinischen Raum gab den Anlass zur Gründung der Stiftung. Kies- und Sandgewinnung erfordert, Teile der Landschaft vorübergehend in Anspruch zu nehmen, verbunden mit der Möglichkeit, die Landschaft danach, nach der Gewinnung der Mineralien, verbessernd zu gestalten. Hülskens hat vielfach nachgewiesen, dass es der Umwelt dabei mehr zurückgeben kann, als es ihr zuvor entnommen hat.

Die tägliche Arbeit der Mineralgewinnung führt zu einer ständigen Berührung und Beschäftigung mit den natürlichen Lebensgrundlagen der Erde. Die vielfältigen Fragen, die durch diese Tätigkeit aufgeworfen werden, sollen in der Stiftung vertieft und in gewisser Weise verselbständigt behandelt werden. Das Aktionsfeld der Stiftung begrenzt sich dabei nicht nur auf Themen, die mit der Mineralgewinnung in Verbindung stehen, sondern nimmt sich der Natur und ihren vielfältigen Erscheinungsformen als Ganzes an. Geografisch steht dabei der Niederrhein im Vordergrund, angesichts der seit Generationen bestehenden engen heimatlichen Verbundenheit der Stifter mit dieser Region.

Die aus dem Vermögen der Stiftung fließenden Erträge werden ausschließlich zur Förderung und Verwirklichung des Stiftungszwecks verwandt. Die Maßnahmen, die bisher gefördert wurden, betrafen z. B.

- die Errichtung schwimmender Brutinseln und eines Beobachtungsstandes für Wasservögel im Bereich der Rheinaue in Wesel,
- die Unterstützung des Rheindeichmuseums des Heimatvereins Bislich, in dem u. a. die ökologischen Zusammenhänge und Auswirkungen einer Eindeichung bzw. Rückgewinnung von Rheinvorländern dargestellt werden,
- die Förderung des Naturschutzzentrums des Kreises Kleve in Rees-Bienen und der Freizeit- und Erholungseinrichtung Oermterberg in der Nähe von Rheurdt,
- die Unterstützung des Projektes „Kulturlandschaft Dingdener Heide" in Hamminkeln.

Ziel der Maßnahmen ist es, die Natur für die Bürger am Niederrhein erlebbar zu machen und sie – wo möglich – auch aufzuwerten.

Hülskens-Stiftung für Natur- und Landschaftspflege
Hülskensstraße 4-6, 46483 Wesel